JN410064

이 '행복론'을 우리 한국인들에게 바칩니다.

국립중앙도서관 출판시도서목록(CIP)

행복의 깊이. 1, 삶의 양식에 대하여 / 지은이: 반경환. -- 대전 :
지혜, 2012
p. ; cm. -- (반경환 문학전집 ; 01)

ISBN 978-89-97386-04-8 04810 : ₩13000
ISBN 978-89-97386-03-1(세트) 04810

행복론[幸福論]

191.6-KDC5
171.4-DDC21 CIP2012000321

행복의 깊이 1

'삶의 양식'에 대하여

행복의 깊이 1

'삶의 양식'에 대하여

반 경 환

지혜

행복의 깊이 1 – 삶의 양식에 대하여

이제는 주체의 자율성조차도, 아니, 그 흔적조차도 찾아볼 수가 없게 되어 있다. 저마다 독특하고 개성적인 목소리마저도 획일적인 코드 속에 묶이게 되고, 소비자의 자유마저도 현란한 광고의 유혹 속에 그 구매의사 결정능력을 상실하게 되어버린 것이다. 그 결과, 현대인들은 컴퓨터나 영상 매체 앞에서 사고하지 않고 반응하게 된다. 아는 것은 보는 것이며, 더 빨리, 더 많이 반응하지 않으면 안 된다. 전자 매체나 영상 매체가 인쇄 매체를 몰아내고 그 주도권을 장악한 시대는 더 이상 시인이 필요 없는 시대일는지도 모른다. 한 걸음 더 나아가, 모든 예술가, 철학자, 사유인들을 몰아내고 기계적으로 반응하는 인간, 로버트나 인조 인간만을 필요로 하는 시대일는지도 모른다. 과연 로버트나 유전자 공학에 의한 복제 인간이 우리 인간들의 최고의 이상적인 모델이 될 수가 있는 것일까? 역사의 종말이란 이처럼 무서운 자승자박의 함정을 지니고 있는 말인 것이다.

— 본문 중에서

이 세상의 모든 지식인들에게 사상이란 최고의 목적이며, 그 모든 것이다. 세상의 모든 것이 변하고 이 세계의 종말이 온다고 하더라도 자기 자신과 자기 자신의 사상만은 영원하기를 바라는 것은 모든 지식인들의 한결같은 꿈이다. 사상은 새로운 세계의 개진이며, 행복에의 약속이다. 사상은 그 어떤 것보다도 고귀한 명예이며, 삶의 완성이며, 보다 완전한 인간의 표지이다. 우리는 그 사상가의 신전 앞에서 언제, 어느 때나 시를 짓고, 노래를 부르며, 찬양과 찬송을 하게 된다. 또한 우리는 그 신전 앞에서, 우리 인간들의 존엄성을 바치고, 가장 좋은 예물을 바치고, 하늘을 우러러 보며, 항상 자기 자신을 갈고 닦으면서, 그 사상의 위업을 이어나갈 것을 맹세를 하게 된다.
— 본문 중에서

철학하는 법을 배우는 것은 사는 법을 배우는 것이며, 사는 법을 배우는 것은 죽는 법을 배우는 것이다. 죽음이란 삶의 완성이며, 삶이란 죽음의 완성이다. 지혜의 오른쪽에는 장수가 있고, 지혜의 왼쪽에는 부귀영화가 있다. 따라서 모든 학문, 예술, 정치, 경제, 사회, 역사, 문화의 전문가가 된다는 것은 그 분야의 행복을 연출해낼 수가 있다는 것을 말한다. 정평이란 그에 대한 믿음과 신뢰의 표지이며, 우리는 전문가들에게 그 믿음과 신뢰를 토대로 하여, 얼마 간의 존경과 경의를 표하게 된다. 과연 어떻게 하면 좀 더 잘 살 수가 있고, 행복하게 살 수가 있는 것일까? 이 명제는 동서고금을 막론하고 우리 인간들의 근본적인 명제이고, 그가 이 세상을 살아가고 있는 사람이라면, 어느 누구도 이 명제에서 결코 자유로울 수가 없다.
— 본문 중에서

나는 감히, '비상콤플렉스'는 '외디프스콤플렉스'보다도 그 울림이 더 큰 콤플렉스라고 선언할 수가 있다. 프로이트의 말대로 '아버지 살해'가 문화를 움직여 가는 근본적인 힘이기는 하지만, 그것은 보다 나은 인간, 보다 완전한 인간에 대한 상승 욕망 때문이지, 성적 욕망 때문이 아닌 것이다. 라마르크의 '획득형질'이 유전된다는 말이나 다윈의 '적자 생존'이라는 말도 우리 인간들의 비상콤플렉스와 상승 욕망을 증명해 주고 있는데, 왜냐하면 그 말들은 한 치의 빈 틈도 없이 우생학에 맞닿아 있기 때문이다. 상승 욕망은 권력 욕망이나 성적 욕망보다도 그 울림이 더 크고, 이 세상에서 가장 아름답고 행복한 인간의 욕망에 맞닿아 있다. 우리는 타인들을 지배하는 것을 목표로 삼고 있지도 않고, 아버지를 살해함으로써 종을 보존하려는 성적 욕망에 종속되어 있지도 않다. 보다 나은 인간, 보다 완전한 인간, 즉 신적인 인간에 대한 상승 욕망이 권력 욕망이나 성적 욕망을 자라나게 하고 있을 뿐인 것이다. 외디프스콤플렉스는 조건없이 비상콤플렉스의 하위개념으로 편입되어야 하며, '아버지 살해'는 '비상콤플렉스'의 가장 중요한 방법으로 설명되고 실천되지 않으면 안 된다.

— 본문 중에서

죽음은 삶의 완성이며, 삶은 죽음의 완성이다. 우리 인간들의 죽음은 한계가 아니라 무한한 가능성이며, 삶의 완성으로서 언제나 열려 있다. 따라서 죽음을 삶의 완성, 즉 그 목표로 생각하게 되면, 우리 인간들의 삶이란 좀 더 오래 살거나, 그렇지 못하거나 간에, 그 어느 것도 그렇게 중요한 것이 아니다.

— 본문 중에서

나는 '우리 인간들이 살아있는 한 죽음이란 없고 죽음이 찾아오면 우리들은 존재하지 않는다'라는 에피쿠로스의 철학적 명제를 나의 철학적 명제, 즉, '우리 인간들은 죽어갈 수가 있어서 권태롭지 않고, 또다시 태어날 수가 있어서 허무하지 않다'라고 바꾸어 놓고자 한다. 왜냐하면 에피쿠로스의 철학적 명제는 애써 죽음과의 연관성을 부정한 말에 지나지 않지만, 나의 철학적 명제는 어떤 두려움이나 공포도 없이 자기 자신의 죽음을 죽어갈 수 있게 만들어 주고 있기 때문이다. 아름답고 행복한 죽음은 이 세상의 삶에 대한 옹호이며, 삶의 완성으로서의 예술적인 죽음이라고 해도 과언이 아니다. 죽음이란 무엇인가? 죽음은 생물학적으로 신체의 소멸을 뜻하고, 이 세상의 삶의 종말을 뜻한다. 그러나 나는 너희들에게 너희들의 삶을 살고, 너희들의 죽음을 죽으라고 가르쳐 주고 싶다. 어느 누구도 흉내낼 수 없는 아름답고 행복한 죽음, 그 예술적인 죽음을 너희들은 죽어가지 않으면 안 된다.
— 본문 중에서

자연의 법칙에 따르자면, 자기 자신의 발로 설 수 없고, 날지 못하는 새와 걷지 못하는 짐승들은 도태되게 되어 있으며, 그 자연스러운 순리의 흐름에 거역하는 어떤 움직임도 있을 수가 없다. 그러나 과연, 오늘날의 우리 인간들의 실정은 어떠한가? 두 발로 걸어다닐 수도 없고 더 이상의 정상적인 생활이 가능하지 않은 인간들마저도 '휴머니즘'의 이름으로 부양을 하고, 이미, 그 수명을 다하여 더 이상 살아 있는 것이 그처럼 욕되고 부끄러운 식물 인간들마저도 산소호흡기와 알부민과 진통제와 항암제에 의지하여 그 수명만을 연장시켜 나가고 있지 않은가? 더 이상 인간일 수도 없고 살아 있어도 살아 있는 인간이 아닌, 그 식물 인간들과 노인들을 위해서, 그처럼 엄청난 인력과 시간과 자원낭비를 하고 있는 것이 휴머니즘이라면, 그것은 자연에 대한 최악의 테러 행위이며, 파렴치한 범죄 행위가 아닐 수가 없다. 오늘날의 의학과 유전자 공학에 의한 휴머니즘은 반휴머니즘이며, 그것은 우리 인간들의 휴머니즘을 더럽고 추하게 오염시키는 암적인 종양에 지나지 않는다.
— 본문 중에서

나는 인간 존재론은 주체성의 확립을 통해서 그 존재의 기반(실존적 토대)을 마련하고, 그리고 그 존재자로부터 타자(세계)로 향해가지 않으면 안 된다고 생각하고 있다. 첫 번째 과정은 '홀로서기'(존재론적 모험)의 과정이며, 두 번째 과정은 사회적 동물로서의 '타자성'(세계화)의 과정이다. 홀로서기는 그 주체자의 인간 관계—부모형제, 친구, 스승, 선배—를 청산한다는 점에서 '밖으로부터 안으로의 운동'(내재성의 확립)이기도 하고, 또 인간 관계의 사회적 장을 떠나서 떠돌이와도 같이 주변인으로 밀려난다는 점에서 '안으로부터 밖으로의 운동'(외재성의 확립)이기도 하다. 이 안과 밖, 즉 내재성과 외재성이 상호 겹쳐지는 운동이 바로 '홀로서기'(주체성의 확립)이며, 우리 인간들의 생사의 운명을 좌우하는 지상 최대의 모험이 된다.
— 본문 중에서

내가 낙천주의자로서 우리 인간들의 '행복론'을 연출해 내고자 했을 때, 나는 그 무엇보다도 '제3세계의 문화적 풍토병'과 '비평의 만장일치제도' 속에 신음하고 있는 우리 한국인들을 주목하지 않을 수가 없었다. 제3세계의 문화적 풍토병은 타인의 말과 타인의 사유 앞에서 노예적인 복종 태도를 보이며, 서양인들이 '서양인들은 문화인이고, 동양인들은 야만인'이라고 부르면, 바로 그렇게 따라 부르는 병—아무런 명명의 힘도 없는 병—이며, 비평의 만장일치제도는 아버지와 스승의 권위 앞에서 '비평하기보다는 기꺼이 찬양'하는 제도를 말한다. 따라서 그 근친상간의 추태를 바로잡기 위해서 '나는 신성모독을 범한다, 고로 존재한다'와 '세계는 나의 범죄의 표상이다, 고로 나는 행복하다'라는 낙천주의자의 제1의 명제를 정립할 수밖에 없었다.
— 본문 중에서

이제 우리는 어떻게 모험을 시작할 것인가? 그것은 두말할 것도 없이 삶의 목표를 정하고 자기 자신의 생사를 걸만큼의 무거운 짐을 스스로, 자발적으로 짊어지기만 하면 된다. 자, 출발이다! 이 세상에서 가장 무거운 짐을 짊어지고 가기 위해서는 또한, 모든 인간 관계를 청산하지 않으면 안 된다. 아버지도, 어머니도, 아내도, 형님도, 동생도, 어린 자식들도, 친구들도, 민족도, 국가도, 도덕도, 법도, 질서도, 공산주의도, 자본주의도, 기독교도, 불교도, 힌두교도, 이슬람교도, 자이나교도, 회의론도, 도덕부정론도, 고전주의도, 낭만주의도, 현실주의도, 초현실주의도, 구조주의도, 탈구조주의도, 그리고 그 모든 것들도, 모두가 다같이

'네 에미 씹'일 뿐이다. 더욱더 무거운 짐을 짊어지기 위해서 모든 인간관계들을 청산하게 되면, 이제는 삶의 목표보다도 모험만이 더욱더 소중해 지고, 모험 자체가 삶의 목표가 되어주게 될는지도 모른다. 하늘도 넓어지고, 지평선도 넓어지고, 그 주체자의 가슴도 넓어진다. 넓어지는 지평선은 신성모독의 지평선이며, 낙천주의자의 지평선이다.
— 본문 중에서

모든 싸움의 근본목적은 도덕적으로 선의 고지를 점령하기 위한 것이며, 정치 경제적으로는 더 넓은 국토와 더 많은 부를 얻기 위한 싸움이다. 도덕적 선의 고지는 사실 그대로의 옳고 그름의 문제가 아니며, 그것은 어디까지나 강자의 입장에서 도덕적 선을 규정하고 그 규정에 따라서 타인들과 이웃 국가들을 복종시킬 수 있는 힘에 지나지 않는다. 정복자는 이웃 민족국가의 영토를 빼앗고 그 원주민들을 노예로 거느리게 되고, 피정복자는 자기 영토를 빼앗기고 이민족을 하나님과도 같은 주인으로 섬기지 않으면 안 된다.
— 본문 중에서

우리 인간들에게는 '공격본능'과 '방어본능'이라는 두 가지 본능이 있으며, 공격본능은 자기의 영역과 세계의 영역을 확대하고, 방어본능은 외부의 적을 맞이하여 자기 자신의 생명과 그 영역을 지키는 데 사용하게 된다. 공격본능이 강화되면 그가 속한 민족이나 국가나 개인은 끊임없이 세계의 영역을 확대하고 그 승리의 찬가를 부를 수가 있지만, 그 공격본능이 퇴화되고 방어본능만이 있는 민족이나 국가나 개인은 끊임없이 몰락과 쇠퇴의 길을 걸어가게 된다. 오늘날 제국주의자들은 대내적으로는 민주주의를 하고, 대외적으로는 식민주의를 선호한다. 민주주의는 그들이 속한 국가의 구성원들에게 만인 평등과 언제나 국가의 주권이 그들에게 있다는 믿음을 상기시켜주고, 그리고 그 국민들의 단결과 민심의 결집을 이끌어 내는 힘으로 작용을 하게 된다. 다른 한편,

그들의 제국주의는 그 일체화된 국력을 기초로 하여, 제3세계를 정치, 경제, 사회, 문화 등 모든 분야에서 무차별적으로 짓밟아 버리는 힘으로 작용하게 되고, 그들의 제국주의적인 마수를 보지 못하게 하는 이데올로기의 장치들—민주주의와 만인 평등이라는 이데올로기가 바로 그것이다—을 암암리에 설치하게 된다. 이 이데올로기적인 장치들, 즉 민주주의와 만인 평등사상은 그들의 제국주의적인 마수를 보지 못하게 하는 '오인의 메카니즘'으로 작용을 하고 있다고 해도 지나친 말이 아니다. 따라서 제3세계의 국민들은 민주주의와 만인 평등사상이 무엇인지도 모른 채 그것을 수용하게 되고, 거꾸로 제국주의자들의 입김이나 그들의 하수인에 불과한 독재자들에게 짓밟히게 된다. 제국주의자들은 오늘날의 미국이나 유럽처럼, 대내적으로는 민주주의로 그들의 방어본능을 강화시키고, 대외적으로는 제국주의로 그들의 공격본능을 강화시켜 나간다. 이 공격본능과 방어본능이 제대로 균형 있게 작용을 하고 있는 국가나 그 국민은 주체성의 확립이 타자성의 완성으로 이어지고, 자기 영역의 확대가 세계영역의 확대로 이어진다. 그들은 어떠한 어려움도 헤쳐 나갈 수 있는 기사도적인 모험정신과 성자의 영웅주의가 육화된 사람들이라고 하지 않을 수가 없다.

— 본문 중에서

현대 민주주의 사회에서 그 어중이 떠중이들을 적으로 삼는다는 것은 자기 스스로 '만인 대 일인의 싸움'을 자청하게 된 것이며, 단 한 명의 원군이나 우군도 없이 가장 강력한 적들과의 싸움을 시작하게 되었다는 것을 뜻한다. 나는 '만인 대 일인의 싸움'을 걸 만큼 충분히 강하고, 생사의 문제를 헐리우드의 전쟁 영화처럼 가볍게 여길 줄도 알고 있다. 싸움은 인간을 비정하고 잔인하게 만들고, 또한 그것은 인간을 자기 중심적으로 사고하게 만든다. 싸움은 싸움의 목적을 분명하게 만들고, 그 싸움의 결과가 승리일 때는 최고의 희열을, 그렇지 않을 때는 목숨까지도 빼앗기게 되는 비참한 상실감을 미리부터 맛보게 한다. 어떤 싸움이든 그것의 궁극적인 목표는 승리이며, 그 승리의 축배는 돈, 명예, 권력, 그밖의 모든 것을 의미한다.
— 본문 중에서

나는 퀴리 부인의 라듐에 대한 특허권의 포기가, 그녀의 라듐의 발견보다도, 그리고 그 발견으로 인한 수많은 난치병의 치료와, 방사능과 원자력으로 이어진 과학 발전에 대한 기여보다도 더 위대하다고 생각한다. 돈과 명예는 같은 무대에 들어갈 수도 없고, 또 돈으로 명예를 살 수도 없다. 진정한 인간(학자)의 꽃은 사상의 꽃이며, 그 꽃은 더없이 맑고 깨끗한 휴머니즘이라는 옥토가 아니면 피어날 수가 없다. 최초의 라듐의 발견자, 최초의 방사능의 명명자, 여성으로서의 최초의 노벨상 수상자, 최초로 노벨상을 두 번씩이나 수상한 과학자, 소르본 대학교의 최초의 여성 교수—, 이처럼 퀴리 부인 앞에 '최초'라는 헌사가 붙게 된 것은 그녀가 최초의 명명자이자 최초의 입법자이며, 마치 전제군주와도 같은 사상의 신전을 세웠기 때문이다.
— 본문 중에서

나는 이 세상에서 문화적 영웅의 아름다움이 가장 얻기가 힘든 것이라고 생각하고 있다. 그가 딛고 있는 토대는 그 입문의례과정을 통한 사상의 토대일 수밖에 없으며, 그는 그 사상의 신전에서 오늘도 언제나 어린 아이처럼 영원불멸의 삶을 살아가게 된다. 나는 한국문단과 한국의 지식인 사회에서 영원히 버림을 받은 이단자에 지나지 않지만, 나는 그 홀로된 자의 고독과 그 행복한 생활을 어쩌지 못하고 있다. 나의 서재는 나의 왕국이며, 니체, 칸트, 플라톤, 소크라테스, 아리스토텔레스, 데카르트, 스피노자, 라이프니츠, 미셸 푸코, 하이데거, 호머, 셰익스피어, 괴테, 보들레르, 랭보 등은 나의 충직한 신하들이다. 나는 오늘도 그들을 데리고 인류 전체의 행복과 그 건강을 토론하고, 그리고 정오에는 '愛

知의 숲'을 하염없이 거닐었었다. 나는 언제, 어느 때나 행복하고 또 행복하다.

— 본문 중에서

|제3 개정증보판 저자서문|

'꽃 중의 꽃'은 사상이며, 그 향기는 온 우주를 가득 채운다.

소크라테스의 사상도 아름답고 향기롭지만, 플라톤의 사상도 아름답고 향기롭다. 데카르트의 사상도 아름갑고 향기롭지만, 칸트의 사상도 아름답고 향기롭다. 니체의 사상도 아름답고 향기롭지만, 쇼펜하우어의 사상도 아름답고 향기롭다.

인간은 나약하지만, 사상의 힘은 강하다. 우리가 이 어렵고 힘든 세상을 참고 살아갈 수가 있는 것은 이 '사상가라는 이름'의 '수호신'이 있기 때문이다.

나의 꿈은 우리 한국인들을 '사상가와 예술가의 민족'(고급문화인)으로 육성하는 것이었고, 따라서 이 '행복론'을 우리 한국인들에게 헌정할 수가 있게 되었다.

나는 대한민국의 역사상, 최초로, 낙천주의 사상을 정립했고, 우리 한국인들을 '사상가와 예술가의 민족'으로 인도할 수 있는 힘을 갖고 있다.

나의 『행복의 깊이』에는 천재생산의 교수법이 들어 있고, 우리 한국인들을 입시지옥으로부터 해방시켜 줄 수 있는 비법이 들어 있다.

나의 『행복의 깊이』에는 우리 한국인들이 고급문화인이 될 수 있는 비법이 들어 있고, 모든 인간들이 아름답고 행복한 삶을 살 수 있는 비법이 들어 있다.

초, 중, 고등학교의 모든 교과과정은 하루바삐 '독서중심의 글쓰기 교육'으로 바뀌지 않으면 안 된다. 모든 초, 중, 고등학교의 교과과정은 대학에서 최고급의 논문, 즉, 사상과 이론을 정립하기 위한 예비교육 과정에 지나지 않는다.

사상만이 고귀하고 사상만이 영원하다.

나는 지난 20년 동안, 얼굴도, 이름도 없는 인간으로 살아왔고, 또, 살아가고 있다.

한국사회에서 내 얼굴을 아는 척 하는 자, 내 이름을 언급하는 자도 곧바로 금기의 인물이 될 수밖에 없다.

이것이 '아버지 살해자', 즉, '신성모독자의 운명'인 것이다.

내가 연출해낸 '도서출판 지혜'에서 이 『행복의 깊이』를 출간하게 되어서 정말 기쁘다.

나는 늙고 쇠약해 가고 있지만, 이 『행복의 깊이』는 영원불멸의 삶을 살아가기를 바란다.

2012년 1월 '愛知의 숲'을 거닐면서…

|저자 서문|

『행복의 깊이』는 나의 눈물, 나의 피와 땀, 그러나 이 『행복의 깊이』는 나의 사상의 신전의 가장 아름답고 풍요로우며, 또한 그만큼 비옥한 텃밭이다.

우리 인간들의 '삶의 양식'과 '삶의 의지'가 자라나고, 우리 인간들의 행복한 '삶의 세목들'이 자라난다.

大철학예술가인 시간이 오늘도 무릎을 꿇고 무한히 예배를 드리고 있는 곳—.

시간은 영원한 시간이고 그 도취의 밀도는 무한히 황홀하고 경건하기만 하다.

나는 死神의 맏형님, 나는 그 死神에게 나의 사상의 신전에는 머리카락 한 올도 드러내지 않도록 명령을 내려둔 바가 있다.

나는 너희들에게 가장 아름답고 멋진 삶과 가장 아름답고 멋진 죽음을 권한다.

아아, 낙천주의 사상이여!

아아, 행복의 깊이여!

이 세상의 모든 지식인들에게 사상이란 최고의 목적이며, 그 모든 것이다. 세상의 모든 것이 변하고 이 세계의 종말이 온다고 하더라도 자기 자신과 자기 자신의 사상만은 영원하기를 바라는 것은 모든 지식인들의 한결같은 꿈이다. 사상은 새로운 세계의 개진이며, 행복에의 약속이다. 사상은 그 어떤 것보다도 고귀한 명예이며, 삶의 완성이며, 보다 완전한 인간의 표지이다. 우리는 그 사상가의 신전 앞에서 언제, 어느 때나 시를 짓고, 노래를 부르며, 찬양과 찬송을 하게 된다. 또한 우리는 그 신전 앞에서, 우리 인간들의 존엄성을 바치고, 가장 좋은 예물을 바치고, 하늘을 우러러 보며, 항상 자기 자신을 갈고 닦으면서, 그 사상의 위업을 이어나갈 것을 맹세를 하게 된다. 나는 이 『행복의 깊이』를 통해서, '세계는 나의 범죄의 표상이다, 고로 행복하다'와 '나는 신성모독을 범한다, 고로 존재한다'라는 두 개의 명제를 동시에, 밀고 나갈 것이며, 궁극적으로는 한국문학의 역사상, 최초로, '낙천주의 사상'을 정립하게 될 것이다. 한국의 호머, 한국의 셰익스피어, 한국의 니체, 한국의 칸트, 한국의 톨스토이, 한국의 괴테가 나올 수 있을 때, 우리 한국인들이 문학 이전의 야만의 상태에서 빠져나올 수가 있는 것이듯이, 나의 도전적이고 야심만만한 과제는 우리 한국인들이 고급문화인이 될 수 있는가, 없는가라는 문제와 직결되어 있을 수밖에 없다. 제1권 『행복의 깊이』, 제2권 『한국문학비평의 혁명』(『행복의 깊이』 제2권), 제3권 『어느 철학자의 행복』(『행복의 깊이』 제3권)은 우리 인간들의 '삶의 양식'과 '의지'와 '삶을 향유할 수 있는 세목'들에 그 초점이 맞추어져 있고, 궁극적으로는 나의 '행복론' 속에 그 신전을 마련하게 될 것이다.

지난 10여 년 가까운 세월 동안의, 그토록 잔인하고 멀고 험난했던 과정들을 조금쯤은 쓸쓸하고, 기쁘고, 행복하게 되돌아보면서, 제1권 『행복의 깊이』를 다시 써보고자 한다. 오직, 자기 자신의 두뇌와 그 명명의 힘으로, 인류의 역사상, 가장 화려하고 독창적인 '사상의 신전'을 짓고 우리 한국인들을 고급문화인으로 인도해줄 수 있는 세계적인 대스승이 있었더라면, 나의 행복론은 보다 더 빨리 깊어지고 완성될 수도 있었을 것이다. 제2권 『한국문학비평의 혁명』과 제3권『어느 철학자의 행복』이 출간된 뒤, 다시『행복의 깊이』를 써야만 하는 이 쓰디쓴 모멸감, 이 멀고 험난하기만 했던 우회로, 모든 것을 자기 스스로 해결해야만 했던 어린 아이 앞의 수많은 난제들, 어쨌든 나는 대부분의 난제들을 해결하고, 더욱더 깊어지고 성숙한 철학자로서 십여 년 전의 책상 앞으로 되돌아와 앉아 있다. 아아, 가장 야심만만하고 도전적인 과제들이여, 나에게 더욱더 어렵고 힘든 고통을 주시되, 이 세상을 저주하거나 원망하지 않게 해주시기를……! 항상 이글이글 생살이 타는 듯한 고통으로 나의 마비된 감각과 의식을 깨우쳐 주시되, 더욱더 불행한 인간의 이상적인 전형이 되어감으로써 행복한 인간의 삶이 있다는 사실을 가르쳐 주시기를……! 더욱더 자기 자신의 불행에 충실하고 그 불행한 삶을 아름답게 살아갈 수 있을 때, 우리는 그를 행복한 인간이라고 부를 수가 있을 것이다. 나는 어쨌든 철학예술을 꿈꿀 수밖에 없었고, 나의 삶의 본능에 대한 옹호가 하늘 높이, 하늘 높이, 울려 퍼질 수 있기를 바랄 뿐이다.

시는 행복한 꿈의 한 양식이며 낙천주의를 양식화시킨 것이다.

— 제1장「행복의 깊이」에서

『행복의 깊이』 제1권은 1993년 한국문연에서 출간되었지만, 대한민국 인문과학의 역사상 최초로 사상과 이론에 도전했던 만큼, 나의 지식의 현재성에 비추어 다시 쓰지 않으면 안 되었다. 최초의 주제와 그 꿈을 간직한 채, 2002년 봄호부터 2004년 겨울호까지,『愛知』에 이 글을 연재할 수가 있었다.

나는 내가 더없이 자랑스럽고, 또한 그만큼 내가 나 자신에게 경의를 표하지 않을 수가 없다.

이『행복의 깊이』를 통하여 대한민국의 인문과학은 세계적인 수준으로 올라서게 된 것이다.

2006년 3월 1일 아침,
서양의 사상과 이론'으로부터 '대한독립만세'를 부르짖으면서,
그리고, 또다시,
'愛知의 숲'을 거닐면서—.

|차례|

일러두기

참고문헌은 각 장의 말미에 표기했으며, 본문 중 인용문 표기는 (1: 23)으로 표기했다.

(1: 23)은 1권의 책 23면을 말한다.

제1장 행복의 깊이

시는 낙천주의를 양식화시킨 것이다

시는 우리 인간들의 낙천주의를 양식화시킨 것이다. 이때에 낙천주의라는 말을 다만 쾌락주의적인 어떤 것으로만 이해해서는 안 된다. 수많은 종교 사회학자들이 말하는 낙천주의는 좌절과 실망을 불러 일으키는 여러 요소들을 잠재우고, 그 물적 토대 위에서 행복한 삶을 구상하여 보자는 대전제 아래 쓰여진 것이지, 그야말로 즐거움을 유일한 낙으로 삼는 이 땅의 퇴폐주의를 옹호하기 위해서 쓰여진 말이 아니기 때문이다. 불행이 없는 행복한 삶과 낙천주의는 분리가 가능한 어떤 것이 아니다. 시를 쓰고 시를 논하는 사람은 아무도 행복이란 말 속에서 자유롭지가 못하다. 만일 시의 사회적 기능을 종교적인 것과 교육적인 것, 그리고 축제적인 측면에서 조명하여 볼 수가 있다면, 그 말은 더욱더 타당성을 띠게 될 것이라고 생각된다. 일찍이 시와 노래가 분리되지 않았던 시절에는 시가 종교적 기능을 대신했었고, 모든 공동체 사회의 질병과 재앙을 달래거나 그 사회의 소원 성취를 노래라는 형식을 빌어서 그 제의적 기능을 다했던 것이다. 또한 시는 새로운 지식과 삶의 지혜를 창조하고, 그 지식과 지혜를 보존하는 기능과 함께, 모든 떠돌이—나그네들에게 즐거움과 기쁨을 선사해 주는 기능을 떠맡아 했었다. 문자가 성립되어 있지 않거나 보편화되어 있지 않았던 시절에는 일정한 운율과 리듬을 지닌 시의 형식이 새로운 지식을 창조하고 보존하는 교육적 기능에 가장 알맞았으며, 그 시가 전달할 수 있었던 삶의 지혜와 그 독특한 가락 때문에, 매우 흥겨운 정취를 자아내는 축제적, 혹은 카니발적 기능을 간직하게 되었던 것이다. 어떠한 종교적(제의적) 의식 행위일지라도, 그것은 반드시 시라는 양식—예를 들면 찬송가나 주문과도 같은—을 필요로 하게 되어 있다. 호머의 『일리어드』와 『오딧세우스』와도 같은 대단한 삶의 지혜마저도 구비문학의 전통 아래서 그것에 적절한 운율과 리듬을 부여할 수가 없었다면, 그 대단한 삶의 지혜마저도 아무런 쓸모가 없었을 것이기 때문이다.

하지만 시의 종교적 기능이나 교육적 기능에 즐거움이라는 요소가 없게 되면, 그 기능들의 사용가치가 아무리 유용한 것이라고 하더라도, 그것은 박제화되거나 모든 사람들의 기피의 대상이 될 수밖에 없었을 것이다. 왜냐하면 이 세상의 모든 의식이나 삶의 지혜마저도 즐거움의 산물이어야지, 고통의 산물이어서는 아니 되기 때문이다. 고통의 산물은 기피의 대상이지만, 즐거움의 산물은 축제(혹은 참여)의 대상이다. 시의 축제적 기능은 현실원칙 위에 쾌락원칙이 있다는 것을 무엇보다도 우선적으로 말해준다. 욕망이 충족되면 기쁨과 즐거움이 따르지만, 욕망이 충족되지 못하면 불쾌감과 고통이 따른다. 이밖에도 시의 사회적 기능은 엘리어트나 옥타비오 빠스의 말대로 '민족어의 세련'이라는 기능을 갖고 있지만, 그것은 부수적인 기능이지, 시의 주요한 기능이라고 생각되지는 않는다. 아니, 시인이 자기 자신의 모국어를 갈고 닦는다는 것은 너무나도 자명한 일이기 때문에, 그것은 거론할 필요조차도 없는 것인지도 모른다. 시인의 언어는 생명의 언어이며, 숨결의 언어이다. 우리는 언어를 통해서 그 언어의 자유를 행복하게 살고 있는 것인지도 모른다. 오늘날처럼 사회가 주도면밀하게 조직화되고 분업화되기 이전에는 시인이 사제이며, 삶의 지혜를 전수해 주는 대 스승이었고, 또한 위대한 소리꾼 중의 소리꾼이었다고 하지 않을 수가 없다. 이와 같이 시의 사회적 기능을 종교적 기능과 교육적 기능, 그리고 축제적인 기능으로 정리가 가능한 것이라면, 나는 이 모든 기능들을 종합하여 시는 우리 인간들의 낙천주의를 양식화시킨 것에 지나지 않는다고 말해 보고 싶은 것이다. 시는 낙천주의를 양식화시킨 것이며, 행복한 꿈의 한 양식이다. 우리는 시가 있기 때문에 불행한 현실을 참고 살아갈 수가 있다.

종교 사회학자들은 우리 인간들의 삶의 조건이 우연성과 무력성, 그리고 결핍성 등에 둘러싸여 있다고 말한다. 우연성이란 우리 인간들의 불확실한 상황과 어떤 경우에도 그들의 안녕과 복지가 보장되어 있지 않다는 것을 뜻하고, 무력성이란 우리 인간들의 능력과 삶의 조건을 통제하는 영향력이 증대되어 가고 있음에도 불구하고, 근본적으로 그들이 한계 상황에 처해 있다는 것을 뜻한다. 또한 결핍성이란 산업기술의 발전과 생산성의 증대에도 불구하고, "재화의 가치가 서로 다른 분배를 야기시켜" 그 결핍의 상황 속에서 살아가고 있다는 것을 뜻한다. 이러한 우연성과 무력성, 그리고 결핍성들이 우리 인간들에게 좌절과 상실감을 안겨주게 되고, 그러한 삶의 조건들이 종교의 모태가 되어주고 있다고 해도 과언이 아니다. 시와 신화를 분리할 수가 없듯이 시와 종교 역시도 분리할 수가 없다. 종교의 기능이 우리 "인간들이 불행에 대처하고 적응할 수 있게 하는 사회적 형태로 구현된" 것이듯이, 시의 기능 역시도 좌절과 실망을 일으키는 여러 요소들에 가장 효과적으로 대처할 수 있는 꿈의 형태로 발전되어 왔다고도 볼 수가 있는 것이다(1: 15)[*]. 우리는 시가 있기 때문에 불행한 현실을 참고 살아갈 수가 있다. 시는 종교와도 같은 말이고, 꿈과도 같은 말이다. 우리는 시가 있기 때문에 자기 자신들의 소망을 기원하거나 꿈을 꿀 수가 있다. 따라서 수많은 시인들의 시는 그것이 비극적이든, 희극적이든 간에, 잘 삶의 한 요소를 이루어야 하고, 행복의 여러 유형, 혹은 행복의 여러 원형들로 이루어져 있지 않으면 안 된다.

박목월의 「나그네」라는 시가 이 글의 편리한 출발점이 되어 줄는지도 모른다.

江나루 건너서
밀밭 길을

구름에 달 가듯이
가는 나그네

길은 외줄기
南道 三百里

술 익는 마을마다
타는 저녁 놀

구름에 달 가듯이
가는 나그네
—「나그네」 전문

박목월의 「나그네」는 우리 한국인들의 보편적인 정서에 걸맞는 애송시라고도 할 수가 있지만, 그러나 애송시라는 영광은 아무 작품에나

---

* (1: 15)는 1의 책 15면을 말한다.

저절로 주어지는 것이 아니다. 또한 애송시라고 해서 반드시 대중정서와 야합한 것도 아니며, 그것이 애송시로서 회자되고 있는 까닭은 세월의 풍화작용에 견뎌낼 만한 어떤 것이 있기 때문일 것이다. 나그네는 떠돌이로서 비극의 주인공일 수도 있고, 희망에 찬 어떤 유형의 인물일 수도 있다. 박목월의 「나그네」는 후자의 유형의 인물이며 행복한 인간의 원형이다. "술 익은 마을마다/ 타는 저녁 놀"을 바라보는 시적 화자의 마음이 어찌 어두울 수가 있겠으며, "江나루 건너서/ 밀밭 길을", "구름에 달 가듯이/ 가는 나그네"의 발걸음이 어찌 가볍고 경쾌하지 않을 수가 있겠는가! 박목월의 나그네의 마음은 어두운 것도 아니며, 또한 그 발걸음이 무거운 것도 아니다. 그의 마음은 "타는 저녁 놀"처럼 밝고 환하고, 그의 발걸음 역시도 "구름에 달 가듯이" 가볍고 경쾌하다고 하지 않을 수가 없다. 극도로 절제된 언어와 여백이 더욱더 풍요로워 보이는 시적 공간이 그것을 말해 주고, '강나루, 밀밭 길, 구름, 달' 등의 이미지들이 '나그네'라는 인간과 더없이 평화스럽게 조화를 이루고 있다는 사실이 그것을 말해 준다. '술 익은 마을'은 모든 떠돌이—나그네들을 따뜻하고 포근하게 감싸주는 훈훈한 인정을 환기시켜 주기도 하고, '타는 저녁 놀'의 아름다움은 그 관계의 상징적인 밀도를 환기시켜 주기도 한다. 박목월의 나그네는 술 익은 마을을 찾아가는 행복한 인간의 원형으로서의 나그네이다. 나그네의 시간은 영원성으로 변모된 시간이며, 그 떠돌이 방식으로 황홀한 시간을 살아가고 있는 나그네이다. 이러한 「나그네」의 사회 역사적 배경을 두고 그것의 현실도피주의적인 요소를 지적할 수는 있고, 또한 초기의 박목월의 시세계에 있어서 '화자'(꿈꾸는 사람), '대상'(임), '슬픔'의 관계를 도식적으로 적용시켜서, 시인과 세계와의 관계를 불화의 관계로 읽어낼 수는 있다(2: 211). 하지만 첫 번째의 오류는 인류학적인 관점에서 분석해야 될 시를 사회 역사적인 문제로단 환원시켜버린 현실주의자들의 오류에 속한다고 할 수도 있는 것이고, 두 번째의 오류는 도식적인 비평가의 논리적 맥락에 따라 시의 풍요로움을 사상시켜버린 오류에 속한다고도 할 수가 있는 것이다.

나는 여러 좋은 시들을 문학비평가(철학자)의 관점에서 바라보지 않고, 삶의 즐김이라는 관점에서 바라다 본다. 또한 이 도전적이고 야심만만한 문학비평 행위마저도 문학비평가의 입장에서 쓰지 않고, 시인의 입장에서 시를 쓰듯이 쓰고 있다. 이것이 문학비평가(철학자)로서의 나의 무모한 모험이고 도전적인 글쓰기인 것이다. 나는 문학비평을 지향하지 않고 철학예술, 혹은 비평의 예술을 지향하고자 애를 쓰고 있다. 문학비평은 문학비평이기 이전에, 철학예술이어야 하고, 이 척박한 한국문학의 토양에 값진 자양분이 되어야만 한다. 선무당이 사람을 잡듯이 비평가의 헛된 비평이 제멋대로 시를 질식시키고, 한 걸음 더 나아가, 보이지 않는 살인 행위까지도 서슴지 않고 자행하게 된다. 가령, 나의 첫 평론집, 『시와 시인』을 악의적으로 서평한 어떤 시인을 삼류 시인이라고 폄하하기는 쉽다. 그러나 그 시인이 대단히 훌륭한 시인이라고 말하기는 쉽지가 않다. 첫 번째의 경우는 비평가의 선입견이나 이념형의 잣대를 들이대면 그만이지만, 두 번째의 경우는 그가 왜 훌륭한 시인인가를 만인의 심금을 울릴 수 있는 언어로 설명해 보여야 하기 때문이다. 비평이란 이처럼 무섭고도 두려운 작업인 것이다. 문학비평은 더부살이로서 숙주의 몸에 위해를 가할 수도 있지만, 철학예술(비평예술)은 상호 간에 공감할 수 있는 화해의 세계를 마련하게 된다. 그 시인이 폄하했던—의도적인 왜곡과 그 오독의 결과에 따라서—낭만주의는 전통적인 낭만주의가 아니라, 내 나름대로 정식화시킨 시대를 초월해서 살아남을 수 있는 낭만주의이며, 또한 그가 비판했던 '빛나는 개성주의'도 내 나름대로 정교하게 정식화시켜 보려했던 '빛나는 개성주의'라고 해도 지나친 말이 아닐 것이다. 그러나 이 글은 케

케묵은 묵살의 대상을 공격하기 위해서 쓰고 있는 것은 아니다. 시 비평, 혹은 철학예술은 언제든지 텍스트 중심이어야 하며, 그러한 분석을 토대로 하여 더 큰 사회 역사적 차원과 인류학적 차원의 범주로 폭넓게 접목시켜 나가야 할 것이다. 이 땅의 수많은 시인의 시들은 그것이 슬픔으로 채색되어 있든, 고통으로 얼룩져 있든 간에, 잘 삶의 한 요소를 이루어야 하고, 행복의 여러 유형, 혹은 행복의 여러 원형들로 이루어져 있지 않으면 안 된다. 왜냐하면 시는 잘 삶의 한 요소이며, 낙천주의를 양식화시킨 것이기 때문이다. 왜, 문학비평가들은 공감할 수 없는 시들을 그처럼 끈질기게 거론하고 있는 것이며, 왜, 또한, 그들은 단 하나의 편견이나 이념형의 잣대로 수많은 시들을 질식시키고 학살하고 있는 것인가? 저널리즘적인 인민재판의 권위주의 때문인가, 아니면, 비루먹은 문학비평가로서의 옹색한 강단의 입지점 때문인가? 나는 그들에게 헛된 살상무기를 버리고, 니체를, 쇼펜하우어를, 마르크스를, 칸트를, 소크라테스를, 아리스토텔레스를, 하이데거를, 바슐라르를, 조셉 캠벨을, 장 피에르 리샤르를, 알베르 베갱의 글들을 수없이 읽고, 또다시 읽어볼 것을 권한다. 시가 행복한 꿈의 한 양식이듯이, 철학예술은 '감동의 총화'이지 않으면 안 된다.

행복한 시인의 두 유형: '아폴로 유형'과 '디오니소스 유형'

니체의 모든 저작들이 그러하지만, 그의 처녀작인 『비극의 탄생』은 우리들의 고전이고, 모든 시인들이 꼭 한 번은 읽어야 될 필독서에 값한다고 하지 않을 수가 없다. 하지만 니체는 기독교주의자도 아니었고, 염세주의자도 아니었다. 또한 그는 계몽주의자도 아니었고, 낭만주의자도 아니었다. 쇼펜하우어와 마르크스, 그리고 프로이트와 함께, '회의의 대 철학자'로 잘 알려진 니체의 비판이 가장 날카로웠던 것은 우리 인간들의 '생을 적대시'하고 있었던 기독교 사상이었으며, 다른 하나는 '소크라테스적 미학주의'이었다고 생각된다. 그는 우리 인간들의 생을 적대시 하고 있었던 기독교적 원죄 의식에 반발하여 삶의 본능의 옹호자로 자처할 수밖에 없었고, "이성은 미덕이며 행복이다"라는 소크라테스적 미학주의에 반발하여 그리스 신화와 함께, 그리스 비극 예술을 옹호할 수밖에 없었던 인물이기도 했던 것이다(3: 32). 니체의 건강한 염세주의는 "건강함에서, 생의 풍요에서 유래하는 두려움, 병, 문제점들에 대한 지적 편애"를 뜻하지, 영원한 죄인이라는 기독교적 올가미를 뜻하지는 않는다(4: 24). 또한 그의 건강한 염세주의는 우리 인간들의 삶의 본능의 옹호를 뜻하지, 이성의 광기와 회의가 죄였던 시대의 이념을 뜻하지는 않는다. 니체는 그리스인들이 그러했듯이, 실레노스의 지혜를 뒤집어서 우리 인간들에게 가장 나쁜 것은 곧 죽는다는 것이고, "그 다음으로 나쁜 것은 누구나 언젠가는 죽는다는 것이다"라는 잠언적 명제를 이끌어낸다. 왜냐하면 우리 인간들은 가장 하찮은 노예의 신분일지라도 이 세상의 삶을 원하고 있지, "태어나지 않는 것"이 최선의 방법이며, "곧 죽어버리는 것이 차선次善의 방법"이라고는 생각하지 않고 있기 때문이다(4: 47). 실레노스의 지혜도 우리 인간들의 삶의 본능을 옹호하지 않지만, 기독교 사상도 우리 인간들의 삶의 본능을 옹호하지는 않는다. 실레노스의 지혜가 기독교 사상이고, 기독교 사상이 실레노스의 지혜이다. 실레노스의 지혜와 기독교 사상이 다른 점은 실레노스의 지혜가 염세주의로 가득차 있다는 점에 반하여, 기독교 사상은 유일신에 대한 맹신을 근간으로 해서, 유토피아적인 환상으로 가득차 있다는 점일 것이다.

소크라테스적 미학주의는 그리스 신화를 압살하는 미학주의에 불과하고, 또한 소크라테스적 미학주의는 그리스 비극 예술을 압살하는 미학주의에 지나지 않는다. 이성이 미덕이 되고 행복이 될 때, 다양한 제신들은 질식하고, 기독교적인 유일신만이 탄생하게 된다. 이성이 미덕이 되고 행복이 될 때, 모든 비극 예술은 주변적인 위치로 밀려나게 되고, 이성의 광기와 회의가 죄였던 시대의 합리적인 사고만이 최고의 자리로 올라서게 된다. 비극 예술이 이성보다는 감정에 호소한다는 소크라테스의 비난이 그것을 말해 주고, '무오류성의 왕홀'로 과감한 우상파괴 작업을 감행한 기독교 사상이 그것을 말해 준다. 플라톤의 『국가론』에는 인류의 역사상, 가장 위대했던 대서사시인 호머가 단죄시 되고 있고, 예수의 출현 이후, 중세의 르네상스 직전까지는 어떠한 세계적인 대서사시인도 출현한 바가 없다.

하지만 신화는 이성의 산물이 아니라 꿈의 산물이다. 시 역시도 이성의 산물이 아니라 꿈의 산물이다. 우리는 종교 사회학자나 하이데거, 그리고 사르트르를 비롯한 실존주의의 철학자들이 말하고 있는 존재론적 모순의 문제와 과감하게 맞서 싸워나가야 하는 것이지, 자포자기하거나 무의미한 체념으로 염세주의를 펼쳐나가야 하는 것은 아니다. 또한 우리는 그 존재론적 모순 속에서 비극의 주인공이 되어야 하는 것이지, 시나 비극 자체를 추방해야 하는 것은 아니다. 소크라테스적 미학주의자들은 비극 예술을 추방하거나 몰아내야 할 어떤 것으로만 알았지, 비극의 주인공이 됨으로써 행복한 인간의 삶이 있다는 것은 알지도 못했다. 또한 그들은 그들의 무오류성의 왕홀로 '기계장치의 신'(유일신)만을 옹립할 줄을 알았지, 다양한 제신들이 살아있는 풍요로운 사회는 알지도 못했다. 니체는 그의 일생 내내 기독교 사상과 소크라테스적 미학주의에 과감하게 맞서 싸워왔다고 할 수가 있는데, 그것은 그가 생을 적대시 하는 어떤 사상도 용납하지 않았기 때문이다. 니체가 행복한 짜라투스트라이고, 짜라투스트라가 니체의 비극의 주인공이기도 했던 것이다.

니체가 정식화시킨 예술가의 두 유형이 있는데, 그 하나가 아폴로 유형의 인물이고, 나머지 하나가 디오니소스 유형의 인물이다. 아폴로는 그리스 신화 속에서 조형 예술의 신이며, 예언의 신이고, 디오니소스는 포도재배의 신이자 축제의 신이다. 아폴로 유형의 시인들은 우리 인간들의 고통과 슬픔에 대하여 눈을 감아버리지만, 디오니소스 유형의 시인들은 자아를 망각한 존재의 무근거 상태로서, 그러한 고통과 슬픔마저도 풍요롭게 살아가고자 한다. 아폴로 유형의 시인들은 과도함과 지나침을 요구하지 않고 아름다운 꿈과 가상의 세계에서 살아가고자 하지만, 디오니소스 유형의 시인들은 죄를 짓고 죄악을 정당화할 수 있는 황홀한 도취의 세계를 살아가고자 한다. 아폴로 유형의 시인들은 쾌락원칙을 옹호하지, 현실원칙을 옹호하지는 않는다. 또한 그들은 아름다운 꿈과 가상의 세계를 옹호하지, 밝은 '대낮의 현실'을 옹호하지는 않는다. 아폴로 유형의 예술가들(호머, 라파엘, 소포클레스 등)은 그들의 상상력을 통하여 이 세계에 영원히 존재하는 근원적 고통을 변형시키고, 그것을 살 만한 어떤 것으로 만들어 놓고 있는데, 왜냐하면 그 근원적 고통—재앙을 다스리지 않는다면, 우리 인간들은 잠시도 마음 놓고 살아갈 수가 없기 때문이다. 하지만 아름다운 꿈과 가상은 '하나의 미적 베일'에 불과하며, 서사시인들과 조각가들이 그것을 사랑한다. 다시 말해서, 아폴로 유형의 예술가들은 과도함과 지나침을 요구하지 않고, '개별화의 원리'에 따라 그 예술가들의 절도를 요구하게 된다.

하지만 아폴로 유형의 시인들은 개별화의 원리만을 강조하지, 서정시인들의 주관적 자아를 망각한 황홀한 도취의 세계를 강조하지는 않는다. 또한 그들은 개인적 구원을 위한 소승적인 삶만을 강조하지, 공동체 사회의 일원으로서 인류를 구원할 수 있는 대승적인 삶을 강조하지는 않는다. 니체의 독특한 견해에 따르면, 아폴로 유형의 시인들

(서사시인과 조각가들)의 자아는 개별적이고 객관적인 자아에 불과하지만, 디오니소스 유형의 시인들(서정시인들)의 자아는 자아를 망각한 존재의 무근거 상태, 즉 통개인적인 자아를 뜻하게 된다. 그러니까 아폴로 유형의 예술가인 소포클레스는 개별적인 소포클레스에 불과하지만, 디오니소스 유형의 예술가인 아이스퀼로스는 "더 이상 아이스퀼로스가 아니고 세계 예술가이며, 자기의 근원적 고통을 인간 아이스퀼로스로 내세우는 비유 속에서 상징적으로 표현하는 예술가의 겉모습에 불과하다"는 것이 니체의 독특한 견해라고 볼 수가 있는 것이다(4: 54). 디오니소스 유형의 예술가들은 아폴로 유형의 예술가들—개별화의 원리와 소승적인 삶, 그리고 아름다운 꿈과 가상의 세계를 강조하는—과는 달리, 공동체 사회의 일원으로서 인류를 구원할 수 있는 대승적인 삶을 강조하고, 죄를 짓고 죄악을 정당화할 수 있는 황홀한 도취의 세계를 강조한다. 포도재배의 신이자 축제의 신인 디오니소스는 자기 자신의 한계 상황과 존재론적 모순에 묶여 있는 모든 인간들을 해방시키고, 또한 모든 노예들을 해방시킨다. 그리고 자기 자신은 고통의 화신이 되어 티탄들의 처벌이든, 헤라의 처벌이든 간에, 온몸을 갈기갈기 찢기우는 형벌을 받게 된다. 디오니소스 제전은 해마다 봄날 닷새 동안 열렸는데, 그 기간 동안은 모든 죄인들도 자유의 몸이 되어 그 축제에 참가하였다고 한다. 말하자면 디오니소스 유형의 예술가들은 우리 인간들의 실존적인 삶의 조건들—우연성, 무력성, 결핍성 등— 앞에서, 프로메테우스와 외디프스의 길을 자유롭게 선택했던 것이지, 무의미한 염세주의와 소크라테스적 미학주의의 길을 선택했던 것은 아닌 것이다.

프로메테우스의 신화는 가장 용기 있는 자의 삶을 형상화시킨 신화적 사건의 전형이고, 외디프스 신화 역시도 가장 용기 있는 자의 삶을 형상화시킨 신화적 사건의 전형이다. 프로메테우스는 신들만의 특권인 귀중한 불을 우리 인간들에게 훔쳐다가 준 어떤 인물이고, 외디프스는 일개 떠돌이 왕자의 신분으로서 스핑크스의 수수께기를 풀어버리고, 테베 지역의 대재앙을 평정시킨 어떤 인물이다. 프로메테우스는 우리 인간들의 문명과 문화를 가능케 한 위대한 영웅이면서도, 동시에 비극적인 인물이기도 한데, 왜냐하면 그는 카우카소스의 바위산에 묶여서 제우스의 神鳥인 독수리에게 하염없이 간을 쪼아 먹혀야만 했기 때문이다. 또한 외디프스 역시도 우리 인간들의 위대한 영웅이면서도, 동시에 비극적인 인물이기도 한데, 왜냐하면 외디프스는 그의 슬기로운 지혜에도 불구하고 머나먼 이역의 땅, 콜로노스로 추방을 당하게 되었기 때문이다. 『세계의 영웅신화』의 저자인 조셉 캠벨이나 『그리스 로마 신화』의 저자인 에디스 헤밀턴이 강조하고 있듯이, 모든 신화란 우리 인간들의 상상력의 산물이지, 실제의 이야기가 아니다. 또한 모든 신화란 우리 인간들의 근원적 고통과 대재앙을 다스리기 위해, 수많은 신들마저도 인간화시켜 놓은 것이지, 실제의 신들이 숨을 쉬고 살아 움직이는 세계가 아니다. 니체가 프로메테우스와 외디프스 신화에서 주목하고 있는 것은 득죄신화得罪神話—니체의 용어를 따르자면 '능동적 죄'이지만, 나는 그가 다르게 설명하고 있는 셈족의 '득죄신화'라는 용어를 사용하고자 한다. 셈족의 신화에서 그것은 '호기심, 거짓에 속아 넘어감, 유혹에 약함, 好色, 요컨대 일련의 여성적 情念' 등이지만, 나는 득죄신화라는 용어를 니체의 '능동적 죄'에 해당되는 의미로 사용하고자 한다(4: 76)—의 본질적인 국면인데, 왜냐하면 그 신화들이 곧 '죄악을 정당화'시켜 놓은 것이기 때문이다. 아마도 프로메테우스가 없었더라면 우리 인간들은 어떠한 문화의 전취戰取도 가능하지가 않았고, 또한 외디프스의 삶의 지혜가 없었더라면 어떠한 인류의 지혜의 전취도 불가능했을는지도 모를 일이다. 신들만의 귀중한 특권인 불을 훔쳐오는 것도 있을 수가 있는 일이고, 아버지를 살해하고 어머니와 동침하는 것도 있을 수가 있는 일이다. 득죄신화란 우리 인간들이 자기 문화를 형성하고 삶의 지혜를 얻기 위한 신화에 불과하며, 바로 그 죄악을 정당화한 것에 지나지 않는다. 프로메테우스는 인류의 문명과 문화를 가능케 한 불을 훔쳤고, 외디프스는 그 슬기로운 지혜에도 불구하고, 아버지를 살해하고 어머니와 동침한 대죄악을 범했다. 프로메테우스 신화는 '문화의 수호신'의 신화이고, 외디프스 신화는 '성자의 승전가'의 신화이다. 모든 문명과 문화는 힘에의 의지의 결과이며, 잔인성이 양식화된 결과이다. 우리 인간들이 얻을 수 있는 최선—최고의 것은 신성모독에 의해서 얻어진다는 것, 바로 이것이 니체 철학의 핵심적인 전언이라고 할 수가 있는 것이다.

시도 낙천주의를 양식화시킨 것이고, 신화 역시도 낙천주의를 양식화시킨 것이다. 그러나 낙천주의는 희극의 진수 속에서 꽃 피어나지 않고, 비극의 진수 속에서 꽃 피어난다. 또한 낙천주의는 소멸의 슬픔과 퇴폐적인 쾌락 속에서 꽃 피어나지 않고, '생성의 기쁨'과 '창조적 명랑성' 속에서 꽃 피어난다. 낙천주의는 비극의 진수와도 같고, 비극의 진수는 고문받는 순교자의 황홀한 환상과도 같다. 모든 시인들은 마치 프로메테우스나 외디프스처럼, 우리 인간들의 행복을 위해서 신성모독을 범하지 않으면 안 되고, 또한 모든 시인들은 어떠한 고통이나 불행에도 불구하고, 생성의 기쁨과 창조적 명랑성을 노래하지 않으면 안 된다. 모든 염세주의자들은 그들의 비극적인 고통에 초점을 맞추지만, 위대한 낙천주의자들은 그들의 비극적인 고통에 초점을 맞추지 않고, 공동체 사회의 일원으로서 풍요로운 축제에 그 초점을 맞춘다. 그러니까 디오니소스 유형의 예술가, 아이스퀼로스는 사적 개인이 아니라, 세계 시인으로서의 통개인적인 아이스퀼로스인 것이다. 시, 혹은 예술은 우리 인간들의 상처를 어루만져 주고, 더없이 따뜻하고 다정다감한 목소리로 삶에의 의지를 북돋아 주고, 비록 일시적이고 자그만 성공일지라도 하늘을 찌를듯한 환희에의 기쁨으로 우리 인간들을 인도해 준다. 우리는 시를 통해서 이 세계와 사물의 이름을 명명하고, 또 시를 통해서 이 세계와 그 모든 것들을 더욱더 아름답게 미화시켜 나간다. 인생은 짧고 예술은 길다. 우리 인간들은 그 예술의 영원성에 기대서서 자기 자신들의 유한성을 극복하고, 그 무엇보다도 우리 인간들의 삶의 본능을 옹호해 나간다. 니체의 『비극의 탄생』 속에서도 시의 사회적 기능은 얼마든지 찾아볼 수가 있는데, 풍요롭고 다양한 신화 자체가 그것을 내포하고 있기 때문이다. 디오니소스와 프로메테우스와 외디프스 신화는 시의 종교적 기능과 맞닿아 있고, 그들의 삶의 지혜는 교육적 기능에 맞닿아 있으며, 그리고 그 신들을 위한 제전은 시의 축제적 기능에 맞닿아 있다. 니체가 정식화시킨 아폴로 유형의 예술가와 디오니소스 유형의 예술가들을 보더라도 한국문학에 있어서 신화적 상상력의 문학적 구현은 그 무엇보다도 가장 시급하고 도전적인 과제라고 하지 않을 수가 없다. 엘리어트와 보들레르, 에즈라 파운드를 보더라도 그렇고, 제임스 조이스나 토마스 만, 가브리엘 마르께스를 보더라도 그렇다. 니체의 『비극의 탄생』은 그의 편협한 민족주의자적인 한계를 가지고 있는 저작이긴 하지만, 그리스 신화를 통해서 위대한 독일 정신을 꿈꾸었던 초기의 세계관이 사실 그대로 드러나고 있다고 해도 과언이 아니다.

한국 현대시에 있어서 신화적 상상력의 문학적 구현의 모범적인 전거를 찾아볼 수는 없지만, 행복의 원형으로서 아폴로 유형과 디오니소스 유형의 시들은 쉽게 찾아볼 수가 있다. 박목월의 「나그네」는 전자의 유형에 속한다고 할 수가 있는데, 왜냐하면 그 떠돌이—나그네의 주변성이 자족적인 세계에만 머물고 있기 때문이다. 「나그네」는 술 익은 마을을 찾아가는 시적 화자의 열정에도 불구하고, 아름다운 꿈과 환상의 세계에서만 가능한 어떤 것이지, 그 소승적인 차원을 뛰어 넘어서서 대승적인 차원을 노래하고 있는 시는 아니기 때문이다.

1960년대, 김춘수의 '무의미'의 세계도 마찬가지라고 할 수가 있다.

은종이의 天使는
울고 있었다.
누가 코밑 수염을 달아주었기 때문이다.
제가 우는 눈물의 무게로
한쪽 어깨가 조금 기울고 있었다.
조금 기운 天使의
어깨 너머로
얼룩 암소가 아이를 낳고 있었다.
아이를 낳으면서
얼룩 암소도 새벽까지 울고 있었다.
그해 겨울은 눈이
그 언저리에만 오고 있었다.

— (「處容斷章」의 1의 x) 전문

김춘수의 '무의미'의 세계란 일종의 심리적 '방기 상태'에 지나지 않으며, 그의 심리적 방기 상태란 또 하나의 미적 베일에 불과하다. 그것은 "시와 대상과의 거리가 없어진 데서 생긴 현상"이기도 하고, 그 "대상을 놓친 대신에 언어와 이미지를 실체로 인식하게" 된 데서 생긴 현상이기도 한 것이다(5: 52). 김춘수의 무의미의 세계에서는 "은종이의 천사"가 울기도 하고, "얼룩 암소가 아이를 낳"기도 한다. 하지만 '처용'이라는 신화, 혹은 전설의 세계가 아름답다고 해서, 그가 은폐시켜버린 의미의 세계가 완벽하게 가려진 것은 아니라고 생각된다. 그는 그 무의미의 세계에서마저도 두려움을 느끼고, 그 아름다운 환상의 세계 속에서 행복하게 살지도 못한다. 김춘수의 시적 화자의 눈물은 이중적인 의미를 띤다고 할 수가 있겠는데, 그 하나는 무의미의 세계에서까지도 드러나고 있는 현실성의 의미이고, 나머지 하나는 그 미적 베일 앞에서 시인이 느끼고 있는 두려움이라고 할 수가 있다. 구체적인 현실과 그 대상을 외면했을 때, 시인은 두려움을 느낀다. 그 두려움은 아름다운 꿈과 환상 속에서만 살려고 하는 그의 의식까지도 잠식해 버린다. 이러한 심리적 현상이 곧잘 드러나고 있는 「처용단장」은, 그러나 그럼에도 불구하고, 잘 삶의 한 요소를 이루고 있는 것 같다. 슬픈 현실이 외면의 대상이 된다는 것은 우리 인간들의 보편적 정서에 속하고, 또한 전대미문의 전인미답 지역(전위적인 실험정신, 즉 무의미의 세계)에서 두려움을 느낀다는 것도 우리 인간들의 보편적인 정서에 속한다. 은종이의 천사의 어깨가 기울어지고, 아이를 낳은 얼룩 암소가 새벽까지 울고 있다는 「처용단장」의 세계는 아름답다고 하지 않을 수가 없다. 아폴로 유형의 예술가들의 한계와 함께, 김춘수의 순수시의 침몰 현상의 징후를 드러내고 있는 것 같아 더욱더 아름답고 슬픈 것이다.

김춘수는 좀 더 극단적이고도 뜨거운 열정으로 말라르메나 발레리가 걸어간 길을, 혹은 바슐라르나 박목월이 걸어간 길을 가야만 했던 것이다. 이와는 정반대 방향에서, 신성모독의 죄를 짓고, 그 죄악을 정당화했던 시인들도 있었다고 생각된다. 김춘수의 반대 방향에서는 1960년대의 대표적인 참여 시인 김수영이 떠오르기도 하지만, 박목월이나 김소월의 반대 방향에서는 이상 시인과 윤동주 시인이 떠오르기도 한다.

이상 시인의 「烏瞰圖」의 세계는 대표적인 신성모독의 세계에 속한다.

> 罪를품고식은寢床에서잤다.確實한내꿈에나는缺席하였고義足을담은軍用長靴가내꿈의白紙를더럽혀놓았다.

—(「烏瞰圖」 詩第十五號)에서

이상 시인은 "죄를 품고 식은 침상에서" 자며, 일제 식민지 현실을 살해하고("天眞한 村落의 畜犬들아 짖지 말게나"(「空腹」)가 그것이다), 유교적인 가부장제도를 살해한다("憤塚에 계신 白骨까지 내게 血淸의 原價償還을 强請하고 있다"(「危篤」)가 그것이다). 왜냐하면 그에게는 「囚人들이 만들은 小庭園」의 황홀한 세계가 있었기 때문이다. 고문받는 순교자의 황홀한 환상과 그 고통은 이렇게 해서 얻어진다.

이상과 동시대적 인물, 혹은 그보다 한 세대 밑의 인물로서 윤동주의 시세계도 마찬가지라고 할 수가 있다.

죽는 날까지 하늘을 우러러
한 점 부끄럼이 없기를,
잎새에 이는 바람에도
나는 괴로워했다.

별을 노래하는 마음으로
모든 죽어가는 것을 사랑해야지
그리고 나한테 주어진 길을
걸어가야겠다

오늘 밤에도 별이 바람에 스치운다.
—「序詩」 전문

디오니소스적 유형의 시인—예술가로서의 윤동주의 「서시」는 가히 '부끄러움의 미학'이라고 부를 수도 있을 것이다. "죽는 날까지 하늘을 우러러/ 한 점 부끄럼이 없기를" 바란다는 것은, 그러나 그렇게 쉬운 일이 아니다. "잎새에 이는 바람에도/ 나는 괴로워했다"라는 시구는 그 부끄러움의 극치에 해당되고, "별을 노래하는 마음으로/ 모든 죽어가는 것을 사랑해야지"라는 시구는, 그 부끄러움을 통해서 그 부끄러움을 극복해 나가고 있는 자의 삶의 본능의 옹호에 해당된다. 이때에 그의 부끄러움은 떳떳함에 대비되고, 그 떳떳함에 비추어 그 부끄러움이 단죄된다. 잎새에 이는 바람은 존재의 성숙을 가로막는 내적, 외적 장애물의 총체이며, 흔들리지 않으려고 흔들리는 육체는 우리 인간들의 고통의 화신이 된다. 그의 시는 부끄럽지 않은 삶에 지배받기를 위한 일종의 고양된 싸움이다. 그는 니체적 의미에서 펜으로 시를 쓰지 않고, 자기 자신의 붉디 붉은 '피'로써 시를 쓴다. 삶의 지혜가 값싼 교양으로 겉돌지 않고, 자기 자신의 피로써 육화되고 있는 것이다. 자기 자신의 하얀 백골을 들여다보며 "지조높은 개는 어둠을 짖는다(「또다른 故鄕」)"라는 시구도 마찬가지이고, "불도적한 죄로 목에 맷돌을 달고/ 끝없이 침전하는 푸로메디어쓰(「肝」)"라는 시구도 마찬가지이다. 김수영에게는 윤동주의 '부끄러움의 미학'이 한 걸음 더 나아가 '비겁한 자의 자기 학대'로 나타난다.

김수영 시인은 자기 학대의 대가이다.

왜 나는 조그마한 일에만 분개하는가
저 王宮 대신에 王宮의 음탕 대신에
五十원짜리 갈비가 기름덩어리만 나왔다고 분개하고
옹졸하게 분개하고 설렁탕집 돼지같은 주인년한테 욕을 하고
옹졸하게 욕을 하고

한번 정정당당하게
붙잡혀간 소설가를 위해서

언론의 자유를 요구하고 越南파병에 반대하는
자유를 이행하지 못하고
二十원을 받으러 세 번씩 네 번씩
찾아오는 야경꾼들만 증오하고 있는가
(……)

아무래도 나는 비켜서 있다 絶頂 위에는 서있지
않고 암만해도 조금쯤 옆으로 비켜서 있다
그리고 조금쯤 옆에 서 있는 것이 조금쯤
비겁한 것이라고 알고 있다!

그러니까 이렇게 옹졸하게 반항한다
이발쟁이에게
땅주인에게는 못하고 이발쟁이에게
구청직원에게는 못하고 동회직원에게도 뭇하고
야경꾼에게 二十원 때문에 十원 때문에 一원 때문에

모래야 나는 얼마큼 적으냐
바람아 먼지야 풀아 나는 얼마큼 적으냐
정말 얼마큼 적으냐……
—「어느날 古宮을 나오면서」에서

김수영의 '비겁함'에 대한 반성은 윤동주의 부끄러움보다도 그 울림이 더 크다고 하지 않을 수가 없다. 왜냐하면 "무서운 것은 정상이 아니라 비탈"이기 때문이다(6: 184). 그 비탈은 위에도 까마득한 절벽이고, 아래도 까마득한 절벽만으로 이루어진 비탈이다. 김수영은 "太陽의 다음가는 自由(「記者의 情熱」)"를 위해서, 그 아찔한 현기증을 필요로 했던 것처럼 보인다. 自利卽利他, 즉, 자기 자신의 이익을 위한 것이 중생의 이익을 위한 것이라면, 그의 자기 학대는 자기 자신에 대한 사랑이며, "한 번 정정당당하게/ 붙잡혀간 소설가를 위해서/ 언론의 자유를 요구하고 越南파병에 반대하는/ 자유를 이행하지 못하고"라는 시구에서처럼, 이타적인 사랑의 또다른 면모에 지나지 않는다. 자기 자신에 대한 사랑과 이타적인 사랑, 그 사랑의 길에는 어떠한 우회로도 없고 까마득한 절벽만이 있을 뿐이다. 그러니까 그의 비탈은 외부에서 주어진 비탈이 아니라, 시인이 스스로 찾아나섰던 비탈이기도 한 것이다. 그의 자기 학대는 몰락을 사랑하는 자의 의지의 소산이다. 그의 자기 학대는 몰락하지 않기 위해서 몰락을 사랑하고, 몰락을 사랑하기 때문에 몰락해 가지 않으려는, 몰락한 자의 처절한 사랑의 의지이기도 한 것이다. '깨알'보다도 더 작은 글씨로 시를 써 나가는 「이 韓國文學史」가 그것을 말해 주고, '드러눕지 않기 위해 더 빨리 드러눕는'(「풀」) 초록의 생명력이 그것을 말해 준다.

> 시는 온몸으로, 바로 온몸을 밀고 나가는 것이다. 그것은 그림자를 의식하지 않는다. 그림자에조차도 의지하지 않는다. 시의 형식은 내용에 의지하지 않고 그 내용은 형식에 의지하지 않는다. 시는 그림자조차도 의지하지 않는다. 시는 문화를 염두에 두지 않고, 민족을 염두에 두지 않고, 인류를 염두에 두지 않는다. 그러면서도 그것은 문화와 민족과 인류에 공헌하고 평화에 공헌한다. 바로 그처럼 형식은 내용이 되고, 내용은 형식이 된다. 시는 온몸으로, 바로 온몸으로, 바로 온몸을 밀고 나가는 것이다(7: 253).

이상이나 윤동주 시인도 디오니소스 유형의 예술가이고, 김수영 시인도 디오니소스 유형의 예술가이다. 그들의 신성모독 행위는 일제의 식민제도나 군부독재에 대한 것만도 아니고, 타인들과 그 이웃들에

비해서 자기 자신들의 윤리적 정당성을 변호하기 위한 것만도 아니다. 그들은 인간 해방과 세계 해방을 위해서, '囚人들이 만든 小庭園'으로 몰락해 들어가기도 하고, '태양의 다음가는 자유'를 위해서, 끝없는 비탈길로 몰락해 들어가기도 한다. 악이 지배적인 사회에서는 그것을 거부하는 것도 신성모독에 해당되지만, 자기 자신의 윤리적 정당성을 부인하는 것도 신성모독에 해당된다. 왜냐하면 타인들이란 우상을 파괴하는 것보다는 자기 자신이라는 우상을 파괴하는 것이 더욱더 어렵고 힘든 일이기 때문이다. 하지만 이상 시인이나 윤동주, 그리고 김수영 시인 등은 그것 자체를 디오니소스 제전 때처럼 기꺼운 마음으로 즐겼다고도 보여진다. 죄를 품고 식은 침상에서 자는 것도 기쁜 일이고, 흔들리지 않으려고 흔들리는 것도 기쁜 일이고, 몰락하지 않으려고 몰락을 사랑하는 것도 기쁜 일이다. 이상은 27세 때, 그 기쁨을 완성했고, 윤동주는 28세 때, 그 기쁨을 완성했다. 김수영 역시도 48세 때, 그 기쁨을 완성했다고 볼 수가 있다. 비극의 주인공이 된다는 것은 폐결핵 말기의 환자라도 좋은 일이고, 머나먼 이국 땅, 불령선인이라는 옥사獄死마저도 좋은 일이며, 뜻밖의 윤화輪禍마저도 좋은 일이다. 어찌 행복하지 않다고 할 수가 있겠는가? 그러니까 비극의 주인공은 '저 왕궁의 음탕'함과 자기 자신의 비겁함이 있다는 것만으로도 행복한 시인의 한 유형이 되어갈 수가 있는 것이다.

가짜 시인이나 가짜 예술가들은 생을 적대시 하지 않으려고 죄를 짓는 자의 기쁨도 알지 못하고, 흔들리지 않으려고 흔들리는 자의 기쁨도 알지 못한다. 또한 그들은 몰락하지 않으려고 몰락해간 자의 기쁨도 알지 못한다. 이상 시인은 한국 현대시세계에 있어서 '죄인'의 원형이고, 윤동주 시인은 '부끄러운 자'의 원형이며, 김수영 시인은 '자기 학대'의 원형이다. 그 행복한 시인들은 개인적인 육체성을 떠나, 탈 역사적인 인류학적 보편성을 띠게 된다. 한국어가 변방어가 아니라면, 그들은 '세계적인 사건'이 될 수도 있었을 것이다. 프로메테우스와 외디프스에 대한 서구인들의 찬양처럼, 나 역시도 그 시인들을 '문화의 수호신'이나 '성자의 승전가'로 찬양해 보고 싶은 유혹을 어쩌지 못하면서 이 글을 쓰고 있다. 아폴로 유형의 시인들과 디오니소스 유형의 시인들은 한국 현대문학의 커다란 두 줄기라고 하지 않을 수가 없다. 신문학의 대두 이후, 수많은 시인들이 배출된 것이지만, 그러나 이러한 사실은 신화적 상상력의 문학적 구현과는 다른 말이다. 이제 행복의 시학, 혹은 행복의 깊이를 구상하여 보는 것은 철학예술을 지향하는 나의 몫일 수밖에 없다. 소크라테스적 미학주의자들도 모든 예술을 압살하고, 이 땅의 염세주의자들도 모든 예술을 압살한다.

모든 시와 철학예술(비평예술)은 낙천주의를 양식화시킨 것이다.

득죄신화의 사회적 의미

그리스 최고의 비극 작가인 아이스퀼로스의 「결박된 프로메테우스」는 그의 명성만큼 뛰어난 작품이라고 할 수는 없지만, 우리가 감히, 그것을 무시하거나 거부할 수 없을만큼의 야심만만하고도 도전적인 주제로 되어 있다고 하지 않을 수가 없다. 첫 번째로는 인간이라는 종의 생성과 그 기원을 다루고 있기 때문이고, 두 번째로는 문명과 문화의 전제조건으로서 '불의 효용성'에 부여한 그 의미 때문이고, 그리고 마지막으로 세 번째로는 무리를 짓는 동물, 혹은 사회적 동물로서 우리 인간들이 프로메테우스에게 부여한 역할과 그 숭배 사상 때문이다. 『그리스 로마 신화』와 『이야기 세계의 신화』, 「결박된 프로메테우스」에 따르면, 프로메테우스는 티탄족의 일원으로서, 제우스와 티탄족 간의 싸움이 일어났을 때, 그가 소속된 티탄족의 편에 가담을 하지 않고,

제우스의 편에 가담을 했다고 한다. 그는 티탄족의 일원으로서 종족의 배신자가 되기는 했지만, 제우스가 올림프스의 제신이 되는데, 결정적인 기여를 했던 인물이기도 했다. 제우스는 그의 아버지 크로노스를 살해하고 마침내 올림프스의 제신이 되자, 어떻게 하면 신들의 위상과 그 지위를 더욱더 화려하고 빛나게 할 수 없을까라는 문제를 골똘히 생각하지 않을 수가 없었다고 한다. 전지전능하고 영생불사하는 신들로서의 위엄과 그 영광—, 그러나 이 모든 것은 올림프스의 제신들을 끊임없이 우러러보고 찬양할 수 있는 존재자들이 없다면, 한낱 속빈 강정에 지나지 않는 일이었다. 제우스는 그의 구상과 이러한 창조작업에 적당한 인물들을 물색해 보다가, 티탄족 출신인 프로메테우스와 에피메테우스에게 그 임무를 맡기기로 결심을 하였다고 한다. 프로메테우스는 그 이름의 어원이 '미리 생각한다'이고, 에피메테우스는 그 이름의 어원이 '때늦은 생각'이다. 프로메테우스는 모든 점에서 신들보다도 더 영리하고 현명한 인물이었고, 에피메테우스는 그만큼 꼭지가 덜 떨어지고 우둔한 인물이었다. 프로메테우스가 지상으로 내려와 잠시 한 눈을 팔고 있는 사이, 에피메테우스는 우리 인간들을 창조하기도 전에, 수많은 동물들에게 "힘, 민첩성, 용기, 교활함, 모피, 날개, 껍질" 등과도 같은 것들을 모두 다 주어버렸다고 한다(8: 87). 따라서 우리 인간들은 수많은 동물들을 제압할 수 있기는커녕, 자기 자신들을 방어할 수 있는 어떤 것도 없게 되었다. 프로메테우스는 수많은 생각과 궁리 끝에, 우리 인간들을 신들처럼 두 발로 설 수 있게 해주었고, 신들만의 귀중한 특권인 불을 훔쳐다가 주었다. 뿐만 아니라, 프로메테우스는 우리 인간들에게 "나무를 태우고 금속과 연장을 만드는 방법, 음식을 요리하고 꽁꽁 언 겨울을 지내는 방법, 어둠을 밝히고 밤에도 여행을 하거나 일을 할 수 있는 방법, 땅을 파고 옥수수와 약초를 재배하는 방법, 집을 짓고 이엉으로 지붕을 엮는 방법, 숲의 짐승들을 길들여 일을 시키는 방법"과 그리고 우리 인간들에게 만물의 영장으로서 사유하는 방법을 가르쳐 주었다(9: 88). 그 결과, 프로메테우스는 아담과 이브가 에덴동산에서 쫓겨나고 예수가 십자가에 못박혀 죽었듯이, 카우카소스의 바위산에 묶여서 제우스의 神鳥인 독수리에게 하염없이 간을 쪼아먹혀야만 되었던 것이다. 죽을래야 죽을 수도 없고, 오직 고통과 고통만이 가중될 수밖에 없는 최고급의 형벌—, 이것이 제우스의 무자비하고 교활한 복수극이자 그에 대한 신성모독의 댓가라고 하지 않을 수가 없는 것이다.

그렇다면 신화란 무엇인가? 프로메테우스의 신화란 무엇이며, 그 역사 철학적 의미란 무엇인가? 신화의 모든 저자들이 예술가(시인)들이었듯이, 모든 신화는 한 편, 한 편의 예술작품일 수밖에 없다. 시와 신화와 종교는 나의 말대로 낙천주의를 양식화시킨 것이다. 이 세상을, 이 세계를 그 무엇보다도 아름답게 미화시키고 찬양을 하지 않는다면 우리 인간들은 이 어렵고 힘든 세상을 살아갈 수가 없다. 또한 자기 자신과 인간이라는 종을 그 무엇보다도 아름답게 미화시키고 찬양을 하지 않는다면, 이 불완전하고 유한한 존재자의 삶을 참고 살아갈 수가 없다. 추함은 쇠퇴, 위험, 무력을 상기시키지만, 아름다움은 성장, 고양, 힘의 감정을 생성시킨다. 낙천주의는 이 세상을 넓고 아름답고 풍요롭게 바라보려는 사상이며, 우리 인간들의 행복한 삶을 그 목표로 하고 있다. 이 세상을 넓고 아름답고 풍요롭게 바라보는 것, 이것이 모든 예술의 궁극적인 원리이자 낙천주의 사상의 핵심적인 전제가 된다. 이미 앞에서 살펴본 바가 있듯이, 모든 신화와 종교의 생성 조건은 '우연성'과 '무력성'과 '결핍성'에 맞닿아 있다. 우연성이란 최선의 노력의 결과에도 불구하고 뜻밖의 흑자부도를 맞이하였거나 사지를 절단당하여 그 꿈(대재벌, 대학자의 꿈)을 상실하게 되었다는 것을 말하고, 무력성이란 가난한 자나 화재를 당한 이웃이나 물에 빠진 자를 돕지 못할 때의 힘의 감정을 말하고, 결핍성이란 사회적 재화의 양이나 애정이 부족할 때 느끼는 욕구불만의 감정을 말한다. 우리 인간들은 이러한 우연성과 무력성과 결핍성을 몸소 겪고 체험할 때마다, 하늘에 계신 아버지에게 수많은 제물과 함께 예배를 드리게 된다. 왜냐하면 아버지 신은 전지전능하고 영생불사하는 존재이고, 이러한 우연성, 무력성, 결핍성은 전혀 염려할 가치조차도 없기 때문이다. 우리 인간들은 날이면 날마다 자기가 소속된 종족의 신들에게 끊임없이 예배와 기도를 드림으로써 인간이라는 종의 한계 극복과 자기 초월을 꿈꾸어 왔던 것이다. 상대적 완전성과 상대적 절대성을 통하여 전지전능한 신이 된다는 것, 언제나 고통과 슬픔 뿐인 삶을 극복하고 영원히 행복한 삶을 영위하겠다는 것, 이것이 모든 신화의 생성 기원이며, 그 목표인 것이다.

하지만 신은 실재하는 존재가 아니라 하나의 가상이며 상징적 존재라는 데 그 비극의 역사가 시작된다. 신화와 종교의 역사는 신성모독의 역사이다. 이러한 신들의 역사는 신들이 우리 인간들을 창조한 것이 아니라, 우리 인간들이 다양한 신들을 창조했다는 사실을 더없이 명료하고 정확하게 증명해 주고도 남음이 있다. 『그리스 로마 신화』에서 우리 인간들은 프로메테우스에 의해서 창조되었고, 그의 뜻대로 두 발을 사용하고 불을 이용하여 문명과 문화를 건설하고, 이 세상의 만물을 지배하는 동물이 되었다고 해드 과언이 아니다. 그런데, 여기서 프로메테우스가 우리 인간들의 걸작품이라는 나의 전제가 맞는다면, 프로메테우스 신화를 통해서 우리 인간들이 자기 자신을 끊임없이 찬양하고 미화시킨 대목을 지적해야 하고, 두 번째로는 원시 인류가 불에 부여한 가치의 효용성과 세 번째로는 우리 인간들이 프로메테우스를 '문화의 수호신'이라고 성화시키고 있는 대목을 따져보지 않으면 안 된다. "힘, 민첩성, 용기, 교활함, 모피, 날개, 껍질" 등, 다른 동물들과 비교를 하여 어느 것 하나 우월한 것이 없었던 우리 인간들이 프로메테우스라는 가상의 인물(신)을 창조해냄으로써, 두 발로 걷고, 두 손을 사용하고, 불을 이용하여 문명의 이기들을 생산해낼 수 있는 이성적 인간이 되었다는 것이 바로 그것이다. 수많은 짐승들을 창조해낸 에피메테우스는 그만큼 꼭지가 덜 떨어지고 우둔한 인물이고, 우리 인간들을 창조해낸 프로메테우스는 그만큼 영리하고 현명한 인물이다. 에피메테우스는 조롱의 대상이고, 프로메테우스는 숭배의 대상이다. 그리스 신화는 인간 중심주의적인 입장에서 수많은 짐승들을 폄하하고, 우리 인간들을 창조해낸 프로메테우스를 성화시켜 온 역사이다. 하지만, 그럼에도 불구하고, 그 신화의 어두운 그늘이 엿보이는데, 왜냐하면 우리 인간들은 호랑이나 곰처럼 단독자로 살아가지 못하고 있기 때문이다. 우리 인간들이 선악을 넘어서서 모든 영역을 자기 마음대로 넘나들지를 못하고, 무리를 짓는 가축떼와도 같은 사회적 동물이 된 것은 에피메테우스의 바보같은 짓 때문일는지도 모른다. 육체적으로 매우 허약하고 보잘 것 없는 우리 인간들은 자기 자신들을 외부의 적으로부터 보호하고, 공격본능과 방어본능을 유지하기 위하여 이 세상에서 가장 중요하고 커다란 삶의 방법—자유로운 삶의 방법—을 포기할 수밖에 없었던 것이다. 도덕, 법, 제도, 국가, 정당, 민족, 직장, 가정 등, 우리 인간들은 더없이 나약한 동물들로서 어쩔 수 없이 사회적 동물이 된 것이다.

두 번째로 불은 문명과 문화의 원동력이며, 우리 인간들은 불이 없으면 이 세상을 살아갈 수가 없다. 사유하는 인간, 두 손으로 도구를 사용할 줄 아는 인간, 그리고 마침내 불을 발명한 인간, 바로 이 세 가지에 의하여 우리 인간들의 문명과 문화의 건설이 가능해졌고, 이 세계를 지배할 수 있는 만물의 영장이 되었다고 해도 과언이 아니다. 불은 사유하는 인간의 이성에 그 빛을 더해 주고, 도구를 사용할 줄 아는 인간에게 그 노동의 강도를 높여주고, 모든 악의악식과 어렵고 힘든 육체적인 노동으로부터 우리 인간들을 해방시켜 주었다. 가볍고 화려한 옷과 더없이 정중하고 세련되고 겸손한 말과 수많은 건강식품과 미식취미와 날이면 날마다 예술과 축제의 생활이 가능하도록 해준 것도 불의 발명의 성과에 의해서였다. 외딴 집의 방과 성스러운 신전을 밝혀주고 있는 불, 재래식 아궁이와 물레방앗간에서 활활 타오르고 있는 불, 정월 대보름의 쥐불놀이와 마을 잔칫날의 불, 사창가나 선술집에서 밑빠진 인생들과 부단히 음모를 꾸미며 타인들에게 위해를 가하는 자의 불, 선남선녀의 모습으로 불륜의 욕정을 태우거나 타인들을 질투하거나 시기하는 자의 불, 酒池肉林의 환락의 도시와 신성한 숲과 자연을 파괴하는 불, 다이나마이트와 이 산 저 산을 다 잡아먹고도 巨食症으로 그 내장까지 벌겋게 타오르고 있는 불, 이 세계의 死神이 되어가고 있는 오펜하이머의 불—. 우리 인간들은 불(관능의 불) 속에서 태어나 그 불의 운명에 따라서 죽어간다. 불의 효용성은 그 무엇보다도 크지만, 다른 한편, 그 위험성도 그만큼 크다고 하지 않을 수가 없다. 어쨌든 우리 인간들은 프로메테우스를 숭배하는 拜火教徒들이며, 또 그것을 넘어서서, '불의 종족' 그 자체라고 하지 않을 수가 없다. 요컨대 불의 고귀함, 거룩함, 신성함이 원시인류가 그 불에 부여한 가치였다고 하지 않을 수가 없는 것이다.

그렇다면 그 고귀하고 거룩하고 신성한 불은 어떠한 인간이 발명을 했던 것이며, 그 발명의 댓가는 무엇이었던 것일까? 프로메테우스는 자기 자신이 창조한 예술 작품(인간)에 대한 지나친 사랑 때문에 제우스 신의 불을 훔쳤고, 그 죄의 댓가로 카우카소스의 바위산에 묶여서 제우스의 神鳥인 독수리에게 하염없이 간을 쪼아먹혀야만 하는 형벌을 받게 되었다. 그리스 신화와 아이스퀼로스의 비극 속에서는 우리 인간들이 프로메테우스의 걸작품이기는 하지만, 그러나, 신화나 모든 비극 작품이 하나의 허구이며 가상의 그것이라는 나의 전제가 맞는다면, 거꾸로 프로메테우스가 우리 인간들의 걸작품이 될 수밖에 없는 것이다. 우리 인간들은 불완전하고 유한한 존재로서 자기 한계를 극복하기 위하여 프로메테우스라는 가공의 인물을 창조하고, 그 신의 힘에 의지하여 이 세상을 지배하는 만물의 영장이 될 수가 있었던 것이다. 프로메테우스는 바보 같고 하루살이와도 같은 인간을 위해서 신적인 지위를 포기한 범죄자이지만, 우리 인간들의 입장에서, 프로메테우스는 인간이라는 종의 한계와 그 문명과 문화의 삶을 가능케 하는 수호신일 뿐이다. 따라서 프로메테우스의 범죄 행위가 끊임없이 찬양되고 성화되고 있는 것이며, 여기에는 선과 악이라는 윤리적 잣대가 적용되지를 않는다. 우리 인간들은 선한 것을 욕망하지 않고 자기 자신에게 유익한 것을 욕망하고 그것을 선이라고 부른다. 스피노자, 마키아벨리, 니체, 소피스트들의 윤리학이 바로 이것을 증명해 준다.

그러나 아이스킬로스의 「결박된 프로메테우스」는 그 구성의 원리가 비교적 단순하고, 등장 인물의 성격도 구체적으로 살아 있지 않다. 그것은 프로메테우스가 인간을 창조하고 불을 훔쳐오는 과정을 무대의 배경으로 깔면서도, 그가 제우스에 의해서 형벌을 받고 있는 장면만을 전면으로 내세우고 있기 때문이다. 아니, 더욱더 정확하게 말한다면, 형벌의 장면만이 집중적으로 드러나고 있기 때문이 아니라, 그 형벌의 고통이 생략되고, 그가 우리 인간들에게 베풀어 주었던 여러 가지 지혜와 기술들과, 신성모독자의 의지만이 단조롭게 서술되고 있기 때문이다. 이 모든 역동적인 장면이 제거되고 등장 인물들의 성격이 지나치게 단순화된 것이 그 험(흠집)이 되기는 하지만, 진정한 문화의 수호신을 다룬 주제만큼은 무엇보다도 장중하고 그 울림이 크다고 하지 않을 수가 없다.

헤르메스 이 악한아, 표독하고도 표독한 놈. 불을 도둑질한 녀석. 신을 배반하고 인간에게 명예를 돌려준 네놈에게 여기하는 거다. 아버님의 명령이시다. 도대체 왕위를 빼앗고야 만다고 네가 뽐내며 지껄이고 있는 그 혼인이란 과연 무엇인지 아뢰라시는 분부시다. 말을 하되 수수께끼와 같이 얼버무리지 말고 조목조목 명백히 말을 해야 한다. 내가 두 번 걸음을 하지 않도록 하란 말이다. 프로메테우스, 제우스 신께서 애매하고 모호한 것을 좋아하시지 않는 건 너도 알고 있겠지?

프로메테우스 잘난 체하는 그 말투, 뽐내는 꼴, 과연 신의 심부름꾼답구나. 폭정을 시작한지 얼마 안 된지라 네가 살고 있는 궁전에는 영영 슬픔이 오지 않으리라 생각하는군. 하지만 이미 그 자리에서 폭군이 둘이나 쫓겨나는 걸 내 눈으로 본 걸. 그리고 세 번째는 지금 왕이지. 그가 완전히 망하는 걸 보고야 말테야. 새 신들 앞에서 내가 허리를 굽히고 벌벌 떨 줄 알았든가? 천만의 말씀, 썩 가거라! 오든 길을 다시 돌아가란 말이다. 아무리 물어도 대지 않을테니(10: 53).

주지하다시피, 프로메테우스는 예술가로서 자기 자신의 작품에 대한 지나친 사랑 때문에 신성모독을 범했고, 제우스는 그것에 걸맞는 최고급의 형벌을 부과했다. 제우스는 천둥과 번개로써 프로메테우스의 목숨을 단번에 끊어버릴 수도 있었지만, 그러나 그는 그처럼 가벼운 형벌로써 간단하게 처리할 수가 없었다고 한다. 왜냐하면 무시무시한 고문을 가하되, 뼈를 깎는 듯한 반성과 참회를 불러일으킬 수 있는 형벌, 따라서 하나의 훌륭한 본보기로서의 형벌만이 그의 마음을 진정시킬 수가 있었기 때문이었다. 이미 시사한 바가 있듯이, 프로메테우스 신화에는 우리 인간들의 권력 투쟁의 역사와 형벌의 기원이 담겨 있다고 해도 틀린 말이 아니다. 프로메테우스는 카우카소스의 바위산에 묶여서, '오케아노스의 구명 운동'이나 '헤르메스'와 '힘'과 '폭력'에 의한 온갖 회유와 협박에도 불구하고, 결코 그의 죄를 뉘우치거나 반성을 하지 않는다. 아니, 참회와 반성을 하기는커녕, 오히려 그는 자기 자신의 죄의 정당성을 적극적으로 옹호하고, 모든 고통을 가볍게 받아 들인다. 그의 스토아 학파적인 견인주의 앞에서, 제우스의 절대 권력에 어떤 균열의 조짐이 드러나고, 이 반전에 의해서 「결박된 프로메테우스」는 극적인 효과를 띠게 된다. 크로노스가 그의 아버지 우라노스를 살해했고, 제우스가 그의 아버지 크로노스를 살해했듯이, 제우스 역시도 그의 아들에 의하여 살해를 당할 것이라는 프로메테우스의 예언이 바로 그것이다. 헤르메스는 프로메테우스에게 제우스의 불을 훔친 파렴치범이라고 단죄를 하면서도 어떤 아들이 제우스를 살해할 것인가를 알지 못해서 야단법석이고, 프로메테우스는 천고의 형벌을 받고 있는 범죄인으로서 더욱더 과감하고 용기 있게, 제우스의 파멸을 지켜보겠다는 의지를 굽히지 않는다. 아이스퀼로스의 「결박된 프로메테우스」는 문화수호신의 이야기이며, 권력 투쟁과 형벌의 기원이 담겨 있는 신화이다. 절대 권력자는 그의 신민들에게 무조건의 복종과 예배만을 강요하고, 피지배자는 절대 권력자의 공적이나 업적보다는 그의 권력에 흠집을 내고, 그것을 물어뜯기에 바쁘다. 權不十年이라는 말이 있듯이, 어떤 권력도 다양한 투쟁 전략에 부딪치지 않는 권력이 없으며, 지배와 피지배의 관계가 항구적으로 보장되는 절대 권력도 없다. 브라만과 부처와의 싸움, 하나님과 예수와의 싸움, 제우스와 프로메테우스와의 싸움, 바로 이 싸움이 신성모독적인 권력에의 의지에서 비롯된 싸움이며, 문화를 움직여 가는 근본적인 힘이라고 해도 틀림이 없다. 무리를 짓는 동물로서의 권력은 삶의 본능의 옹호이며, 그 자체인 것이다. 권력을 부정한다는 것은 삶 자체를 부정하는 생명부정에의 의지이며, 염세주의자의 그것에 지나지 않는다. 이 세상에서 불이 없으면 우리 인간들의 삶이 가능하지 않고, 그 불은 최고급의 신성모독에 의해서 얻어진다는 것, 이것이 프로메테우스 신화의 핵심적인 전언인 셈이다. "거인적 경지로 드높아가는 인간은 자기 스스로 문화를 전취戰取하며, 신들에게 인간과 결속하도록 강요"한다. "인간은 자기 스스로 얻어낸 지식을 가지고 신들의 목숨을 수중에 넣고 그들을 규제"한다(4: 74). 아이스퀼로스의 싸움은 신과 인간의 싸움이며, 우리 인간들에게 너희는 어떠한 신성모독을 범하고 그 형벌의 고통을 감당할 수 있는가라고 묻고 있다. 모든 새로운 것, 새로운 지혜, 새로운 종교나 사상은 근본적으로 기존의 도덕과 법과 제도와 종교와 앎의 체제를 파괴하는 불순한 것이고, 그 주체자는 그 형벌의 고통을 감당하지 않으면 안 된다. 우리 인간들은 황금의 종족, 은의 종족, 돌의 종족, 청동의 종족, 철의 종족이 아닌 '불의 종족'—내가 내 식으로 불러본다면—이며, 이것이 바로 세 번째의 프로메테우스에 대한 숭배 사상의 핵심적인 요체인 것이다.

신화의 시대에도 모든 역사는 신성모독의 역사이고, 득죄신화를 필요로 하는 역사이었는지도 모른다. 아니, 탈현대사회에 있어서조차도 모든 역사는 신성모독의 역사이고, 득죄신화를 필요로 하고 있는 역사일는지도 모른다. 골드만은 그의 저서, 『계몽주의의 철학』에서 18세기에는 중요한 객관적 역사적 질문이 '계몽주의냐? 구체제와 기독교 신앙이냐?'이었다는 것과 함께, 19세기에는 그 질문이 '사회주의냐? 자본주의냐?'라는 질문으로 대체되었다고 밝혀놓고 있다(11: 137). 따지고 보면, 계몽주의도 기독교 사상을 압살한 것에 불과하고, 기독교 사상도 모든 신화들을 압살한 것에 지나지 않는다. 기독교 사상의 단초는 B.C. 5세기 경의 파르메니데스 학파에서 그 전거를 찾아볼 수가 있는데, 왜냐하면 파르메니데스 학파는 소크라테스적 미학주의자들의 원조元祖에 지나지 않고 있기 때문이다. 이성이 미덕이 될 때, 모든 제신들은 질식하고, 그 미덕이 행복이 될 때, 유일신의 사상인 기독교의 모태가 생겨나게 된다. 신화의 시대에는 자연을 '나와 당신의 관계'로 파악했지만, 기독교는 자연을 '나와 그것의 관계'로 전복시키고 그 자연을 파괴시켰다. 신화의 시대에는 자연이 다양한 제신들이 살고 있는 삶의 터전이며 숭배의 대상이었지만, 신과의 관계만을 나와 당신의 관계로 파악하고 있었던 기독교 시대에는 자연은 다만 도구이며, 파괴의 대상일 뿐이었던 것이다. 만일, 자본주의의 정신적 지주가 계몽주의이고, 계몽주의의 물질적 지주가 자본주의라는 나의 전제가 맞는다면, 기독교 사상이 모든 신화들을 압살했듯이, 자본주의와 계몽주의는 다같이 기독교 사상을 압살했다고 하지 않을 수가 없다. 사회학적으로 자본주의의 역사는 경제의 역사이지, 도덕이나 종교의 역사가 아니다. 또한 경제의 문제는 성공이나 실패의 문제이지, 선악의 문제가 아니다. 초기의 부르조아지들이 고리대금업을 금지한 기독교 전통을 반 사회적인 것으로 낙인을 찍어버린 사실이 바로 그것을 증명해 주고, 또한 그들이 종교적인 문제까지도 공동체의 관심사에서 개인적인 것으로만 축소시켜버린 사실이 바로 그것을 증명해 준다. 오늘날의 기독교는 구체제의 기독교가 아니라 순치된 기독교이며, 또한, 기독교의 예배 형태도 전통적인 예배의 형태가 아니라 타락한 예배의 형태에 지나지 않는다. 막스 베버는 『프로테스탄트의 윤리와 자본주의 정신』에서, 자본주의의 정신적 지주를 기독교로, 그리고 기독교의 물질적 지주를 자본주의로 설명하고 있는데, 그것은 아주 중대한 오류를 범하고 있는 설명에 지나지 않는다. 막스 베버의 말은 프롤레타리아 계급의 성장과 함께, 자기 계급의 위기의식을 느낀 부르조아지들이, 이 순치된 기독교를, 자기 자신들의 사회적 은신처로 삼았다는 사실에서만 그 일면의 타당성이 있는 말인 것이다.

나는 감히 자본주의의 정신적 지주는 계몽주의이고, 계몽주의의 물질적 지주는 자본주의라고 말할 수가 있다. 하지만 계몽주의 역시도 그 자체 내의 수많은 문제점과 모순들을 지니고 있었다고 하지 않을 수가 없다. 자유와 평등의 문제만 하더라도 그렇고, 사적인 이익의 추구와 공동체의 행복이라는 문제만 하더라도 그렇다. 한 사람의 자유는 다른 사람들의 자유를 짓밟고, 만인의 평등은 최소한도의 사회적인 위계질서마저도 위태롭게 한다. 마찬가지로 사적인 행복의 추구는 공동체 사회의 행복을 낳지 않고, 만성적인 빈곤과 프롤레타리아 계급을 낳게 된다. '자유'라는 말은 그 주체자의 책임이라는 말에 구속되어 있고, 만인의 평등은 문화적인 혼란과 관련되어 있다. 따라서 모든 가치판단이나 일반원칙은 어떤 식으로든지 개인의 양심에 기초할 수밖에 없다는 저 계몽주의적인 명제는 그 자체로서 하나의 허위에 지나지 않았던 것이다. 계몽주의적 이성과 합리성도 하나의 환상에 불과했던 것이고, 계몽주의가 배태한 자본주의 역시도 그토록 잔인한 악마들의 흑주술(최고 이윤법칙)에 불과했던 것이다. 마르크스의 '경제적 결정론'은 경제라는 하부구조의 성격이 정치, 종교, 철학, 문학 등 모든 상부구조의 성격을 결정한다는 전제에서 출발하고 있다. 헤겔에게 있어서는 우리 인간들의 노동 과정마저도 그것이 사유의 대상을 생산한다는 점에서 정신적 과정이었지만, 마르크스에게 있어서는 그것이 물질적 대상을 생산한다는 점에서 물질적 과정일 수밖에 없었던 것이다. 마르크스는 모든 생산 양식을 장악하고 있는 지배계급이 프롤레타리아 계급을 억압하고 착취한다고 보았다. 자본은 개인적 힘이 아니라 사회적 힘이다. 하지만 이 지배 계급이 바로 국가기관을 장악하고 있어서 결코 '역사의 무대에서 제 발로 걸어나가지 않으며, '프롤레타리아 계급의 혁명'에 의해서만이 그것을 타도할 수 있다는 것이 마르크스의 유명한 '공산당 선언'이기도 한 것이다. 하지만 계획 경제 체제 아래서는 경제가 없고, 또 사용가치만이 있고 교환가치가 없는 원시사회에서도 경제는 없다. 소련이나 동구권이 그 위대한 사회주의 혁명의 실험무대이었지만, 그 위대한 혁명은 한낮의 백일몽에 지나지 않았다. 그 반면에, 서구의 자본주의 사회에서는 프롤레타리아 계급의 절대 빈곤화를 저지하는 데 성공했으며, 그 계급의 주요 구성원들을 신흥 중산층 계급으로 통합시키는 데도 어느 정도 성공했다고 하지 않을 수가 없다. 한국 사회도 1980년대로 들어오면서부터, 절대 빈곤 사회를 벗어나 어느 정도 서구 사회를 뒤쫓아가고 있는 실정이다. 요컨대 '사회주의냐? 자본주의냐?'는 중요한 역사적 질문이 그 유효성을 상실한 것이고, 이제는 그 질문마저도 '탈현대 자본주의 사회이냐? 신화의 시대이냐?'라는 새로운 질문으로 바뀌지 않으면 안 된다고 생각된다.

혹자는 벌써부터 '역사의 종말'을 이야기하기도 한다. 프롤레타리아 계급의 혁명의 가능성도 없어지고, 탈현대사회는 그만큼 풍요로운 재화를 축적하게 되었다는 말일 것이다. 일견 그럴듯한 이야기로 들리기도 하고, 그 증거로써 무제한적인 소비가 미덕이 되고 있는 것처럼도 보인다. 하지만 탈현대사회는 영혼이 없는 산업사회에 지나지 않는다. 왜냐하면 절대적인 평등주의와 주체의 자율성을 강조했던 계몽주의적인 가치관도 무너지고, 다른 한편, 비인간화되고 사물화되어 있는 인간들이 만성적인 빈곤과 그 불평등한 구조 속에서 살아가고 있기 때문이기도 한 것이다. 이제는 주체의 자율성조차도, 아니, 그 흔적조차도 찾아볼 수가 없게 되어 있다. 저마다 독특하고 개성적인 목소리마저도 획일적인 코드 속에 묶이게 되고, 소비자의 자유마저도 현란한 광고의 유혹 속에 그 구매의사 결정능력을 상실하게 되어버린 것이다. 그 결과, 현대인들은 컴퓨터나 영상 매체 앞에서 사고하지 않고 반응하게 된다. 아는 것은 보는 것이며, 더 빨리, 더 많이 반응하지 않으면 안 된다. 전자 매체나 영상 매체가 인쇄 매체를 몰아내고 그 주도권을 장악한 시대는 더 이상 시인이 필요 없는 시대일는지도 모른다. 한 걸음 더 나아가, 모든 예술가, 철학자, 사유인들을 몰아내고 기계적으로 반응하는 인간, 로버트나 인조 인간만을 필요로 하는 시대일는지도 모른다. 과연 로버트나 유전자 공학에 의한 복제 인간이 우리 인간들의 최고의 이상적인 모델이 될 수가 있는 것일까? 역사의 종말이란 이처럼 무서운 자승자박의 함정을 지니고 있는 말인 것이다.

벵상 데꽁부는 『동일자와 타자』에서 '역사의 종말'을 이렇게 설명해 놓고 있다.

> 역사의 종말은 헤겔주의자들이 생각하듯이 의미의 승리이다. 그것은 최종적인 화해, 보편적 인지, 혹은 다른 각도에서 보자면 일반적인 포옹이나 단순히 상상가 자신에 의한 현실의 포옹일 수 있지만, 그 어떤 경우에 있어서도 고도의 종합, 부정의 부정 속에서의 부정의 므화, 진리의 현전과 현전의 진리를 의미한다. 그러나 그것은 또한 무의미의 절정이기도 하다. 행해야 할 그 어떤 것도 남아 있지 않으며(그러므로 모든 행동은 부조리하다), 그 어떤 것도 말할 것이 남아 있지 않기(그러므로 모든 말은 무의미하다) 때문이다. 역사의 종말에서 인류는 치유할 수 없는 권태와 끝없는 무목적성에 빠져들게 된다. 이것은 아마 니체의 교훈일 것이다. '신의 죽음'과 '최후의 인간의 무목적성'을 알림으로써 그는 '역사의 종말'이라는 위대한 현대의 이상향을 제시한 바 있다. 코제브는 이미 역사의 종말은 인간의 죽음과 동등하다고 말한 바 있다. 블랑쇼도 그의 모든 작품에서 역사의 종말 손에 놓인 이러한 인간의 운명이 현대문학이 탁월하게 증언해 주는 후기 역사 속의 인간의 운명인 죽음 이후의 이러한 삶을 묘사했다. 죠르쥬 바따이유는 역사의 종말 이후에도 인간의 부정성은 사라지지 않으며, 다만 사용되지 않게 될 뿐이라고 말했다(12: 140).

그러나 '역사의 종말'이라는 선언적 명제는 우리 인간들이 거꾸로 신화의 시대로 되돌아갈 시기임을 알려주고도 있는 것 같다. 모든 것이

가고 모든 것이 되돌아온다. 불교적 의미에서 영겁회귀의 징조이며, 신화의 시대는 기독교의 유일신이 아니라 '이신교', 혹은 '다신교'의 가면을 써야 될는지도 모른다. 신화의 시대에 기독교는 하나의 신성모독을 범했고, 그 죄악을 정당화시켰다. 자본주의(계몽주의) 역시도 하나의 신성모독을 범했고, 그 죄악을 정당화시켰다. 사회주의는 자본주의에 불경을 범했고, 탈현대사회는 사회주의에 또 하나의 불경을 범했다. 이 점은 문학 예술에 있어서도 마찬가지이다. '영원한 것', '보편적인 인간성', '지속적인 가치', '절제와 조화', '고귀한 정신'을 부르짖었던 고전주의의 가치관을 짓밟고 우리 인간들의 이상과 동경을 정식화시켰던 낭만주의, 세목의 진정성 이외에도 전형적인 상황에서의 전형적인 인물의 창조를 부르짖으면서 세계의 해석보다는 그 변혁을 역설했던 현실주의, 우리 인간들의 무의식을 풀어놓고 현실주의의 장벽을 뛰어넘고자 했던 초현실주의, 일상적 언어에 조직적 폭력을 가하면서 '낯설게 하기'의 기법을 정식화시켰던 러시아 형식주의, 텍스트의 기원이 저자라는 통속적인 고정관념의 틀을 깨고 반 인본주의의 입장에서 '저자의 죽음'을 부르짖었던 구조주의 등, 어느 것 하나 전대의 사유 앞에서 신성모독을 범하지 않은 예가 없는 것이다. 모든 역사는 신성모독의 역사이며, 그것은 세계에 대한 혁명적 이해에 그 기초를 두고 있다고 하지 않을 수가 없다. 장강의 뒷물결이 앞물결을 밀어낸다는 말이 있듯이, 득죄신화의 사회적 의미는 매우 넓고도 깊고, 행복한 사회에 대한 구상은 이처럼 끈질기고도 속 깊은 것이다.

득죄신화란 보다 나은 사회, 보다 행복한 사회를 위한 일종의 고양된 투쟁이라고 할 수가 있다. 그러나 그럼에도 불구하고, 그 죄악의 정당화가 반드시 바람직한 방향으로 전개되어 왔는가에 대해서는 하나의 커다란 의문이 남는다. 신화의 시대, 기독교의 시대, 계몽주의의 시대도 마찬가지이고, 사회주의 시대나 탈현대의 시대('역사의 종말')도 마찬가지이다. 행복한 사회는 영원히 도래하지 않을 것인가? 나는 이 질문 앞에서, 한 사람의 철학자로서 모골이 송연해 지지 않을 수가 없다. 때때로 나에게는 프로메테우스 신화나 외디프스 신화마저도 한낱 어릿광대들의 서커어스의 놀음에 지나지 않는 것처럼 보여지기도 한다. 진정으로 행복한 사회가 도래하지 않는 것은 프로이트적인 의미에서, 우리 인간들이 일을 좋아하지 않고, 그들의 욕망을 반대하는 어떤 제안마저도 아무런 소용이 없었기 때문일는지도 모른다.

모든 신화가 낙천주의를 양식화시킨 것이듯이, 시 역시도 낙천주의를 양식화시킨 것이다. 모든 득죄신화는 이러한 낙천주의를 구체화시키기 위한 하나의 방법적인 장치였는지도 모른다. 그러나 그것이 곧바로 무제한적인 욕망의 극대화를 의미하는 것은 아니다. 낙천주의는 우리 인간들의 삶을 향유할 수 있는 사상을 말하는 것이지, 욕망의 극대화를 말하는 것은 아니다. 낙천주의는 좌절과 실망을 달래주는 어떤 것으로서 비극의 진수 속에서 꽃 피어나지, 어떤 퇴폐주의 속에서 꽃 피어나지는 않는다. 유한한 존재의 병듦마저도 기뻐하고, 아내의 죽음마저도 기뻐하는 『莊子』의 「至樂」편을 다같이 읽어보기를 바란다. 생사를 넘어서서 그 어떤 불행도, 고통도 사실 그대로 받아들이며, 삶을 향유하고 있는 우리 인간들의 모습이 바로 그 즐거움(낙천주의) 속에 용해되어 있기 때문이다. 삶과 죽음의 문제는 관점의 문제이며, 그 관점에 따라 행복하지 않을 이유가 없는 것이다.

1970년대 초, 정현종은 그의 시선집, 『고통의 祝祭』에서 다음과 같이 삶에 대한 충일성을 노래해 놓고 있다.

> 그 잎 위에 흘러내리는 햇빛과 입맞추며
> 나무는 그의 힘을 꿈꾸고
> 그 위에 내리는 비와 뺨 비비며 나무는

소리내어 그의 피를 꿈꾸고
가지에 부는 바람의 푸른 힘으로 나무는
자기의 生이 흔들리는 소리를 듣는다
—「事物의 꿈 1」 전문

정현종의 「사물의 꿈」은 삶의 본능에 대한 옹호에 값하며, 이러한 삶의 본능에 대한 옹호는 삶의 충일성에 대한 노래로 이어지기 마련이다. 그의 시는 삶에 대한 충일성의 현재화이지, 삶에 대한 적대감과 그 증오가 창조성으로 변모하고 있는 것은 아니다. 그는 "그 잎 위에 흘러내리는 햇빛과 입맞추며/ 나무는 그의 힘을 꿈"꾼다는 사실을 터득하고 있는 시인이며, "가지에 부는 바람의 푸른 힘으로 나무는/ 자기의 生이 흔들리는 소리를 듣"고 있는 시인이다. 행복을 노래할 수 있는 시인만이 참다운 시인이 될 수가 있다. 시인은 시를 통해서 숨을 잘 쉬고, 꿈을 잘 꾸게 되어 있다. 햇빛에 입맞추는 시인의 언어는 숨결의 언어이며, 보슬비에 뺨 부빌 수 있는 시인의 언어는 생명의 언어이다. 행복을 노래할 수 있는 시인만이 낙천주의가 무엇인지를 알고 있고, 행복을 노래할 수 있는 시인만이 삶의 본능의 옹호가 무엇인지를 알고 있으며, 또한 그것이 어떻게 생성—변모되어 나오는 것인가를 알고 있다. 흔들리지 않으려고 흔들리는 기쁨도 있지만, 흔들리려고 흔들리는 기쁨도 있는 것이다. 모든 생성과 회춘의 적인 메피스토펠레스가 오히려 그것을 촉진시켜주는 악마이듯이, 바람은 「事物의 꿈」의 정현종을 단련시켜주는 기제일 뿐인 것이다. 좀 더 강력하고 험난한 과정, 좀 더 강력하고 거센 바람, 바로 거기에서 우리 인간들의 삶의 역동적인 모습이 생성되어 나온다. 온갖 만고풍상을 겪으면서도 하늘을 찌를듯이 솟아 있는 소나무와 천하 명산의 단애, 그것이 모든 고귀하고 위대한 인간들의 인생인 것이다. 죄악 없는 성화가 있을 수가 없듯이, 흔들림이 없는 나무는 있을 수가 없는 것이다. 그 바람, 생을 증오하지 않고 푸른 힘으로 인식할 수 있었던 삶의 지혜는 정말로 대단한 삶의 지혜라고 하지 않을 수가 없다. 「사물의 꿈」은 1970년대의 가장 뛰어난 시들 중의 하나라고 생각된다. 다시 말해서 정현종은 그 바람, 생을 통해서 자기 자신의 고통마저도 육화시켜 나간다. 그는 "고통의 축제가 가장 찬란한 축제"(「고통의 축제」)라고 말하고, 모든 고통마저도 관능적으로 표현하게 된다. 요컨대 삶의 본능에 대한 옹호가 관능의 정신화로 이어지고 있는 것이다. "젖은 안개의 혀와/ 街燈의 하염없는 혀가/ 서로의 가장 작은 소리까지도/ 빨아들이고 있는/ 눈물겨운 욕정의 親和"(「交感」)라는 시가 그것이다. 관능은 존재의 무근거 상태로서 우리 인간들의 행복의 성감대라고 할 수가 있다. 정현종 시인은 생성의 기쁨과 창조적 명랑성이 무엇인가를 알고 있는 시인이다.

1950년대 말에서 1970년대 초까지, 고은은 생을 적대시했고, 그 이후로는 편협한 민족주의자로서 삶에 대한 증오를 창조성으로 변모시켰다. 그는 "어버이도 아들도 벗도 베어라/ 만나는 것들/ 어둠 속의 칼날도 베혀 버려라"(「殺生」)라고 노래하고, "조직노동자 억눌린 시절/ 이 지하실 불밝혀 한방 가득 찼구나"(「노동학교의 밤」)라고 노래한다. 이미 앞에서 시의 사회적 기능을 살펴본 바가 있듯이, 삶에 대한 적의를 정신화시키면 시는 질식하고, 모든 정서가 메마르게 되고, 우리 인간들의 다양한 문화와 삶은 질식하게 된다. 우리 인간들의 삶은 회의되거나 부정되기 이전에 향유되어야만 하고, 이 대전제 앞에서만이 우리 인간들의 삶을 향유할 수 없게 하는 그 모든 것들에 대한 전면적인 비판이 가능해 진다. 데카르트의 사유가 '회의를 위한 회의'나 '부정을 위한 부정'이 아닌, '방법적인 회의'였던 것처럼.

「錦江」의 신동엽도 적의를 정신화시켰고, 『黃土』의 김지하도 적의를 정신화시켰다.

황톳길 선연한

핏자욱 핏자욱 따라

나는 간다 애비야

네가 죽었고

지금은 검고 해만 타는 곳

두 손엔 철사줄

뜨거운 해가

땀과 눈물과 모래밭을 태우는

총부리 칼날 아래 더위 속으로

나는 간다 애비야

네가 죽은 곳

부듯머리 갯가에 숭어가 뛸 때

가마니 속에서 네가 죽은 곳

—「황톳길」 전문

김지하의 「황톳길」은 늙으신 어머니의 입장에서, 한국의 역사와 그 시대 정신에 항거를 하다가 비명횡사를 한 아들을 애타게 그리워하며, 그 뒤를 쫓아가고자 하는 어머니의 심정이 아주 처절하게 나타나 있는 시라고 할 수가 있다. 그 아들은 아마도 "부듯머리 갯가에 숭어가 뛸 때" "가마니" 속에서 죽어간 모양이지만, 일정한 시일이 경과한 후에도, 늙으신 어머니는 그 한의 슬픔과 아픔을 씻지 못하고 있는 모양이다. 그러니까 늙으신 어머니는 "네가 죽은 곳"으로 애타게 찾아가며, 마침내는 그 아들을 따라, 이 세상의 삶을 하직하고자 한다. 하지만 이 비극적인 심정은 우리 한국인들의 '어머니의 상'과 전면적으로 배치되고, 우리 인간들의 삶에의 의지와도 반하게 된다. 우리 한국의 어머니들은 대부분이 어떠한 시련과 그 아픔 속에서도 그것을 꿋꿋

하게 참고 견디어 왔으며 세기말적인 염세주의가 만연되어 있을 때에도, 오히려, 거꾸로, 전 인류의 숫자는 증가되어 왔던 것이다. 과연, 오딧세우스가 머나먼 이역 만리에서 그처럼 엄청난 고통을 겪어왔으면서도 이 세상의 삶을 저주하고 비방해 왔단 말인가? 프로메테우스가, 외디프스가, 오를레앙의 소녀인 잔 다르크가, 이 세상의 삶을 저주하고 비방해 왔단 말인가? 김지하의 생명부정에의 의지와 그 적의의 정신화는 일면의 타당성이 있지만, 이 세상을 넓고 아름답고 풍요롭게 보지 못한 염세주의자의 그것에 지나지 않는다. 김지하의 「황톳길」은 '애비'의 죽음에 대한 도덕적인 긍지도 없고, 자랑스러운 어머니의 긍지도 없고, 비극의 주인공다운 삶에의 의지도 없다. 바로 그곳에서 모든 시와 예술이 질식하게 되고, "태어나지 않는 것이 최선이며, 곧바로 죽어버리는 것이 차선"이라는 실레노스의 염세주의만이 자라나게 된다. 동정심에서 이민족을 독살한다는 말도 있지만, 김지하의 '염세주의'가 바로 그렇다. 그렇다면 김지하는 왜 역세주의 철학의 실천 주체가 되어가지 못했던 것일까? 실상 김지하는 염세주의자도 아니며, 그 염세주의를 교사하는 사기꾼에 지나지 않는다. 그의 황톳길은 민주주의 외피의 가면이며, 정치적 이데올로기의 또다른 가면에 지나지 않는다. 그는 선량하고 무지한 이 땅의 민중들을 '순교'의 구렁텅이로 몰아넣으며, 또한, 그것을 이용하여 '민주화 투쟁의 애국지사'와 '민족시인이라는 월계관'에 대한 야심을 불태우고 있었던 것이다. 따라서 대부분이 삶에 대한 적의를 증폭시켜 나가고 있는 시인들은 삶의 본능의 옹호라는 대전제와 우리 한국인들의 미래의 희망을 제시해 보지도 못한 채, 자유와 사랑과 평등이라는 사탕발림으로, 적의 건강, 적의 행복, 적의 위대함을 물어뜯기에 바쁜 자들에 지나지 않는다. 그들은 선악의 이분법에 사로잡혀서 그 적들을 물리치고, 그 적들과 똑같이 사악한 방법으로 이 땅의 민중들을 지배해 보겠다는 권력욕망만을 가중시켜 나가고 있을 뿐인 것이다. 자유와 사랑과 평등은 정치적 이데올로기에 불과하며, 그 분노의 핵심은 황태자와도 같은 권력 욕망일 뿐이다. 현실주의자들의 외피는 가면의 외피이지만, 비극의 주인공들의 외피는 비극, 그 자체의 외피이다. 비극의 주인공들은 언제나 저 천박한 황태자의 어릿광대 노릇을 때려치워 버리고, 진정한 삶의 본능의 옹호자로서 그 기쁨을 노래하게 된다. 시인들이란 언제나 그 시대의 사생아들인 것이고, 사생아와 황태자와의 차이는 하늘과 땅 차이보다도 더 크다고 하지 않을 수가 없다. 황태자는 한 시대를 주름잡을 수 있는 막대한 유산을 상속받을 수가 있지만, 사생아에게는 그것이 없다. 아니, 그는 그것 자체를 행복으로 받아들인다. 이것이 득죄신화의 사회적 의미이고, 디오니소스 제전의 진정한 의미인 것이다. 시와 신화는 "꺾꽂이 하지 않더라도 저절로 기후나 풍토를 막론하고 어디서나 성장하는 나무"라고 하지 않을 수가 없다(13: 79). 신성한 입문 의례가 없고, 불경스러운 입문의례만이 있는 이 시대에, 시와 신화의 영속적인 보편성은 한줄기의 가느다란 실핏줄이라고 하지 않을 수가 없다.

행복의 깊이: 그 내면의 관점과 확산의 관점

시는 잘 삶의 한 요소이며, 행복한 꿈의 한 양식이다. 그러나 디오니소스 유형의 사회성은 득죄신화의 사회성이고, 위대한 거절의 사회성이라고 하지 않을 수가 없다. 낙천주의자의 길은 득죄신화를 필요로 하고, 타협 없는 극단적인 부정 정신을 필요로 한다. 이것을 망각한 염세주의자들이나 소크라테스적 미학주의자들은 반드시 예술의 무대에서 사라지거나 변신하게끔 되어 있다고 해도 과언이 아니다. 민주주의라는 그럴듯한 외피에도 불구하고, '정치적 충동의 무조건 긍정'으로부터 출발한 오늘날의 민족문학 진영 내의 현실이 바로 그것을 증명해 주고 있다. 탈냉전 시대와 함께, 좌표를 잃은 그들의 신념이 그러하고, '창작과비평사'의 도덕적 엄숙성에 걸맞지 않은 『동의보감』이라는 베스트셀러물이 그러하다. 다시 말해, 전자는 민족문학이라는 절대 명제가 '자본주의 우월론'에 투항한 모습이고, 후자는 거기에서 한 걸음 더 나아가, 노골적인 상업주의를 표명한 겉모습에 지나지 않는다. 그들은 시대를 초월한 문학적 신념에 예술의 기초를 쌓은 것이 아니라, 목전의 당위성에 따라서, 정치적 충동을 문학이라는 외피로 은폐하고 나섰던 것이다. 창작과비평사는 재빨리 선정적인 무대를 마련하고, 박노해라는 영어囹圄의 몸을 그 대표적인 광고모델로 내세우고 있는 것처럼도 보인다. 이 점은 순수문학을 표방하며 한국문단을 이끌어 온 문학과지성사도 마찬가지이다. 문학과지성사와 카지노 업계의 代父인 전낙원 회장과의 야합은 그야말로 한국문학의 세기말적인 추태라고 해도 과언이 아니다. 순수문학이 마피아 두목의 가슴에 안겨 자신의 알몸을 맡기고, 그것을 '아름다운 로맨스'라고 우겨대고 있는 실정인 것이다. 어차피 김현이 바슐라르와 프로이트와 르네 지라르와 골드만과 아도르노에게 자기 자신의 알몸을 맡기고 무차별적으로 놀아난 바가 있는데—그야말로 무자비하게 그들의 글을 베껴먹은 바가 있는데—, 그들에게 순결을 요구한다는 것 자체가 사창가의 우스갯소리밖에는 되지가 않을 것이다. 창작과비평사와 문학과지성사, 그 두 출판사의 세속화 현상은 이미 노정되어 있었던 것이고, 수많은 구역질 중에서도 가장 더럽게 오염된 청정지대의 구역질이라고 하지 않을 수가 없다.

나는 그들에게 니체의 짜라투스트라처럼, 득죄신화의 사회적 의미를 가르쳐 주고 싶기도 하고, "이미지 하나가 전 우주를 침범한다"는 바슐라르의 '몽상의 시학'을 가르쳐 주고 싶기도 한 것이다. 그러나 니체와 바슐라르를 결합시킨다는 것은 어렵고도 분에 넘치는 노릇이라고 하지 않을 수가 없다. 나는 내가 이 글을 썼던 1990년대 초, 분명히 니체와 바슐라르를 결합시키고 그것을 뛰어넘고자 하는 욕망을 갖고 있었지만, 10여 년의 세월이 지난 지금, 그 욕망은 저절로 소멸되고 말았다. 나는 니체와 바슐라르보다도 나의 '낙천주의 사상'을 통하여 최고급의 행복론을 연출해 내고 싶은 꿈을 꾸게 되었기 때문이다. 어쨌든 바슐라르는 그의 『몽상의 시학』에서 우리는 행복하게 '숨을 잘 쉬게' 되어 있다고 말한다.

> 몽상가는 한계도 유보도 없는 몽상 속에서 자기를 매혹한 우주적 이미지에 육체와 넋을 부여한다. 몽상가는 세계 속에 있다. 단 하나의 몽상의 이미지가 그에게 몽상의 단위, 세계의 단위를 제시한다. 다른 이미지들이 최초의 이미지에서 태어나며, 서로 모여, 서로를 미화한다. 이미지들은 결코 서로 반박하지 않는다. 세계의 몽상가는 자기 존재의 분할을 모른다. 세계의 온갖 열림 앞에서 세계의 사고가는 주저함의 존재이다. 이미지 때문에 세계가 열리면, 세계의 몽상가는 그에게 주어진 세계에 거주한다. 고립된 하나의 이미지에서 우주가 생겨날 수 있다(14: 195).

이처럼 자기를 매혹한 우주적 이미지에 그 육체와 넋을 부여한 몽상가가 어찌 행복한 시인이 아닐 수가 있겠는가? 바슐라르의 존재론은 낙천주의를 그 본질적인 핵자로 갖고 있고, 낙천주의는 그의 의식의 기원이며, 그의 세계의 씨앗이다. 바슐라르의 몽상의 세계는 그 즐거움 속에서 모든 것이 태어나고, 모든 것이 서로를 미화시키게 된다. 그에게는 억압된 노동도 없고, 어떠한 콤플렉스도 있을 수가 없다. 그의 몽상의 세계 속에서는 곧 바로 일이 유희가 되고, 유희 역시도 일이 된다. 하지만 바슐라르의 '몽상의 시학'은 하나의 미적 베일에 불과한데, 왜냐하면 그는 우리들의 근원적 고통—대재앙을 하나의 미적 베일로 은폐시켜버린 것이지, 외디프스나 프로메테우스처럼, 비극의 주인공이 됨으로써 그것을 정면으로 돌파해 버린 것은 아니기 때문이다. 그의 존재론적 신화는 오르페우스나 나르시수스에 맞닿아 있지, 외디프스나 프로메테우스에 맞닿아 있는 것은 아니다. 바슐라르의 비사회성은 그 자체로서는 많은 한계를 갖고 있는 것이지만, 그 비사회성을 사회성으로 환원시켜 버린다고 해도, 그의 '몽상의 시학'은 여전히 그 빛을 잃지 않으리라고 생각된다. 우리 인간들은 호이징가의 말대로 '놀이하는 존재'이기 때문이다.

시는 잘 삶의 한 요소이며, 행복한 꿈의 한 양식이다. 니체가 아폴로 유형의 시인들의 소승적인 삶의 태도를 정면으로 거부하지 못한 것도 그가 바로 아폴로적인 삶의 의미를 진정으로 깨달았기 때문일 것이다. 존재의 무근거 상태로서 축제에 참여하고 있는 디오니소스 유형의 시인들 역시도, 그 비극을 향유하고 있다는 점에서는 아폴로 유형의 예술가들과 매우 일치하고 있다고 생각된다. 박목월의 「나그네」가 우리 인간들의 보편적인 정서를 노래한 것이듯이, '몽상의 시학'도 우리 인간들의 보편적인 정서를 노래한 것이라고 하지 않을 수가 없다. 『몽상의 시학』도 하나의 조용한 축제이며, 바로 그 몽상의 즐거움 때문에, 모든 몽상가들은 홀로 된 자의 고독을 살면서도 서로가 서로를 미화시켜 나가고 있는 것인지도 모른다. 바슐라르의 몽상의 시학의 사회성도 비사회성의 사회성이고, 순응하지 않는 위대한 낙천주의자의 사회성이다. 바슐라르의 '몽상의 시학'의 매력은 모든 것을 미화시켜 떠돌이—나그네들로서 그 조용한 삶을 살아가게 하는 데 있다고 해도 틀린 말이 아니다. 니체의 득죄신화의 매력도 모든 것을 김수영이나 짜라투스트라처럼, 혹은 외디프스나 프로메테우스처럼, 온몸으로 전복시켜 버리게 하고, 그 죄악을 정당화시켜 나가게 하는 데 있는 것인지도 모른다. 삶의 본능을 옹호하게 되면 아폴로 유형과 디오니소스 유형의 두 시인들이 탄생하게 된다. 그러나 자칫 잘못해서 그 두 유형의 예술가들을 몰이해하게 되면, 전자의 유형으로서 후자를 비판하고, 후자의 유형으로서 전자를 비판하게 될는지도 모른다. 만일 그렇게 된다면, 전자는 후자를 몰상식한 소영웅이나 광인쯤으로 치부하게 될 것이고, 후자는 전자의 탈역사적인 비사회성을 들어서 한낱 쾌락주의자들이라고 치부하게 될는지도 모른다. 1960년대의 순수시와 참여시의 논쟁은 비록 그것이 가짜 논쟁이긴 했지만, 더 이상 우발적인 논쟁만은 아니었던 것이다.

시가 잘 삶의 한 요소일 때, '행복의 깊이'는 수직적인 깊이만을 의미하지는 않는다. 이때에 '깊이'라는 수직적인 개념은 매우 큰 울림과 반향을 갖고 있어서, 무한한 동심원을 이루고 있는 확산의 관점과 깊이 깊이 울려 퍼지는 내면의 관점을 지니고 있는 어떤 말이지 않으면 안 된다. 수평적인 공간의 확대 없는 수직적인 깊이가 어디 있겠으며, 수직적인 상승 없는 수직적인 심연의 깊이가 어디 있겠는가? 행복의 깊이는 입체적인 공간을 지시하고, 그 공간은 자연스럽게도 우주적 공간과도 만난다. '깊이'라는 말은 통시적으로는 원시사회에서 탈현대 사회까지를, 공시적으로는 더불어, 함께 살아가는 모든 인간들을 폭넓게 끌어안는 어떤 말이지 않으면 안 된다. '행복의 깊이'는 그러니까 '낙천주의 방법론'에 충실할 것이며, 그것은 행복에 대한 우리 인간들의 그 모든 것들을 가능하면 축자적으로 파헤쳐 보게 될 것이다.

누구나 우리 인간들의 삶이 행복해야 된다는 명제에는 동의하면서도, 그 행복에 대한 인식은 매우 진부하거나 상투적인 고정관념을 갖고 있다. 마르크스의 공산당 선언에도 압도적으로 나타나고, 18세기 계몽주의의 철학자들의 사상에도 나타나고 있는 것이지만, 프롤레타리아의 혁명이나 자유에 대한 방임주의적인 환상은, 행복에 대한 그들의 인식을 언제나 환원주의적인 고정관념에만 일치시키고 있는 것이었다. 즉, 그들의 고정관념은 고통을 몰아내고, 슬픔을 강제적으로 배제하고만 있는 것이었다. 과연 고통을 몰아내고 슬픔을 강제적으로 배제할 수 있기나 한 것일까? 고통을 몰아내면 행복한 감정이 고양되는 것일까? 그들은 그러한 질문을 던질 줄도 몰랐고, 또 그 해답을 찾아낼 수도 없었다. 이러한 점에 있어서 그들의 고정관념은 하나의 프로쿠르스테스 침대에 지나지 않았던 것이다. 시와 예술에 있어서 고통이나 슬픔은 몰아내야 할 어떤 것이 아니다. 시와 예술에 있어서 고통이나 슬픔은 그 '감정들의 격심한 방출'을 통해서 조정해야 될 어떤 것도 아니다. 비극의 주인공들은 언제나 고통과 슬픔을 넘어서서 "자기 자신 안에서, 생성의 영원한 기쁨을 실현하기 위해서—파멸에 대한 기쁨까지도 포함하는 그 기쁨을 실현해내기 위해서 말이다(3: 115)"—, 그 고통과 슬픔 속에서 살아가는 어떤 인간들이라고 할 수가 있는 것이다. 소크라테스적 미학주의자들, 혹은 그 행복론자들은 비극의 진수인 슬픔이나 고통을 알지도 못한다. 디오니소스적인 축제의 의미도 모르고, 아폴로적인 행복한 꿈의 세계도 알지 못한다. 행복이란 그렇게 멀리 떨어져 있는 것도 아니고, 또한 그렇게 풍요로운 사회 속에 있는 것도 아니다. 모든 생을 적대시 하고 있는 기독교와, 무의미와 권태뿐으로 이루어진 '역사의 종말'을 다시 한 번 생각해 보아라! 슬픔이 없으면 기쁨도 없고, 고통이 없으면 행복도 없다. 시인은 삶의 충일성을 노래하지, 적어도 생을 적대시 하지는 않는다.

송찬호의 「구두」는 1990년대에 가장 뛰어난 시들 중의 하나에 속한다.

> 나는 새장을 하나 샀다
>
> 그것은 가죽으로 만든 것이다

날뛰는 내 발을 집어 넣기 위해 만든 작은 감옥이었던 것

처음 그것은 발에 너무 컸다
한동안 덜그럭거리는 감옥을 끌고 다녀야 했으니
감옥은 작아져야 한다
새가 날 때 구두를 감추듯

새장에 모자나 구름을 집어넣어 본다
그러나 그들은 언덕을 잊고 보리 이랑을 세지 않으며 날지 않는다
새장에는 조그만 먹이통과 구멍이 있다
그것이 새장을 아름답게 하는 것인지도 모른다

나는 오늘 새구두를 샀다
그것은 구름 위에 올려져 있다
내 구두는 아직 물에 젖지 않는 한 척의 배,

한때는 속박이었고, 또 한때는 제멋대로인 삶의 한 켠에서
나는 가끔씩 늙고 고집 센 내 발을 위로하는 것이다
오래 쓰다 버린 낡은 목욕통 같은 구두를 벗고
새의 육체 속에 발을 집어 넣어 보는 것이다
—「구두」 전문

나는 송찬호의 「구두」와도 같은 좋은 시들을 찾아갈 작정이다. 송찬호는 값싼 교양으로 시를 쓰지 않고, 자기 자신의 붉디 붉은 피로써 시를 쓴다. 그는 '날개 달린 시인'의 원형이며, "새의 육체 속에" 자기 자신의 발을 집어 넣어 볼 수 있는 시인은 적어도 사적인 개인성을 뛰어넘은 시인이라고 해도 틀림이 없다. 「구두」의 아름다움은 인류학적

보편성의 원형이며, 그만큼 울림이 큰 시라고 할 수가 있는 것이다. 괴테도 세계적인 사건이었고, 보들레르도 세계적인 사건이었고, 호머도 세계적인 사건이었다. 나는 니체에게, 바슐라르에게, 호머에게, 괴테에게 우리 한국에는 송찬호 시인이 있다는 것을 자랑스럽게 말해 주고 싶다. 송찬호는 얼마나 높이 높이 자유롭게 날아가고 있는 시인인가? 날개와 날개를 강조하지 않아도 되는 시인, 덜그럭거리는 감옥을 끌고 다니면서도 높이 높이 날아오를 수 있는 시인…… 나는 이 글이 진행되는 동안 송찬호와도 같은 시인들을 다양한 관점과 일관성 있는 지적 성찰로 찾아가 볼 작정이다.

이 세상의 모든 지식인들에게 사상이란 최고의 목적이며, 그 모든 것이다. 세상의 모든 것이 변하고 이 세계의 종말이 온다고 하더라도 자기 자신과 자기 자신의 사상만은 영원하기를 바라는 것은 모든 지식인들의 한결같은 꿈이다. 사상은 새로운 세계의 개진이며, 행복에의 약속이다. 사상은 그 어떤 것보다도 고귀한 명예이며, 삶의 완성이며, 보다 완전한 인간의 표지이다. 우리는 그 사상가의 신전 앞에서 언제, 어느 때나 시를 짓고, 노래를 부르며, 찬양과 찬송을 하게 된다. 또한 우리는 그 신전 앞에서, 우리 인간들의 존엄성을 바치고, 가장 좋은 예물을 바치고, 하늘을 우러러 보며, 항상 자기 자신을 갈고 닦으면서, 그 사상의 위업을 이어나갈 것을 맹세를 하게 된다. 나는 이 『행복의 깊이』를 통해서, '세계는 나의 범죄의 표상이다, 고로 행복하다'와 '나는 신성모독을 범한다, 고로 존재한다'라는 두 개의 명제를 동시에, 밀고 나갈 것이며, 궁극적으로는 한국문학의 역사상, 최초로, '낙천주의 사상'을 정립하게 될 것이다. 한국의 호머, 한국의 셰익스피어, 한국의 니체, 한국의 칸트, 한국의 톨스토이, 한국의 괴테가 나올 수 있을 때, 우리 한국인들이 문학 이전의 야만의 상태에서 빠져나올 수가 있는 것이듯이, 나의 도전적이고 야심만만한 과제는 우리 한국인들이 고급문화인이 될 수 있는가, 없는가라는 문제와 직결되어 있을 수밖에 없다. 제1권 『행복의 깊이』, 제2권 『한국문학비평의 혁명』(『행복의 깊이』 제2권), 제3권 『어느 철학자의 행복』(『행복의 깊이』 제3권)은 우리 인간들의 '삶의 양식'과 '의지'와 '삶을 향유할 수 있는 세목'들에 그 초점이 맞추어져 있고, 궁극적으로는 나의 '행복론' 속에 그 신전을 마련하게 될 것이다. 지난 10여 년 가까운 세월 동안의, 그토록 잔인하고 멀고 험난했던 과정들을 조금쯤은 쓸쓸하고, 기쁘고, 행복하게 되돌아보면서, 제1권 『행복의 깊이』를 다시 써보고자 한다. 오직, 자기 자신의 두뇌와 그 명명의 힘으로, 인류의 역사상, 가장 화려하고 독창적인 '사상의 신전'을 짓고 우리 한국인들을 고급문화인으로 인도해줄 수 있는 세계적인 대스승이 있었더라면, 나의 행복론은 보다 더 빨리 깊어지고 완성될 수도 있었을 것이다. 제2권 『한국문학비평의 혁명』(『행복의 깊이』 제2권)과 제3권 『어느 철학자의 행복』(『행복의 깊이』제3권)이 출간된 뒤, 다시 『행복의 깊이』를 써야만 하는 이 쓰디쓴 모멸감, 이 멀고 험난하기만 했던 우회로, 모든 것을 자기 스스로 해결해야만 했던 어린 아이 앞의 수많은 난제들, 어쨌든 나는 대부분의 난제들을 해결하고, 더욱더 깊어지고 성숙한 철학자로서 십여 년 전의 책상 앞으로 되돌아와 앉아 있다. 아아, 가장 야심만만하고 도전적인 과제들이여, 나에게 더욱더 어렵고 힘든 고통을 주시되, 이 세상을 저주하거나 원망하지 않게 해주시기를……! 항상 이글이글 생살이 타는 듯한 고통으로 나의 마비된 감각과 의식을 깨우쳐 주시되, 더욱더 불행한 인간의 이상적인 전형이 되어감으로써 행복한 인간의 삶이 있다는 사실을 가르쳐 주시기를……! 더욱더 자기 자신의 불행에 충실하고 그 불행한 삶을 아름답게 살아갈 수 있을 때, 우리는 그를 행복한 인간이라고 부를 수가 있을 것이다. 나는 어쨌든 철학예술을 꿈꿀 수밖에 없었고, 나의 삶의 본능에 대한 옹호가 하늘 높이, 하늘 높이, 울려 퍼질 수 있기를 바랄 뿐이다.

시는 행복한 꿈의 한 양식이며 낙천주의를 양식화시킨 것이다.

| 참고 문헌 |

1, 토마스 오데아, 자네트 오데아, 『종교사회학』, 이화여대 출판부, 1989

2, 이승훈, 「사물로 통하는 하나의 창」, 『박목월 전집』 해설, 지식산업사, 1981

3, 니체, 『우상의 황혼』, 청하, 1984

4, 니체, 『비극의 탄생』, 청하, 1982

5, 김춘수, 『의미와 무의미』, 문학과지성사, 1982

6, 니체, 『짜라투스트라는 이렇게 말했다』, 청하, 1984

7, 김수영, 『김수영 전집』, 민음사, 1984

8, 에디스 헤밀턴, 『그리스 로마 신화』, 을지출판사, 1985

9, 에이미 크루즈, 『이야기 세계의 신화』, 푸른숲, 1998

10, 아이스킬로스, 「결박된 프로메테우스」, 『희랍비극 1』, 현암사, 1989

11, 골드만, 『계몽주의의 철학』, 청하, 1983

12, 벵상 데꽁부, 『동일자와 타자』, 인간사랑, 1990

13, 보들레르, 『시의 이해』, 민음사, 1983

14, 바슐라르, 『몽상의 시학』, 기린원, 1989

제2장 상승주의의 미학

아름다운 인간 — 행복한 인간에 대하여

나는 '시는 낙천주의를 양식화시킨 것이다'라는 대전제 아래 이 글을 쓰고 있지만, 이때에 '시'라는 말을 문학적으로만 지나치게 축소시켜 생각할 필요는 없다. 한 편의 아름다운 시 속에는 우주 전체를 응축시켜 놓을 수가 있는 것이듯이, 내가 사용하는 '시'라는 말의 의미는 모든 학문, 예술, 정치, 역사, 사회, 경제, 문화 전반을 가리키고 있다고 해도 지나친 말이 아니다. 만일, 예술가들이 없었다면 이 세상을 아름답게 미화시킬 수도 없었을 것이고, 또한 철학자들이 없었다면 이 세상의 궁극적인 진리의 탐구가 가능하지도 않았을 것이다. 과학자는 자연의 법칙을 탐구하는 사람이며, 역사가는 '과거와 현재와의 대화'를 통해서 우리 인간들의 삶의 족적을 탐구하는 사람이다. 한 개인의 행복보다는 그가 속한 국가와 인류 전체의 행복을 연출해 내고자 하는 사람은 정치가이며, 더 많은 부를 축적하여 자기 자신의 행복은 물론, 인류 전체의 행복을 연출해 내고자 하는 사람은 경제인이라고 할 수가 있을 것이다. 그리고, 마지막으로 고급문화인이 없었다면, 우리 인간들은 원시적인 야만의 상태에서 벗어나지도 못한 채, 보다 안락하고 풍요로운 삶의 양식을 창출해낼 수도 없었을 것이다. 저마다의 타고난 성격이나 취향이 다르듯이, 우리 인간들의 삶의 양식은 다종 다양할 수밖에 없고, 그것이 고급문화인들의 한 특성을 이루고 있다고 하지 않을 수가 없다. 이에 반하여, 원시인들의 삶의 양식은 공동체 사회에 이미 저당잡혀 있거나, 어떤 분업화도 이루어져 있지 않기 때문에 도저히 그럴 수가 없다. 하지만 고급문화인인 오늘날의 우리 인간들의 삶의 양식이 다종 다양하다고 해서, 그 삶의 양식을 꿰뚫고 있는 근본적인 명제가 변화된 것은 아니다. 나는 이 지점에서, 모든 학문, 예술, 정치, 사회, 역사, 경제, 문화는 우리 인간들의 낙천주의를 양식화시켜 놓은 것이라고, 다시 한 번 강조해 두고자 한다. 만일, 모든 학문, 예술, 정치, 사회, 역사, 경제, 문화가 우리 인간들의 삶을 향유할 수 있는 양식이 아니라면 어떻게 그 존재론적 근거를 마련할 수가 있는 것이며, 또한, 우리 인간들의 역사와 함께, 그처럼 번성할 수가 있단 말인가? 우리 인간들의 삶은 회의되거나 질문되기 이전에 조건없이 향유되지 않으면 안 된다.

철학하는 법을 배우는 것은 사는 법을 배우는 것이며, 사는 법을 배우는 것은 죽는 법을 배우는 것이다. 죽음이란 삶의 완성이며, 삶이란 죽음의 완성이다. 지혜의 오른쪽에는 장수가 있고, 지혜의 왼쪽에는 부귀영화가 있다. 따라서 모든 학문, 예술, 정치, 경제, 사회, 역사, 문화의 전문가가 된다는 것은 그 분야의 행복을 연출해낼 수가 있다는 것을 말한다. 정평이란 그에 대한 믿음과 신뢰의 표지이며, 우리는 전문가들에게 그 믿음과 신뢰를 토대로 하여, 얼마 간의 존경과 경의를 표하게 된다. 과연 어떻게 하면 좀 더 잘 살 수가 있고, 행복하게 살 수가 있는 것일까? 이 명제는 동서고금을 막론하고 우리 인간들의 근본적인 명제이고, 그가 이 세상을 살아가고 있는 사람이라면, 어느 누구도 이 명제에서 결코 자유로울 수가 없다. 하지만, 그러나, 어떻게 하면 과연 잘 살 수가 있고 행복하게 살 수가 있는 것일까? 헤겔주의자들은 이 세상을 자기 속성으로 인지하여 전유하는 것이 정신의 소외를 극복할 수 있는 것이라고 말하고, 마르크스주의자들은 부의 공정한 분배와 만인평등에 대한 유물사관만이 지상낙원을 건설하는 방법이라고 말한다. 인도의 도덕부정론자나 니체는 위해, 폭력, 착취는 모든 유기체들의 근본조건이므로 선악을 넘어서서 행동하라고 말하고, 기독교주의자들은 머나먼 하늘 나라의 천국을 말하고, 불교의 사상가들은 공수래공수거라는 말로써 무소유의 행복을 말한다. 어떤 사람의 행복은 다른 사람의 불행이 되고, 어떤 사람의 행복은 조소와 경멸의 대상이 된다. 어떤 사람의 행복은 전쟁과 이전투구의 대상이 되고, 또 어떤 사람의 행복은 영원한 경의와 존경의 대상이 된다.

일찍이 데카르트는 그의 『방법서설』에서 자기 자신의 행복한 삶을 다음과 같이 설명한 바가 있다. 첫째는 전통과 관습을 존중하는 것이고, 둘째는 하나의 명제, 하나의 행동방식이 결정되면 아무리 더 좋은 방법이 떠오른다고 하더라도 그것을 끝까지 밀고 나가겠다는 것이다. 셋째는 세계를 변혁하기보다는 자기 자신을 변혁시키는 것이고, 넷째는 자기가 하고 싶고 좋아하는 일(학문)에만 전념을 하겠다는 것이다. 언어도, 법도, 사회적 획득물이고, 도덕도, 종교도, 부도 사회적 획득물이다. 따라서 사회적 동물로서 전통과 관습을 존중한다는 것은 너무나도 당연한 말인 것이고, 하나의 명제, 하나의 행동방식을 끝까지 밀고 나가겠다는 것은 언제, 어느 때나 우유부단하지 않겠다는 것을 뜻한다. 그리고 세계를 변혁하기보다는 자기 자신을 변혁시키겠다는 것은, 자기 자신을 새로운 사회가 요구하는 이상형으로서 변혁시키겠다는 것을 뜻하고, 자기 자신이 좋아하는 학문에만 전념을 하겠다는 것은 곧 바로 앎과 행동을 일치시켜 행복한 삶을 연출해 내겠다는 것을 뜻한다. 과거의 학교 교육, 즉 그릇된 지식의 토대를 뿌리째 뽑아 버리고, "이성을 잘 인도하고 학문 연구에 있어서 진리탐구를 위한 방법서설"을 기획했던 데카르트, 철학자로서 학문 연구 태도와 함께, 자기 자신의 행복한 삶의 윤리적 척도로써 '몇 가지 도덕 격률들'을 제시해 보였던 데카르트, 강단철학의 길과 曲學阿世의 출세의 길을 마다하고, 좋은 생활의 태도와 좋은 학습의 태도로써 '나는 생각한다, 고로 존재한다'라는 그의 철학적 명제를 완성했던 데카르트—, 데카르트는 이러한 실천 명제들을 통해서 자기 자신의 삶을 신들의 행복에 비교해 보는 대담한 발상과 그 실례를 과시한 바가 있다. 왜냐하면 앎과 행동의 일치는 그 주체자에게 영원불멸의 삶과 부귀영화를 가져다가 주고, 그 주체자를 신적인 존재로 수직 상승시켜 주었기 때문이다.

> 물론 모든 사물을 이런 관점에서 바라보는 데 익숙해지기 위해서는 오랜 훈련과 자주 반복되는 성찰이 요구된다는 것은 분명한 사실이다. 그리고 이런 철학자들이 운명의 지배에서 벗어날 수 있었던 비결, 그리고 고통과 빈곤을 무릅쓰고 신들과 행복을 겨룰 수 있었던 비결도, 주로 여기에 있었다고 생각된다. 왜냐하면 자연에 의해 그들에게 부과된 한계들을 끊임없이 고찰한 결과, 자신의 생각 외에 자기가 지배할 수 있는 것은 하나도 없음을 완전히 확신하게 되었고, 이로써 그들은 다른 사물에 대한 집착으로부터 벗어날 수 있었기 때문이다. 이처럼 그들은 자신의 생각을 절대적으로 지배할 수 있었으므로 자연과 행운의 혜택을 받고 있는 것이고, 그래서 이런 철학을 갖고 있지 않아 자신이 원하는 것을 이렇게 처리할 수 없는 사람보다 자신들이 더 풍요롭고 더 힘이 있으며, 더 자유롭고 더 행복하다고 생각한 것도 나름대로 근거가 있는 것이었다(1: 178)*.

* (1: 178)은 1의 책 178면을 말한다.

데카르트는 근대 철학의 선구자이며 '나는 생각한다, 고로 존재한다'라는 철학적 명제를 정식화시킨 사람이다. 방법적 회의, 즉 모든 것을 의심하라는 것이 그의 철학적 모토요, 정신이요, 방법이긴 했지만, 그러나 그의 사유는 '회의를 위한 회의'나 '부정을 위한 부정'의 소산이 아니었다. 왜냐하면 회의는 모든 진리와 지혜의 출발점이었기 때문이다. 따라서 그는 자기 자신과 감각을 의심하고, 신과 물체를 의심하고, 한 걸음 더 나아가 자기 자신이 그토록 좋아했던 수학까지도 의심을 했지만, 그러나 데카르트는 방법적 회의를 수행하고 있는 자기 자신만은 의심할 수가 없었던 것이다. 바로 이 지점에서 '나는 생각한다, 고로 존재한다'라는 그의 유명한 철학적 명제가 탄생하게 되고, 그의 '방법적 회의'는 하나의 진리를 탐구하기 의한 회의에 지나지 않게 된다. 데카르트의 '나는 생각한다, 고로 존재한다'라는 말은 자기 자신의 행복론이면서도 우리 인간들의 행복론이기도 했던 것이다. '나는 생각한다, 고로 존재한다'라는 말에 의해서, 사유하는 인간, 즉 이성적 인간의 존재론적 근거가 마련되고, 우리 인간들의 자기 발견과 주체성이 확립된 것이다. 그것은 원시공동체 사회 속에 저당잡혀 있거나 구속되어 있었던 인간의 자기 발견이요, 인간 해방이기도 했던 것이다. 그 인간은 자아를 발견하고 자아의 활동무대인 세계를 발견했던 근대적 인간이며, 자기 자신의 존재를 신적인 존재로 수직 상승시키기도 했던 인간이다. 데카르트가 고통과 빈곤을 무릅쓰고 신들과도 행복을 겨룰 수가 있었던 비결은 자기 자신의 의식으로 이 세계를 전유하고자 했던 헤겔주의자들의 '절대 정신'에도 해당되고, 그의 행복은 절대 정신의 소유자로서 만인들의 존경과 경의의 대상이 된다. 만일, 행복이, 네 마음 속에, 네 의지 속에 있는 것이라면 모든 전문가들의 행복은 바로 여기에 해당되며, 그것은 또한 선악을 넘어선 행복이 된다. '나는 생각한다, 고로 존재한다'라는 철학적 명제를 통하여, 자기 자신의 행복론과 우리 인간들의 행복론을 연출해 냈던 데카르트, 그는 살신성인의 자세로 외롭고 고독하지만, 자기 자신이 좋아하고 자기 자신만이 하고 싶었던 학자의 길을 묵묵히 걸어갔던 사람이다. 그는 더 많은 고통과, 더 많은 전율을 원했던 사람이며, 독수리의 발톱과 사자의 용기를 지녔던 인간이기도 했던 것이다. 저주받은 사람이 축복받은 사람이며, 축복받은 사람이 저주받은 사람이다. 데카르트, 반 고호, 폴 고갱, 보들레르, 랭보 등, 저주받은 사람과 성자는 동일한 인물의 다른 두 모습일 뿐인 것이다.

잘 모르겠소. 완전히 생소하고 환상적인 작품이었소. 창세創世, 다시 말하면 아담과 이브가 있는 에덴동산의 정경이랄까? 남자와 여자, 즉 모든 인간의 아름다움에 대한 찬가와 동시에 장엄하고 무정한, 그러면서도 사랑스럽고 잔인한 자연에 대한 찬미라고 할 수 있었을 거요. 그 그림에서 경외에 찬 마음으로 무한한 공간과 끝없는 시간을 맛보았소. 그는 우리들이 주위에서 매일 대하는 나무들…… 벤골 보리수, 홍렴화나무, 돌배나무 등을 그렸기 때문에 나는 그 이후부터 이들 나무들을 전혀 다른 각도로 보아왔던 것이오. 그들 나무 속에는 내가 막 움켜쥘듯 하면서도 영원히 내 손에서 빠져나가 버리는 영혼과 신비가 깃들어 있었소. 그리고 색깔들도 예전의 눈에 익은 그 빛깔이었지만 어딘지 모르게 달라 보였지요. 모두가 자기 특유의 의미를 지니고 있었던 거요. 발가벗은 남녀들 역시 마찬가지였습니다. 태초에 진흙으로 창조된 그들은 우리들처럼 이 지상에 속해 있었지만, 동시에 신성한 면을 지니고 있었던 겁니다. 그 그림 속의 인간은 그의 원시적인 본능을 지닌 모습 그대로 발가벗고 있었기 때문에 그 인간을 보면 당신은 자기 자신의 모습을 볼 수 있었을 겁니다. 그러므로 두려울 수밖에 없었죠(2: 279).

四十而不惑의 나이에, 증권거래소의 안정된 직장과 처자식을 모두

팽개쳐버리고 그림 공부에만 매달렸던 사나이, 사십이라는 뒤늦은 나이가 인생의 획기적인 대전환점, 즉 그림 그리기에 가장 알맞은 나이라고 생각하면서 백만 분의 일의 가능성에 매달렸던 사나이, 세상의 모든 인습이나 관습을 경멸하고 새로운 예술의 세계를 창조해 내기 위하여 어떠한 고통마저도 기꺼이 감수해 냈던 사나이, 아름다운 환상에 취해서 무서운 정열로 불 타오르고 있었던 사나이, 타히티라는 아름다운 남국에서 무한한 시간과 공간을 펼쳐놓고 창세의 걸작품 속에서 죽어갔던 사나이, 어느 누가 폴 고갱의 아름다운 작품에 돌을 던질 수가 있겠으며, 그의 행복했던 삶을 끝끝내 불행한 삶이었다고 끌어내릴 수가 있단 말인가? 앎과 행동의 일치는 자기 자신의 운명을 지배하고, 인생 자체가 아름다운 예술품으로 승화되지 않는 한, 결코 가능하지 않은 어떤 것이다.

나의 막역한 친구
볼프강 아마데우스 모짜르트가
병고를 치르다가 죽었다 향년 35세
장의비가 없었다
동네에서 비용을 거두었다
부인이 보이지 않았다

묘지로 운구 도중
비바람이 번지고 있었다
점점 심해지고 있었다
하나 하나 도망치기 시작했다
한 사람도 남지 않고 다 도망치고 말았다

볼프강 아마데우스 모짜르트.

— 김종삼, 「實記」 전문

천재란 하늘이 빚어낸 인물을 말하지만, 그는 우리 인간들의 상식과 평범함의 세계를 뛰어넘은 어떤 인물을 말한다. 대부분의 인간들은 눈에 보이는 것만을 믿고 수많은 가능성보다는 한 움큼의 확실성만을 움켜쥐려고 하지만, 천재는 눈에 보이는 것보다는 눈에 보이지 않는 세계를, 한 움큼의 확실성보다는 수많은 가능성을 향하여 걸어나갔던 사람들이다. 천재는 일상적인 인간들에게는 그들의 풍습의 미덕과 질서를 파괴하는 무뢰한이자 미치광이나 바보로 취급을 받게 되어 있고, 그것이 천재의 형벌이 될 수밖에 없다. 그의 비범한 능력과 비범한 두뇌는 신들의 질투를 받게 되어 있고, 그 '신들의 질투'라는 말은 대부분의 일상적인 인간들이 한 뛰어난 천재에게 무차별적으로 가한 채찍이 되고 만다. 따지고 보면 신들의 질투란 없고, 일상적인 인간들이 그 비범한 인물에게 무차별적인 폭력을 행사하고, 그에 대한 미안함과 속죄의식—그의 뛰어난 업적이 널리 인정되고 받아들이게 될 때쯤—속에서 '신들의 질투'란 말을 헌사한 것에 지나지 않는다. 반 고호가, 폴 고갱이, 보들레르가, 니체가, 스피노자가 과연 그들이 살아 있을 때, 어떠한 대접을 받아왔던가? 「實記」의 볼프강 아마데우스 모짜르트는 그 수많은 천재들 중의 한 사람이며, 그의 일생은 장엄하고 화려할 수도 없었다. 겨우 서른 다섯의 젊은 나이에 요절을 하고 말았지만, "장의비"도 없었고, 그의 시신을 "묘지로 운구 도중" 부인도 없었고, 한 사람의 친구도 남아 있지 않았다. 인류의 역사상, 가장 훌륭한 음악을 작곡하고, 오늘날까지도 만인들의 심금을 사로잡고 있는 볼프강 아마데우스 모짜르트를, 그러나, 과연, 우리는 그가 불행한 인간이었다고 말할 수가 있는 것일까? 그는 돈, 명예, 권력, 그 모든 것에 상관없이 자기 자신의 음악을 사랑했고, 자기 자신의 음악 속에서 죽어갈 수밖에 없었다. 데카르트와 폴 고갱이 그러했듯이, 그는 자기 자신이 좋아하는 직업을 선택했고, 그 모든 것을 선택했던 것이다. 김종삼의 「實記」는 그 비극적인 정조에도 불구하고 볼프강 아마데우스 모짜르트, 즉, 이 세상에서 가장 위대했던 인물에게 바쳐진 '헌시'라고 하지 않을 수가 없다.

우리 인간들은 자기 자신의 존재의 근거가 '무'라는 사실을 깨닫고, 바로 거기에서 유한성과 죽음을 터득하게 된다. 존재의 무, 유한성, 죽음 등은 우리 인간들에게 삶에 대한 공포와 불안을 안겨주고, 그 공포와 불안을 다스릴 수 있는 방법적인 장치로써 수많은 신화와 종교가 탄생하게 된다. 신화와 종교가 우리 인간들의 최고급의 지혜의 저장소라면, 우리 인간들의 지식의 축적은 자기 자신의 한계와 그 조건들을 극복하기 위한 안간힘의 소산이라고 할 수가 있다. 따라서 이 세상의 삶의 본능을 옹호하고 삶의 활력과 윤기를 더해 주는 것은 최고급의 지혜로서 성화되어 온 반면, 우리 인간들의 삶의 본능을 깎아내리고, 메마르고 건조하며, 우울하고 쓸쓸한 그 모든 것들은 배척될 수밖에 없었던 것이다. 매우 역설적이긴 하지만, '이 세상에 태어나지 않는 것이 최선이며 곧 바로 죽어버리는 것이 차선'이라는 염세주의마저도 우리 인간들의 행복에 기여할 수 있는 낙천주의를 양식화시켜 놓은 것에 지나지 않는다. 왜냐하면 무소유와 무집착을 역설하고 있는 종교들, 부의 공정한 분배와 만인평등의 공산주의, 그리고 모든 '생의 철학' 등의 근본 과제가 고통의 극복이라면 염세주의자들은 죽음으로써 그것을 극복하라고 말하고 있기 때문이다. 염세주의자들은 이 세상에서는 고통의 극복이 가능하지 않고, '죽음'으로써 그것이 가능하다고 말한다. 염세주의자들은 이 세상에서 더없이 커다란 실패와 패배의 아픔을 겪고 있는 우리 인간들의 생을 위로하고, 삶의 해방이라는 관점에서 '죽음'의 문을 활짝 열어놓았던 것이다. 모든 사상은 낙천주의를 양식화시킨 것이며, 생명부정에의 의지인 염세주의의 유효성도 바로 이 지점에서 생겨나게 된다. 모든 사상은 '미학'으로 꽃 피어나며, 모든 '미학'은 '사상의 결정체'라고 하지 않을 수가 없다. 다시 말해서, '미학'이란 아름다움에 대한 찬양이며, 아름다움은 인본주의적 관점에서 성장, 고양, 힘의 감정 등을 뜻하지만, 추함은 쇠퇴, 위험, 무력 등을 나타낸다. 인류의 역사상, '아름답다'는 말만큼 남용된 언어가 없으며, 그 아름다움 속에는 우리 인간들의 이상적인 세계나 천국, 전지전능하고 완전한 인간, 모든 것이 풍요롭고 행복한 세계에 대한 우리 인간들의 꿈이 담겨 있다고 해도 과언이 아니다.

아름다운 세계만이 에덴동산이 될 수가 있고, 아름다운 인간만이 크고 위대할 수가 있다. 아름다운 인간만이 전지전능한 신이 될 수가 있고, 아름다운 인간만이 진정으로 행복할 수가 있다. 따라서 아름다움 속에는 종의 건강, 종의 미래, 종의 행복이 약속되어 있는 것이다. 이미 앞에서 천재란 하늘이 빚어낸 인물이라고 말한 바가 있지만, 따지고 보면 그 말은 진정으로 위대한 인간들에게 일상적인 인간들이 붙여준 '헌사'에 지나지 않는다. 데카르트, 모짜르트, 폴 고갱 등, 우리 인간들은 누구나 천재의 삶을 살아갈 수가 있지만, 그 천재의 삶을 살아갔던 사람은 아주 극소수에 불과했던 것이다. 생사를 넘어서서, 선악을 넘어서서 자기 자신이 그토록 좋아하고, 하고 싶은 일에만 전념을 한다는 것, 바로 이 '투신'의 문제가 천재의 삶의 내용과 형식을 결정짓게 된다. 서머셋 모옴의『달과 6펜스』에 나오는 브루노 선장이 바로 그 모범적인 예에 해당된다. 아내와 몇 명의 원주민들과 함께, 수십 년 동안이나 불모의 섬을 개간하여 야자수와 관목 등을 심고, 아름다운 에덴동산을 창출해 냈던 브루노 선장, 돈과 명예와 권력에 대한 욕망을 버리고, 성실한 이마의 땀방울로 자기 자신의 노동 속에 함몰되어 갔던 브루노 선장, 그 브루노 선장도 위대한 천재이며, 아름답고 행복했던 인간이다. 이 말을 확대 해석하견, 가난한 농부도, 구두수선공도, 신문배달원도, 파출부도, 일용직급노동자도, 환경미화의 청소부도, 그 어느 누구도 위대한 천재의 삶, 즉 아름답고 행복한 인간의 삶을 살아갈 수가 있다는 말이 될 것이다. 요컨대 행복한 인간, 신적인 인간의 삶이란 직업의 귀천을 말하는 것도 아니며, 그것은 또한 성공과 실패를 말하는 것도 아니다. 자기 자신의 더럽고 추한 천역을 아름다운 성역으로 변모시킬 수 있는 인간, 그 인간이 바로 신적인 인간이며 행복한 인간인 것이다. 지혜가 있는 자는 분명한 목표를 지니고 있고, 그 목표가 없으면 어떠한 천재의 삶도 가능하지가 않다. 분명한 목표가 있는 자는 용기가 있는 자이며, 그는 평범한 인간의 삶과 그 길을 거절할 줄 알고 있다. 용기가 있는 자는 결코 한눈을 팔지 않는 성실한 인간이며, 그는 이미 온 천하를 다 얻은 인간이기도 한 것이다. 분명한 목적이 있으면 수단은 저절로 얻어지며 그는 낙천주의의 이상형의 인물로서 행복한 사람이기도 한 것이다. 그의 삶의 지혜, 용기, 성실함은 최고급의 사상(예술)으로 꽃 피어나게 되고, 우리 인간들은 그 사상의 신전 앞에서 언제나 존경과 경의를 표하게 된다.

'비상의 꿈', 혹은 '비상콤플렉스'에 대하여

송찬호는 왜 스스로의 발에 날개가 아닌 족쇄(구두)를 채우며 "새의 육체 속에 발을 집어 넣어 본다"라고 표현하고 있는 것이며, 또한 그는 왜 "한 때는 속박이었고, 또 한 때는 제멋대로인 삶의 한 켠에서/ 나는 가끔씩 늙고 고집 센 내 발을 위로한다"라고 표현하고 있는 것일까? 보들레르는 왜 "날개 달린 여행자여, 그대는 얼마나 우습고 무기력한가!/ 전에는 그렇게 아름답던 게 이제는 우스꽝스럽고 추하고나"라고 뱃사람들에게 붙잡힌 알바트로스를 혐오하고 있는 것이며, 또한 그는 왜 "시인도 이 구름의 왕자와 같다/ 태풍을 쫓아 다니며 사냥꾼을 비웃는다/ 그러나 야유 투성이의 땅에 떨어지면/ 그 거대한 날개 때문에 걷지도 못한다"라고 탄식을 하고 있는 것일까? 어쨌든 천상의 삶은 자유와 해방과 평화의 삶이지만, 지상의 삶은 부자유와 구속과 혼란 뿐인 삶이다. 송찬호도 이 지상의 삶을 벗어나 '언덕'을 날아오르며 '보리이랑'을 세어 보고 싶어하고, 보들레르도 '야유 투성이'의 이 지상의 삶을 벗어나 '태풍을 쫓아다니며 사냥꾼을 비웃을 수 있는' '구름의 왕자'와도 같은 삶을 지향한다. 천상의 세계는 아름답고 행복한 세계이며, 지상의 세계는 더럽고 추한 세계이다. 아름답고 행복한 세계는 우리 인간들의 이상적인 세계이며, 더럽고 추한 세계는 저주받은 세계이다. 천상의 세계는 전지전능한 신들과 마음씨 고운 천사들이 살고 있고, 저주받은 세계는 사악한 악마들과 구제받지 못한 영혼들이 살고 있다. 그러니까 송찬호와 보들레르는 두 발 달린 짐승(인간)으로서 하늘을 동경하고 있는 것이며, 그 동경을 통하여 자기 자신들을 전지전능한 신적 존재로 끌어 올리고 있는 것인지도 모른다. 보들레르의 「알바트로스」를 송찬호의 「구두」와 비교를 하면서 다시 한 번 읽고 감상해 보기를 바란다.

때때로 장난하느라 선원들은
커다란 바닷새 알바트로스를 잡는다
게으른 여행 친구처럼 쓰디 쓴 심연으로
미끄러지는 배를 뒤따르는 알바트로스를

갑판 위에 놔두자마자
창천의 왕자는 어색하고 부끄러워

커다란 흰날개를 노 비슷하게
불쌍하게 질질 끌고 다닌다.

날개 달린 여행자여, 그대는 얼마나 우습그 무기력한가!
전에는 그렇게 아름답던 게 이제는 우스꽝스럽고 추하고나
어떤 자는 파이프로 부리를 지지고
어떤 자는 절름거리며 예전에 날아다니던 그 새를 흉내낸다

시인도 이 구름의 왕자같다
태풍을 쫓아다니며 사냥꾼을 비웃는다
그러나 야유 투성이의 땅에 떨어지면
그 거대한 날개 때문에 걷지도 못한다.
— 샤를로 보들레르, 「알바트로스」 전문

송찬호의 '날개/ 구두'에 보들레르의 '날개/ 잡힘'이 정확하게 대응하며, 그들은 모두가 다같이 이 지상의 세계를 벗어날 수 있는 자유로운 천상의 세계를 동경한다. 송찬호가 "덜그럭거리는 감옥을 끌고" 다니면서도 "늙고 고집 센 내 발을 위로"할 수 있는 삶의 본능의 옹호자라면, 보들레르 역시도 "야유 투성이의 땅에 떨어"져서도 "구름의 왕자"를 꿈꾸는 삶의 본능의 옹호자라고 하지 않을 수가 없다. 그들은 다같이 "덜그럭거리는 감옥을 끌고" 다니면서도 새의 육체 속에다가 발을 집어 넣어 볼 수 있는 이카루스의 후예라고 하지 않을 수가 없다. 「구두」와 「알바트로스」의 반향은 낙천주의자의 영속적인 보편성이며, 그것은 초월성의 징표라고 해도 과언이 아니다. 그들의 비상의 꿈의 이면에는 '비상콤플렉스'가 자리를 잡고 있는 것이지만, 그들의 시는 언어의 사원(言+寺)이 되며, 그 언어의 사원은 아름다운 건축 양식과 사상의 차원에서 무한한 존경과 숭배의 대상이 된다. 왜냐하면 그들의

신전(사원)에는 그들의 지혜, 용기, 성실 등, 그들의 생존의 역사가 깊이 있게 각인되어 있기 때문이다. 일찍이 보들레르는—송찬호의 장인정신은 보들레르의 그것에는 턱없이 미치지도 못하는 삼류의 그것에 불과하지만—“이 혹독한 책 속에, 나는 내 온 영혼을, 내 온 애정을, 내 온 종교를, 내 본 증오를 집어넣었소”라고, 그 어느 누구보다도 가장 대범하고 자신 있게 말을 한 적이 있었다. 한 마디로 말해서 시는 그의 종교였고, 『악의 꽃』은 그가 우리 인류에게 헌정한 언어의 사원이었다. 보들레르는 현실의 세계에서는 저주받은 시인에 불과했지만 시의 세계에서는 자연이라는 ‘상징의 숲’을 가로질러서, 일체의 상형문자를 해독할 수 있는 언어의 사제였던 것이다. 보들레르는 상징주의와 퇴폐주의와 그리고 초현실주의의 시조라고 하지 않을 수가 없고, 말라르메, 발레리, 랭보, 베를렌느, 앙드레 브로통은 모두 그가 피워낸 새싹들에 지나지 않는다. 시는 시인의 생존과 그 노력의 결정체이다. 송찬호의 「구두」나 보들레르의 「알바트로스」는 다같이 그들의 ‘비상콤플렉스를 넘어서서, ‘초월성의 징표’로서 아름답게 승화된 시라고 하지 않을 수가 없다.

『그리스 로마 신화』에서 ‘이카루스’는 그의 아버지 다에달루스와 함께 크레타 섬의 미궁—레버린스를 빠져나올 수가 있었지만, 높이 높이 날아오른다는 호기심과 그 욕망 때문에 하염없이 추락해 버린 어떤 인물이고, 패이어손은 태양신의 아들로서 ‘태양마차’를 타고 드높은 상공을 비행하다가—그의 아버지 태양신의 경고마저도 잊고—추락을 해버린 어떤 인물이며, 무척이나 사납고 길길이 날뛰던 천마 페가수스를 길들였던 벨레로폰은 올림프스의 신전으로 날아가 영원불멸의 삶을 살아야겠다는 욕망 때문에 추락을 해버린 어떤 인물이다. 이카루스, 패이어손, 벨레로폰은 두 발 달린 인간들로서 모두가 다같이 ‘비상콤플렉스’의 희생양들이며, 그 위대한 선구자들이라고 할 수가 있을 것이다. 올림프스 신전에 살며 지상과 천상을 자유 자재롭게 날아다니는 신들, 황금샌달을 신고 물 위를 걸으며 하늘을 날아 다니는 헤르메스, 물 위를 걸어다니며 수많은 이적들을 일으키고 끝끝내 하늘로 날아 올라간 예수, 축지법의 손오공, 도솔천과 극락의 세계에서 자유 자재롭게 살아가는 미륵보살과 아미타불, 그리고 브라만과 비쉬누와 시바와 알라 신들—. 신들이란 전지전능하고 완전한 존재이고, 우리 인간들은 무지하고 불완전한 존재이다. 신들이란 아름답고 행복한 천상의 세계에서 살고, 우리 인간들은 더럽고 추한 지상의 세계에서 산다. 비상은 신들만의 귀중한 특권이며, 우리 인간들에게는 금기의 대상이 된다. 따라서 우리 인간들의 한계 상황과 그 유한성을 극복하는 행위 자체가 도저히 용납할 수 없는 신성모독적인 행위에 지나지 않게 된다.

나는 감히, '비상콤플렉스'는 '외디프스콤플렉스'보다도 그 울림이 더 큰 콤플렉스라고 선언할 수가 있다. 프로이트의 말대로 '아버지 살해'가 문화를 움직여 가는 근본적인 힘이기는 하지만, 그것은 보다 나은 인간, 보다 완전한 인간에 대한 상승 욕망 때문이지, 성적 욕망 때문이 아닌 것이다. 라마르크의 '획득형질'이 유전된다는 말이나 다윈의 '적자 생존'이라는 말도 우리 인간들의 비상콤플렉스와 상승 욕망을 증명해 주고 있는데, 왜냐하면 그 말들은 한 치의 빈틈도 없이 우생학에 맞닿아 있기 때문이다. 상승 욕망은 권력 욕망이나 성적 욕망보다도 그 울림이 더 크고, 이 세상에서 가장 아름답고 행복한 인간의 욕망에 맞닿아 있다. 우리는 타인들을 지배하는 것을 목표로 삼고 있지도 않고, 아버지를 살해함으로써 종을 보존하려는 성적 욕망에 종속되어 있지도 않다. 보다 나은 인간, 보다 완전한 인간, 즉 신적인 인간에 대한 상승 욕망이 권력 욕망이나 성적 욕망을 자라나게 하고 있을 뿐인 것이다. 외디프스콤플렉스는 조건없이 비상콤플렉스의 하위 개념으로 편입되어야 하며, '아버지 살해'는 '비상콤플렉스'의 가장 중요한 방법으로 설명되고 실천되지 않으면 안 된다.

'날아오른다'는 동사는 '달린다'와 '뛴다'라는 동사와도 다르고, '간다'나 '걷는다'라는 동사와도 다르다. 우리 인간들에게 있어서 새는 호랑이와도 다르고, 뱀과도 다르고, 백상어와도 다르다. 우리 인간들은 호랑이처럼 빠르게 달릴 수는 없지만 그래도 달릴 수는 있고, 뱀처럼 재빠르고 날렵하게 기어다닐 수는 없지만 그래도 기어다닐 수는 있다. 그리고, 더욱더 백상어처럼 멋지게 헤엄을 칠 수는 없지만 그래도 헤엄을 칠 수는 있다. 그러나 새처럼 자유롭게 날아 다닐 수는 없다. 아니, 새처럼 자유롭게 날아다니기는커녕, 그 흉내조차도 거의 낼 수가 없다. 우리는 마라톤 우승자를 '인간기관차'라고 부르고, 백미터 경주의 우승자를 '인간 탄환'이라고 부른다. 인간기관차는 가장 오랫동안 가장 빨리 달릴 수가 있다는 것을 뜻하고, 인간탄환은 새처럼 가장 빠르게 날아다닐 수가 있다는 것을 뜻한다. 따라서 백미터 우승자와 마라톤 우승자는 단순한 개인들만이 아닌데, 왜냐하면 그 기록의 기쁨이나 그 헌사의 품격에는 모든 인간들의 염원이 간직되어 있기 때문이다. 그들은 보다 더 새에 가까운 인간들이고, 우리 인간들의 보편적인 이상형이라고 할 수가 있는 것이다. 이러한 사실들이 하나의 거대한 콤플렉스를 형성해 왔고, 그 반대방향에서 상승주의에 대한 미학이 양식화되어 왔는지도 모른다.

상승주의는 삶에의 의지이며 힘에의 의지이다. 상승주의는 삶의 본능의 옹호이며, 그것은 우리 인간들의 비상콤플렉스가 피워낸 첫 번째 삶의 양식에 해당된다. 상승주의의 기원, 혹은 비상의 꿈의 기원이 '비상콤플렉스'이며, 그 비상콤플렉스가 없었다면 우리 인간들의 역사는 가능하지도 않았을 것이다. 예컨대, 지구가 우주의 중심이라고 믿었던 고대 그리스 시대의 밤하늘, 발 밑의 우물을 보지 못하고 그를 빠뜨리게 했던 탈레스의 밤하늘, 지구를 우주에 떠 다니는 작은 조각에 불과하다고 최초의 지동설을 역설했던 아리스타르코스의 밤하늘, 언젠가는 인공 날개를 달고 사람을 태운 기계가 하늘을 날아 다닐 것을 예언했던 프란체스코회의 수도사 R. 베이컨의 밤하늘, 중세의 암흑기를 뚫고 1543년 5월 24일, 『천체궤도의 회전에 대하여』를 통하여 아리스타르코스의 지동설을 입증해 주었던 폴란드의 과학자 코페르니쿠스의 밤하늘, 우주공간을 자기 자신의 왕국으로 삼고 수많은 별들을 그의 신하로 삼았던 티코 브라헤의 밤하늘, 코페르니쿠스의 지동설을 옹호했다가 마침내 화형장의 한 줌의 잔재로 사라져간 조르다노 브루노의 밤하늘, '모든 행성은 타원을 그리면서 태양 둘레를 회전한다'고 역설했다가 '마녀 사냥'의 혹독한 고문을 겪었던 케플러의 밤하늘, 만유인력, 즉 중력의 법칙을 발견했던 뉴턴의 밤하늘, 태양의 흑점을 발견하고 태양도 지구와 마찬가지로 축을 중심으로 회전한다고 역설했다가 종교재판소의 심판대에 섰던 갈릴레오의 밤하늘, 적색변이를 발견하고 '도플러 효과'에 의하여 은하계가 점점 더 멀어져 가고 있다는 것을 발견한 허블의 밤하늘, 은하계가 광속에 가까운 속도로 멀어져 가고 있다는 사실에 착안하여 '빅뱅 이론'으로 우주의 기원을 설명하려 했던 벨기에의 천문학자 르메트르의 밤하늘, 뉴턴의 고전역학의 거시세계와는 정반대로 미시세계를 규명할 수 있는 양자역학의 막스 플랑크의 밤하늘, 뉴턴의 역학 이론에 도전하여 '$E=MC^2$'라는 방정식을 정립하고 '시공간의 휘어짐'을 증명해 보인 아인시타인의 밤하늘—. 우리 인간들의 역사는 비상콤플렉스의 역사이며, 그 반대 방향에서 '상승주의'가 양식화된 역사이다. 어쨌든 이러한 하늘은 이카루스가, 패이어손이, 벨레로폰이 도전했던 하늘이며, 부처, 예수, 올림프스의 신들이 자유 자재롭게 날아다니며 살고 있는 곳이기도 하다.

별 하나에 추억과
별 하나에 사랑과
별 하나에 쓸쓸함과
별 하나에 동경과
별 하나에 詩와
별 하나에 어머니, 어머니.

어머님, 나는 별 하나에 아름다운 말 한마디씩 불러봅니다. 소학교때 책상을 같이했든 아이들의 이름과 佩, 鏡, 玉 이런 異國 少女들의 이름과, 벌써 애기 어머니 된 계집애들의 이름과, 가난한 이웃 사람들의 이름과 비둘기, 강아지, 토끼, 노새, 노루, 프랑시쓰 짬, 라이넬 마리아 릴케 이런 詩人의 이름을 불러봅니다.

— 윤동주, 「별 헤는 밤」에서

윤동주의 "별 하나에 추억과/ 별 하나에 사랑과/ 별 하나에 쓸쓸함과/ 별 하나에 동경과/ 별 하나에 詩와/ 별 하나에 어머니, 어머니"라는 시구가 우리 인간들의 '비상콤플렉스의 전거'가 아니라면 무엇이고, 또 그것이 '비상의 꿈'으로 자라나 '상승주의의 역사'로 이어진 구체적인 전거가 아니라면 무엇이란 말인가? 별은 단순히 밤 하늘에 떠 있는 별이 아니며, 시인의 추억과 사랑과 쓸쓸함과 동경과 시와 그리운 사람들(패, 경, 옥, 비둘기, 강아지, 토끼, 노새, 노루, 프랑시스 짬, 라이넬 마리아 릴케 등)의 총체로서 그 모든 것에 가깝다고 해도 지나친 말이 아니다.

비상콤플렉스는 우리 인간들의 교통수단에도 압도적으로 나타나고 있는데, 왜냐하면 배, 자전거, 기차, 자동차가 먼저 발명되었지, 비행기가 먼저 발명되지는 않았기 때문이다. 비행기는 산업혁명과 과학혁명의 최종적인 단계이며, 우리 인간들의 비상콤플렉스의 소산이고,

또한 초월성의 징표이기도 한 것이다. 최초의 인공 날개를 상상했던 베이컨, '인간은 과연 날 수 없는가'라는 주제와 끊임없이 싸우며 최초의 헬리콥터의 모형도를 설계했던 레오나르도 다빈치, 라이트 형제 이전에 증기기관의 동력으로 최초의 비행기를 발명했던 랑그리, 마침내 제트 엔진에 이어서 로켓 엔진으로 우주왕복선을 쏘아올린 20세기의 과학자들, 어느덧 초속 30만km의 빛보다 더 빠른 속도로 타임머신을 타고 우주공간을 자유 자재롭게 날아다닐 수 있는 비행물체의 발명에 몰두하고 있는 21세기의 과학자들—. 드 발 달린 짐승들에게 있어서 머나먼 천상의 세계는 아름답고 행복한 세계이며, 영원불멸의 삶을 살아가고 있는 신들의 궁전이기도 하다. 상승주의는 삶의 본능의 옹호이며, 우리 인간들의 첫 번째 삶의 양식이라고 해도 틀림이 없다.

비상콤플렉스를 지닌 인간으로서 우리들은 날이면 날마다 '비상의 꿈'을 꾸지 않으면 살아갈 수가 없다.

세이레 새앙쥐처럼 눈뜨는
오물오물 폭신한 두 살배기 몸이
솜털로 보드랍게 적셔진
딸아이의 분홍 원피스를 넌다

뒷골목마다 흘리고 다녔을
자정의 취기와 어둑한 소음,
이루지 못한 욕망들이 얼룩으로 남겨진
남편 와이셔츠를 넌다

비트로도 지워지지 않는
한국 최고의 축구선수가 되겠다는 꿈이
판화로 촘촘히 찍힌

아들 운동화를 넌다

자외선이 노화의 원인인 거 알지?
언니가 보내준 챙 넓은 모자
적당히 가릴 건 가리고 살라고
적당히 눈빛을 세상으로부터 감추면
그게 노화하지 않는 거라고
내 하얀 면 모자를 넌다

빨래들이 저들끼리 빨랫줄에서
힘껏 목을 당기며 턱걸이 한 채
수다를 떤다
아침 햇살을 야금야금
쌀벌레처럼 파먹는다

더는 말고 빨래만큼만
나를 내보일 수 있다면
알몸으로 눈부시게
세상을 이야기할 수 있다면
— 김명원, 「빨래를 널며」 전문

김명원의 「빨래를 널며」라는 시는 세목의 진정성 이외에도 실존의 덫인 일상성에 함몰함으로써 그 일상성을 벗어나, 자기 초월은 물론, 그와 함께 더불어 살아가는 인간들의 존재를 신성의 영역으로 끌어올리고 있는 것처럼도 보인다. 일상의 영역은 일과 평범함이 지배하는 영역이고, 신성의 영역은 자기 초월과 고귀함이 지배하는 영역이다. 그는 우선 첫째 연에서 "세이레 새앙쥐처럼 눈뜨는" 두 살배기 딸아이에게 초점을 맞추고, 둘째 연에서는 "자정의 취기와 어둑한 소음" 속에서 "이루지 못한 욕망들"로 얼룩진 남편에게 초점을 맞춘다. 셋째 연에서는 대한민국 "최고의 축구선수가 되겠다는" 아들에게 초점을 맞추고, 넷째 연에서는 "노화의 원인"과 그 방비에 고심하는 자기 자신에게 초점을 맞춘다. 딸아이와 남편과 아들과, 그리고 시인의 삶은 제각기 다르지만, 그러나 그들의 삶의 양식은 실존의 덫에 갇힌 채, 일상의 영역을 벗어나지 못한다. 두 살배기 딸아이의 얼룩과 남편의 얼룩과 아들의 얼룩, 그리고 자기 자신의 얼룩에는 얼마나 크나큰 아픔과 그 고통이 묻어 있는 것일까? 하지만 그는 그 아픔과 고통에 초점을 맞추지 않고, 그것을 씻어내 버리는 행위 자체에 그 초점을 맞춘다. 빨래는 씻어냄의 행위이며, 그것은 구도자의 행위가 된다. 험담은 자기 자신과 그 험담의 대상과 그것을 듣는 사람을 죽이고, 그리고 그가 살아가는 공동체 사회를 파괴한다. 그러나 씻어냄은 무언의 미담이며, 자기 자신과 그 대상과 그가 살고 있는 공동체 사회를 더욱더 아름답고 풍요롭게 가꾸어 나가게 된다. 따라서 자기 자신의 결백으로부터 힘이 생기고 그 힘으로부터 용기가 생겨난다. 결백이란 하나의 목표를 향하여 몸과 마음을 청결히 하고 사리사욕이나 음탕한 마음을 제거하는 것을 말하며, 모든 위대한 인간들과 현자들이 선택했던 삶의 태도와 그 자세를 말한다. 씻어냄의 행의는 일상의 영역을 신성의 영역으로 끌어 올리는 행위이며, 자기 초월은 물론, 타인들을 구원하는 구도자의 행위가 된다. "빨래들이 저들끼리 빨랫줄에서/ 힘껏 목을 당기며 턱걸이 한 채/ 수다를 떤다/ 아침 햇살을 야금야금/ 쌀벌레처럼 파먹는다"라는 시구가 그것이 아니라면 무엇이고, "더는 말고 빨래만큼만/ 나를 내보일 수 있다면/ 알몸으로 눈부시게/ 세상을 이야기할 수 있다면"이라는 시구가 그것이 아니라면 무엇이란 말인가! 도덕적으로 선한 자는 일상의 영역에서 벗어나 신성의 영역으로 날아가고 있는 자이며, 그 이타적인 사랑을 통해서, 아름답고 행복한 생활을 향유하고 있는 자라고 할 수가 있다. 우리는 김명원의 「빨래를 널며」라는 시를 통해서, 딸아이와 남편과 아들, 그리고 시인의 소망과 꿈이 모두 성취되는 이적의 순간을 맞이하게 되는 것은 물론, 자기 자신의 일상의 얼룩이 씻겨지고, 몸과 마음이 가벼워지는 것을 느낄 수도 있을 것이다. 순수한 감동, 그 때묻지 않는 감정이입을 통해서만이 우리는 언어의 사원으로 날아 올라갈 수가 있는 것이다.

하루는 무덥고 시끄러운 정오의 길바닥에서
그 노인이 조용히 잠든 것을 보았다.
등에 커다란 알을 하나 품고
그 알 속으로 들어가
태아처럼 웅크리고 자고 있었다.
곧 껍질을 깨고 무엇이 나올 것 같아
철근 같은 등뼈가 부서지도록 기지개를 하면서
그것이 곧 일어날 것 같아
그 알이 유난히 크고 위태로워 보였다.
거대한 도시의 소음보다 더 우렁찬
숨소리 나직하게 들려오고
웅크려 알을 품고 있는 어둠 위로
종일 빛이 내리고 있었다.

다음날부터 노인은 보이지 않았다.
— 김기택, 「꼽추」 전문

이미 김명원의 시에서 시사한 바가 있듯이, 비상의 꿈이 반드시 '날아감'을 지칭하고 있는 것만은 아니다. '내부 초월'이나 '수평적 초월'이 있듯이, 일상의 영역을 신성의 영역으로 변고시키려는 행위 자체도 우리 인간들의 비상의 꿈에 정확하게 대응한다고도 할 수가 있을 것이다. 어쨌든 우리 인간들은 하루도 날아오르지 못하면 살아갈 수가 없다. 날이면 날마다 행복이 증대될 것이라는 비상의 꿈과 내일이 오면 이 아픔과 고통이 완전히 사라질 것이라는 기대가 없다면, 이 세상에서의 우리 인간들의 삶은 유지되고 변모될 수가 없을 것이다. 김기택의 「꼽추」라는 시도 마찬가지이다. '꼽추 노인'은 길거리의 노숙자이고 불구자이며, 이미 생물학적 나이로 산송장에 지나지 않는다. 그러나 김기택은 어떤 '미학적 거리'라는 방관자적인 위치를 벗어나 그 대상과의 일체감을 통해서, 꼽추 노인의 기형적인 육체를 아름다운 새의 몸짓으로 변모시키고 있는 것이다. 비록, 시인과 꼽추 노인의 비상의 꿈이 영원불멸의 삶에 대한 동경이면서도, 유한한 인간의 자기 위로와 미래의 희망사항에 지나지 않을지라도, 그것은 시의 힘이고, 나무아미타불의 기적이라고 하지 않을 수가 없다. 인간의 한계 상황과 유한성을 극복할 수 있는 '황금란', 인간의 마음과 삶의 조건을 화해시킬 수 있는 '황금란', 불안과 공포와 수많은 장애물들을 잠재우고 다른 곳, 다른 세계, 아름다운 천상의 유토피아로 우리 인간들을 인도해 줄 수 있는 '황금란'—, 이 황금란이 있다는 것만으로도 김기택의 절망의 깊이는 행복의 깊이가 된다. 따라서 꼽추 노인의 끊임없는 추락마저도 아름다운 상승주의의 미학으로 양식화된다. 송찬호, 김명원, 김기택의 시들은 어떤 점에서는 보들레르, 랭보, 파울 첼란, 로버트 프루스트의 시들보다도 더 우수하다고 할 수도 있을 것이다. 하지만 한국의 대부분의 시인들이 그렇듯이, 그 시인들의 사상의 빈약함과 사소하고 지엽적인 문제에 함몰되어 종합인 시야를 지니지 못한 점이 가장 커다란 결함으로 남는다고 지적하지 않을 수가 없다. 철학과 사상의 부재, 나는 감히, 이 차이는 하늘과 땅 차이보다도 더 크다고 말할 수가 있다. 아슬아슬하게 공중곡예를 펼쳐 보이는 인간들, 한 걸음, 한 걸음마다 수없이 날개를 돋아나게 하고 손에 땀을 쥐게 하는 인간들, 지혜, 용기, 성실성을 통하여 자기 자신의 목숨을 하루살이나 파리처럼 가볍게 여기면서도 더욱더 깊이 있게 사랑하는 사람들, 그들은 결코 힘센 자나 실존의 일상성에 굴복하지 않은 사람들이며, 모든 장애를 극복해 나가는 낙천주의자들의 행복을 향유하고 있는 사람들이다. 비상의 꿈은 삶의 본능의 옹호이다. 비상(상승)의 꿈은 모든 장애를 극복할 수 있다는 기쁨이고, 삶에의 의지가 증대되고 있다는 기쁨이다. 아름답고 행복한 인간, 무한한 우주를 독수리의 날갯짓으로 자유 자재롭게 날아 다니며 삶의 찬가를 부르는 낙천주의자들—, 비상 콤플렉스를 넘어서면 '비상의 꿈'이 가장 화려하고 웅대하게 펼쳐진다고 하지 않을 수가 없다.

형이상학을 옹호하면서

오늘날 학문에 있어서 '논리학'의 중요성은 이루 말할 수 없을 만큼 크고, 어느 누구도 그것을 부정할 수는 없다. 논리학은 그러나, 그것 자체로 완결된 학문이며 더 이상의 발전이 가능하지 않은 학문이다. 나는 여기서 논리학의 중요성을 역설하고자 하는 것이 아니라, 그 논리학에 대한 하나의 우화를 통해서 오히려, 거꾸로, 형이상학의 중요성을 역설해 보고자 한다. 가령, 예컨대, '보이지 않는 것은 존재하지 않는다, 신은 보이지 않는다, 그러므로 신은 존재하지 않는다'라고, 데카르트가 그의 『성찰』과 『방법서설』에서 주장했더라면, 그는 그의 명석한 두뇌와 뛰어난 업적에도 불구하고, 조르다노 브루노처럼 화형장에서의 한 줌의 잔재로 사라져 가버리고 말았을는지도 모른다. 중세의 사변적이고 관념론적인 학문의 풍토에다가 기하학적(자연과학적)인 잣대를 들이대며, 모든 것을 의심하고, 또 의심해 보아야 한다고 역설했음에도 불구하고, 종교의 문제는 어디까지나 애매모호하게 얼버무리고 심신이원론心身二元論을 주장했던 데카르트, 그는 정말로 인간의 육체보다도 영혼불멸을 믿었던 것이며, 전지전능한 신의 존재를 믿고 있었던 것일까? 어쨌든 데카르트는 그가 신의 존재를 믿고 있었든지, 아니든지 간에, 위트레이트 신학자들의 '무신론자'라는 혐의에 맞서서 전지전능한 신의 존재와 영혼불멸을 역설하고, 우리 인간들의 육체를 가볍게 보는 심신이원론을 주장하기에 여념이 없었다. "나는 이 완전한 신이 있다는 것 혹은 현존한다는 사실을 그 어떤 기하학적 논증 못지 않게 확실하다는 것을 발견했다"라는 말(1: 193)과 "이와는 반대로, 우리 영혼이 신체와 얼마나 다른 것인지를 알게 된다면, 우리 영혼은 본성상 신체와 전적으로 무관한 것이고, 따라서 신체와 더불어 사멸하는 것이 아님을 보여주는 근거들을 훨씬 잘 이해할 것이며, 아울러 영혼을 파괴할 수 있는 다른 어떤 원인도 발견할 수 없으므로 영혼불멸이라는 결론에 자연스럽게 도달하는 것이다"라는 말이 바로 그것이다(1: 207). 하지만 네덜란드의 철학자 스피노자는 데카르트의 심신이원론에 반발하여, 하늘에 계신 신의 존재를 끌어내리고 '만물에 내재하는 신', 즉 범신론을 주장한 바가 있다. 스피노자의 말에 따르면 돌멩이 하나, 풀 한 포기, 나무 한 그루에도 신이 존재하고 있었고, 따라서 '심신일원론' 속에서만이 모든 유기체들의 존재 증명이 가능하게 되었다. 칸트는 한 걸음 더 나아가, "요컨대 사변적 이성(경험을 초월한 사변적 이성)으로부터 인식하려는 지나친 생각을 제거하지 않는 한, 나는 '신', '자유', '영원한 삶'을 나의 이성의 실천적 사용을 위해 상정할 수밖에 없었다"(3: 27)라고, 형이상학 전체에 '순수이성비판'이라는 칼날을 들이대게 되었고, 그것으로 인하여 형이상학이 죽지는 않았지만, 매우 치명적인 중상을 입게 되었다. 유물사관에 입각하여 '세계의 해석'보다는 '세계의 변혁'에 더 강조점을 두었던 마르크스는 모든 종교를 이성의 치명적인 환각 상태(마약이나 알콜 중독의 상태)로 끌어내렸고, 니체는 마침내 "영혼 자신이 육체보다 더 야위고 끔찍해지고 굶주리게 되었다"라는 말과 함께, '신의 사망증명서'를 발급해준 바가 있다(4: 53). 니체가 '신은 죽었다'라고 선언한 배경에는 여러가지 시대적 정황과 그 이유가 있었겠지만, 인간의 이성으로 증명이 가능하지 않고 우리 인간들의 상대적 완전성과 삶의 보충으로써만 가능했던 신이 이제는 우리 인간들의 삶을 억압하고 질식시켜 왔던 것이 가장 커다란 이유가 되었을는지도 모른다. 따라서 신이 우리 인간들의 삶에 봉사를 해야지, 우리 인간들이 신을 위해서 봉사를 할 수는 없다는 인식이 니체의 철학에는 전제되어 있다. 이러한 신의 죽음은 하이데거에 의해서 형이상학의 종말로 나타났고, 그 결과, 새로운 인간 존재의 탐구가 시작되었다. 하이데거는 인간 존재의 역사는 '존재자에 대한 존재의 차이의 망각의 역사'라고 설명하면서 그 존재의 탐구를 '탈 형이상학적인 방법'으로 추구했지만, 끝끝내 어떠한 성과도 이루어낼 수가 없었다. 하이데거는 트라클의 시를 원용하며, 이방인이 소외된 사람이거나 방황하는 사람이 아니라, 언젠가는 최초의 사람이 되어 돌아온다는, 매우, 형이상학적인 역설의 논리를 강조했지만, 그 최초의 사람은 어디까지나 떠돌이—나그네일 뿐이었던 것이다. 데리다는 하이데거의 독일어 중심주의와 독일 우월주의를 다같이 비판하면서 그 최초의 사람을 "유령"이라고 비꼬아 준 바가 있지만(5: 298), 나는 이방인이란 본질이 없는 존재, 영원히 훼손된 존재에 지나지 않는다고 생각한다. 본질이 없는 존재, 영원히 훼손된 존재는 신이 없는 시대의 우리 인간들의 존재론적 모습과 그 운명을 말해 주고 있다. 이제 우리 인간들은 어떻게 그 떠돌이—나그네의 운명을 극복하고 어떠한 삶의 양식과 그 운명을 창조하고 개척해야 하는 것일까?

나는 이미, '탈현대 자본주의 사회이냐? 신화의 시대이냐?'라는 화두를 제1장, 「행복의 깊이」에서 던져놓은 바가 있지만, 그 질문에 대한 해답을 제시하기 이전에, 동양 사상에 대한 서구의 제국주의적인 침공과 그 약탈의 과정을 폭로해 보고자 한다. 소크라테스와 플라톤이 그리스의 다신교에 철퇴를 가하고 기독교의 모태가 된 다이몬을 옹립한 결과, 중세의 암흑기를 거쳐서, 니체가 신의 사망증명서를 발급해 주기까지 서구의 역사는 유일신의 역사였다고 해도 과언이 아니다. 하지만 데카르트, 스피노자, 칸트, 마르크스, 니체, 하이데거, 데리다, 미셸 푸코, 들뢰즈 등의 서구의 무신론의 기원에는 인도의 '도덕부정론'과 '회의론'과 그리고 '유물론'이 자리잡고 있었다는 사실을 지적하지 않을 수가 없다. 가령, 예컨대,

> 푸라나에 의하면 선악은 사회적 관습에 의한 일시적인 것이며, 사람이 선행을 하든 악행을 하든 거기에 필연적인 인과응보는 있을 수 없다 한다. 즉 생물이나 인간을 토막토막 짤라죽이고, 괴롭히고, 슬프게 하고, 전율케 하고, 생명을 빼앗고, 가택 침입, 약탈, 강도, 간통, 거짓말 등을 하여도 조금도 악을 행한 것이 아니다. 그래서 악업에 대한 응보도 없다고 한다. 또한 제사를 행하고, 남에게 보시하고, 감관을 제어하는 극기의 생활, 참말을 하여도 선행이 아니다(6: 45).

라는 푸라나 카샤파의 '도덕부정론'은 스피노자와 니체 철학의 핵심적인 주제를 이루고 있고, 또한,

> 아지타에 의하면 地, 水, 火, 風의 4원소만이 참된 실재이며 독립상주獨立常住이다. 더욱이 이들 원소가 존재하고 활동하는 장소로서 허공의 존재까지도 인정하고 있었다. 이들 4원소로 구성된 인간이 죽으면 인간을 구성하고 있

> 는 地는 외계의 地의 집합으로 돌아가고, 水는 水의 집합으로, 火는 火의 집합으로, 風은 風의 집합으로 돌아가 모든 기관의 능력은 허공으로 돌아간다. 인간 그 자체는 죽음과 함께 無가 되는 것이며 신체 이외에 사후에도 독립하여 존재하는 영혼 같은 것은 있을 수가 없다. 사람들은 화장터에 이르기까지 탄식을 하지만, 시체가 태워지고 난 후 남는 것은 검은 비둘기색의 뼈뿐이고 공물은 재가 된다. 어리석은 자도 현명한 자도 신체가 파괴되면 소멸하여 사후에는 아무 것도 남지 않는다. 따라서 현세나 내세는 존재하지 않으며, 선업 혹은 악업을 행하였다고 해서 그 과보를 받는 일도 없다. 보시, 제사, 공의도 무의미한 것이다. 이 세상에는 부모도 없고, 또 사람들을 가르쳐 인도할 정도로 진력하는 사람, 바라문도 존재하지 않는다고 주장하였다(6: 46).

라는, 아지타의 유물론은 마르크스, 니체, 하이데거, 데리다의 철학의 핵심적인 주제를 이루고 있다. 이밖에도 산자야의 회의론, 자이나교의 불살생不殺生, 진실어眞實語, 부도不盜, 불음不婬, 무소유無所有, 상대주의, 그리고 고타마 붓다의 제행무상諸行無常, 무소유, 무집착, 苦를 발견하고 그것을 극복하는 열반과 해탈의 경지는, 칸트, 쇼펜하우어, 미셸 푸코, 데리다, 들뢰즈 철학의 핵심적인 주제를 이루고 있는 것이다. 문화 인류학자들은 오늘날의 우리 인간들이 '인도인'에서 파생된 새싹들로 규정하고 있지만, 인도의 사상은 무한히 넓고도 깊다고 하지 않을 수가 없다. 도덕부정론, 회의론, 유물론, 상대주의, 힌두교들의 귀족주의, 불교도들의 최초의 민주공화제 등, 오늘날 우리 인간들이 인도의 사상에 그 젖줄을 대고 흡수해 들이고 있는 자양분들이 얼마나 많은지는 감히 상상할 수조차도 없을 정도이다. 하지만 니체는 왜 그토록 인도의 사상과 부처의 생애를 그처럼 역설했으면서도 푸라나 카사파의 '도덕부정론'이나 아지타의 '유물론'은 단 한 번도 입에 올리지 않았던 것일까? 도덕군자로서의 칸트의 윤리학은 자이나교와 불교의 복사판이며, 마르크스의 유물론보다는 인도의 유물론이 앞서 있고, 탈현대 사회의 만병통치약인 '상대주의'는 자이나교도들이 그처럼 역설했던 상대주의가 아니던가? 니체의 윤리학은 『선악을 넘어서서』의 그것이 핵심—특히 선악을 넘어선 힘(권력)에의 의지—이며, 푸라나 카샤파의 '도덕부정론'과 아지타의 '유믈론'의 글도둑질 수준에 지나지 않는다. 나의 이 말이 의심스러운 독자들이 있다면, 니체의 철학과 인도의 사상을 독자 여러분들이 직접 꼼꼼하게 정독을 하고 비교 분석해 보기를 바란다. 서양의 무신론의 기원에는 이처럼 인도의 사상이 이미, 수천 년 전부터 자리를 잡고 있었던 것이고, 서양의 칸트, 마르크스, 니체, 하이데거, 데리다 등은 그 인도 사상에다가 제국주의적인 총칼을 들이대고, 그것을 약탈해간 문화적 식민주의자들에 불과하다고 해도 지나친 말이 아니다. 왜냐하면 고급문화인의 속성이 니체의 말대로, "위해, 폭력, 착취"를 일삼으며, 서양인을 고급문화인으로, 동양인을 원시 야만인으로 규정하는 것이기 때문이다(7: 207).

그러나 나는 지금 서양의 철학이 모조리 인도 사상의 복사판이라고 비판하고 있는 것은 아니다. 동양의 사유는 정적인 사유이고, 서양의 사유는 동적인 사유이다. 동양의 철학은 어떠한 명제를 제시하되 그것에 대한 실험과 검증의 절차를 생략한 채, 선문답적인 신비주의로 빠져나간 반면, 서양의 철학은 하나의 명제를 집요하게 파고 들어가, 그것에 대한 엄격한 실험과 검증을 통해서 구체적인 사상과 이론으로 정립해 놓았기 때문이다. 오늘날 모든 학문의 성과는 서양 철학의 성과—인문과학이든, 자연과학이든, 그것이 과학이라는 점에 있어서—이며, 어느 누구도 그 성과를 부인할 수는 없다. 나 역시도 이 점을 전적으로 믿어 의심하지 않고 있지만, 서양 철학의 근본 주제들이 인도 사상의 복사판이라는 사실을 아주 정직하게 폭로하지 않을 수가 없었던 것이다.

이제 우리 인간들은 어떻게 그 떠돌이—나그네의 운명을 극복하고 어떠한 삶의 양식과 그 운명을 창조하고 개척해야 하는 것일까? 21세기의 유전자 공학의 발달은 어느덧 새로운 종의 인간을 창조하고, 산업과학의 발달은 로버트나 컴퓨터처럼 인공두뇌를 지닌 기계 인간을 창조할 수 있는 수준에까지 올라와 있다. 과연 유전자 공학에 의한 새로운 종의 인간이나 인공두뇌를 지닌 기계 인간이 바로 우리 인간들의 미래의 모습이며 이상적인 모델이 될 수가 있을까? 나는, 감히, 그것은 아니다라고 부인하고 싶다. 거기에는 우리 인간들의 눈물도, 피도 없고, 인간다운 모습이나 아름다운 삶의 모습도 있을 수가 없다. 신의 죽음과 형이상학의 종말의 결과가 이처럼 위기의 시대를 불러왔고, 자본의 메커니즘 속에서 단 하나의 사상, 즉 황금 만능주의를 양성하고 가꾸어 왔는지도 모른다. 요컨대 탈현대 사회의 자본은 신의 죽음, 형이상학의 종말, 학문, 도덕, 풍습의 미덕, 인간의 죽음, 문학의 죽음, 문자 매체의 쇠퇴를 가져왔고, 모든 이데올로기적인 대립을 종식시켰다. 다시 말해서, 20세기 말의 탈현대적인 시대에 "모든 지시 대상은 소멸되었다"라는 보드리야르의 말이 바로 그것을 증명해 준다(8:17). 그렇다면 이 탈현대적인 시대에 철학예술, 혹은 형이상학이란 무엇인가라는 질문을 던지지 않을 수가 없다.

유신론에서 무신론에 이르기까지, 형이상학은 트로이의 왕비에서 그리스의 노예로 전락을 하게 되었고, 어쨌든 그 운명을 다한 것 같지만, 나는 아직도 형이상학이 모든 인본주의를 떠바쳐 주고 있는 토대라고 생각하고 있다. 우리 인간들의 이상적인 모델로서 신의 존재를 어떻게 부인할 수가 있겠으며, 수많은 교회와 사원들과 그 신도들을 또한 어떻게 부인할 수가 있겠는가? 인간은 아직도 어리고 어린 아기이며, 그 존재 증명이 판단중지된 존재에 불과하다. 따라서 우리 인간들은 사는 법과 죽는 법을 모르고, 도덕과 종교와 법을 모르고, 또한 행복이 무엇인지도 모르는 어리석은 존재에 지나지 않는다. 쇼펜하우어의 말에 따르면 신의 존재가 증명이 된다면 어떤 종교도 가능하지 않고, 또한 정반대 방향에서 신의 부재가 증명이 된다면 어떤 종교도 존재할 수가 없게 된다. 신의 존재가 증명된다면 형이상학을 팔아서 밥을 먹는 사제 계급이 종적을 감추게 되고, 모든 우상들의 허물이 벗겨지고, 신과의 직접적인 대면만을 하게 될 것이고, 신의 부재가 증명된다면, 모든 사원들과 교회와 사제들의 존재 가치가 없어지게 되고, 그 무엇을 하거나 하지 않아도 아무런 탈도 없게 될 것이다. 유신론과 무신론, 이 두 세계는 모든 종교, 예술, 학문이 필요없는 세계이며, 우리 인간들의 존재조차도 필요 없는 세계이다. 따라서 우리 인간들의 삶이 가능하려면 신은 있으면서도 없어야 하고, 없으면서도 있어야 한다. 바로 그 신비주의와 애매모호한 베일의 장막 속에서 우리 인간들의 삶의 본능에 대한 옹호가 가능해 진다. 신, 인간 존재의 본질, 영혼불멸, 종교, 도덕, 죽음, 행복, 미래의 운명 등, 이러한 형이상학적인 명제들에 단 하나의 모범답안이 가능하다면, 어떻게 시와 철학 예술이 존재하고 우리 인간들의 삶의 본능에 대한 옹호가 가능할 수가 있단 말인가? 신, 인간 존재의 본질, 영혼불멸, 종교, 도덕, 죽음, 행복, 미래의 운명 등, 이러한 형이상학적인 명제들에 대한 정의正義는 없고, 정의定義만이 있을 뿐인 것이다. 악법도 법이다라는 말이 있듯이, 그 명제들을 규정하는 것은 매우 자의적이며, 따라서 正義는 없고 그 올바름과 올바르지 않음을 규정하는 定義만이 있을 뿐인 것이다. 定義의 멋진 비약이 正義의 탈을 쓰고, 도덕군자로서의 칸트의 '황금의 도덕률'에 침을 뱉어버린다. 종교, 예술, 학문, 도덕, 법, 윤리 등은 삶의 본능을 옹호하는 수단이며 낙천주의를 양식화시킨 것이다.

다 갈라 터진 손가락으로 도라지 쪼개는

한 겨울 노점상 할머니 입김이 뽀얗다

모두 키워 떠나보낸 삶이 바닥까지 드러나
끝이다 싶은 생, 건사하느라 악착같다
바람에 날리는,
백발모근에서 가끔은 새카만 움이 돋기도 한다

그루터기만 남은 갈라터진 논바닥
먹이 찾아 날아든 참새들,
부리질 하는 들판은
내어줄 것 없어 안쓰럽다

오늘 아침 신문은 한 생애
도라지 쪼개고 콩나물 팔아서
몇 억 학교재단에 맡긴
할머니의 까뭇까뭇한 머리칼로 눈부시다

늦가을 들판 매운 바람에
나는 쩌억쩍 갈라진다.
— 박종국, 「늦가을, 다랭이 논」 전문

박종국의 「늦가을, 다랭이 논」은 삶과 죽음을 완성해 나가고 있는 '할머니'와 그렇지 못한 '시인'의 대비가 돋보이는 시이며, 그 무기교의 기교 속에서 우리 인간들의 삶의 본능을 옹호하고 있는 시라고 하지 않을 수가 없다. "한 겨울 노점상의 할머니"는 모든 자식들을 다 키워보내고도 "끝이다 싶은 생"을 악착같이 건사는 할머니이지만, 그러나 그 할머니는 "도라지 쪼개고 콩나물 팔아서" 전 재산을 "학교 재단에 맡긴" 할머니일 수밖에 없다. 사는 법을 배우는 것은 "그루터기만 남은 갈라터진 논바닥"에서 모든 것을 다 내어주고도 더 이상 "내어 줄 것"이 없어 안쓰러워 하는 마음을 배우는 것이며, 죽는 법을 배우는 것은 "끝이다 싶은 생"으로도 오히려, 거꾸로, 새로운 새싹들을 위해서 '최선의 노력'을 다하는 것을 배우는 것이다. 그 이타적인 사랑에는 기교도 필요없고, 직업의 귀천이나 남녀노소의 차별도 있을 수가 없다. 그 더럽고 추한 천역이 아름다운 성역으로 변모되면서, "늦가을 들판 매운 바람에/ 나는 쩌억쩍 갈라진다"라는 시인의 메마른 마음을 반성시키고, 「늦가을, 다랭이 논」의 공간을 대지모신의 공간으로 변모시키게 된다. 프로이트의 말대로, 신이란 후세에, 추켜 올려진 아버지에 불과할 수도 있지만, 누구나 제멋대로 추켜 올려질 수 있는 것은 아니다. 사는 법을 배우는 것은 죽는 법을 배우는 것이며, 죽는 법을 배우는 것은 사는 법을 배우는 것이다. 바로 이러한 인간의 '자기 행복의 원리'에 따라서, 존재의 근거가 무인 인간, 그 무의 결핍성 때문에 고뇌의 바다에서 좀처럼 헤쳐 나오지 못하는 인간, 그 인간들이 영원불멸의 삶을 살고, 날이면 날마다 산새와 노루가 뛰어놀고, 먹고 마실 것이 넘쳐나고, 모든 인간들과 함께, 이 지상낙원에서 행복하게 살아가고 있는 것이 아니던가? 「늦가을, 다랭이 논」의 할머니, 즉 부처와 예수에게 귀의하면 무병식재와 부귀영화를 누릴 수가 있다. 따라서 우리 인간들은 날이면 날마다 신들에게 수많은 제물을 차려놓고 그토록 어렵고 힘든 예배의 형식을 빌려서 존경과 경의를 표하고, 자기 자신들의 소망을 기도해 오지 않았던가? 더욱이 종교의 교리는 무엇을 하라거나 하지 말라는 정언명령으로 되어 있지만, 우리 인간들은 그것에 대한 어떤 억압이나 강제의 힘이 없어도 스스로, 자발적으로, 자기 자신의 주체성과 자율성을 송두리째 바치고, 무조건의 복종과 충성을 맹세해 왔던 것이 아니더란 말인가?

1

山기슭에 몰린 안개더미가 잔잔히 밀린다. 안개더미는 잠시 엷게 풀어지면서 山少年의 뛰는 모습을 이루더니 소년을 홀로 山 꼭대기에 남겨 두고 사라진다.

2

山 꼭대기에 걸려 출렁거리는 무지개 위에 맨발로 서서 건넛산을 향해 외치는 소년의 들뜬 목소리를 듣고

저도 모르게 대답하다

톡 꽃망울이 터진 노루발풀

해가 타 오른다, 山 3時

풀잎 꿈 속에 꼬부려 누어 소년은 잠이 들고 이글이글이글 풀잎 꿈 속에서 소년의 꿈 속으로 불덩이가 넘어간다

— 신대철, 「自然」 전문

죽음은 삶의 완성이며, 삶은 죽음의 완성이다. 시와 예술, 그리고 삶의 본능을 옹호하는 그 모든 것들에는 어떠한 기교도 필요가 없고, 그 무기교의 기교 속에서 「늦가을, 다랭이 논」의 '할머니'는 가고, 「自然」의 '山少年'이 태어나게 된다. 즉, 옛 세대는 성화되고 새 세대는 두 발에 날개를 달고 아름다운 삼천리 금수강산을 뛰어 놀게 되는 것이다. "무지개 위에 맨발로 서서 건넛산을 향해 외치는 소년의 들뜬 목소리를 듣고/ 저도 모르게 대답하다/ 톡 꽃망울이 터진 노루발풀"이라는 시구가 그렇고, "소년의 꿈 속으로" "이글이글이글" "불덩이가 넘어간다"라는 시구가 그렇다. 시는 온몸으로 온몸으로 삶의 내용을 쓰는 것이고, 철학예술도 온몸으로 온몸으로 삶의 내용을 쓰는 것이다.

모든 시와 철학예술의 터전이란 「自然」일 수밖에 없다. 자연 속의 소년은 때 묻지 않은 순수한 인간이며, 두 발에 날개가 달린 인간이고, 우리 인간들이 쫓겨난 에덴동산에서 살아가고 있는 인간이기도 한 것이다. 해가 타오르는 '山 3時'에 잠을 자고, "무지개 위에 맨발"로 설 수 있는 소년은 모든 장애를 극복한 소년이며, 언제, 어느 때나 자유롭게 날아 다닐 수가 있으니까, 날개와 날개를 강조하지 않아도 되는 행복한 소년이다. 우리 인간들은 죽어 갈 수가 있어서 권태롭지 않고, 또다시 태어날 수가 있어서 허무하지 않다. 우리 인간들의 인생은 회의되거나 질문되기 이전에 향유되지 않으면 안 된다. 상승주의 미학의 토대는 형이상학이고, 우리는 형이상학의 토대 위에서만이 인공 날개가 아닌 자유로운 비상의 꿈을 펼쳐 보일 수가 있는 것이다.

나는 이미 '탈현대 자본주의 시대이냐? 신화의 시대이냐?'라는 화두를 던져 본만큼, 형이상학을 옹호하는 낙천주의자이다. 형이상학은 우리 인간들의 삶을 가능케 하는 인본주의의 토대이며, 그 형이상학은 내가 그토록 강조하고 있는 낙천주의가 파생시킨 새싹에 불과하다. 형이하학(유물론)이 자연과학의 잣대를 들이대며 형이상학(유신론)의 멱살을 움켜잡으면, 형이상학이 비이성적인 신비주의의 잣대를 들이대며 형이하학의 멱살을 움켜잡는다. '신은 죽었다'는 말에는 '신은 살아 있다'라고 대답을 하고, '신은 살아 있다'는 말에는 '신은 죽었다'라고, 두 눈에 쌍심지를 돋우며 반격을 가한다. '영혼불멸'이라는 말에는 '영혼은 없다'라고 응수를 하고, '종교의 무용론'에는 '종교의 유용론'으로 반격을 가한다. 인간 존재의 근거가 무라는 말에는 우리 인간들은 만물의 영장으로서 하나님의 은총을 받은 자라고 대답하고, 예술의 무용론에는 예술의 유용론으로써 응답한다. 형이하학이 문명과 문화를 건설할 수 있는 토대를 제공했다는 말에는 형이상학이 그 문명과 문화를 향유할 수 있는 인간 정신의 발전에 기여를 했다고 응답을 하고, 지상낙원의 건설을 역설하는 유물론자들의 주장에 대해서는 내세의 천국으로 반격을 가한다. 이처럼 형이상학과 형이하학의 싸움은 그 끝이 없게 된다. 바로 그 싸움 속에서 우리 인간들의 삶과 예술이 있게 되고, 그 모든 것이 가능해 진다. 만일 형이상학과 형이하학의 싸움이 종식된다면, 그때에는 이 세상도, 하나님도, 우리 인간도, 그 어떤 삶도 가능하지 않게 될 것이다. 이런 점에 있어서 나는 하나님의 존재를 믿고 있지 않는 자로서 형이상학을 옹호하는 낙천주의자이다. 다시 말하자면, 이 세상의 삶에 대한 옹호없이 어떻게 인간의 삶이 가능하고, 예술이 가능하고, 행복이 가능하단 말인가? 형이상학은 눈에 보이지 않는 초월의 세계이며, 초월의 세계는 일상성의 쪽박을 떨구어버린 신성의 세계이다. 그 초월의 세계는 두 가지의 방법에 의해서 이루어 진다. 첫 번째는 자기 자신이 외디프스, 프로메테우스, 반 고호, 폴 고갱, 베토벤, 알렉산더, 그리고 나폴레옹처럼 불멸의 업적을 이루는 것이고, 두 번째는 생물학적 본능에 충실한 종의 보존에 의해서인 것이다. 나는 이것을 수없이 역설해 온 바가 있으므로, 이 두 가지 방법은 더 이상의 설명이 필요 없을 것이다.

오늘날 우리 인간들은 자연과학의 성과에 힘을 입어, 어떤 날짐승들보다도 더 빨리, 더 많이, 더욱더 자유롭게 이 세상을 날아 다니게 되었고, 로버트나 인공지능을 지닌 기계 인간에 의해서 그토록 어렵고 힘든 육체 노동마저도 대체할 수가 있게 되었다. 초고속 인터넷망은 모든 사건과 소식들을 '실시간대'로 연결시켜 주고 있고, 유전자공학에 의한 '인간게놈지도'의 완성은 그처럼 꿈에도 그리던 유토피아와 영원불멸의 삶을 안겨주게 될는지도 모른다. 하지만 우리는 그 자연과학의 성과에 반하여, 너무나도 많은 것을 잃어버리고 있는 것인지도 모른다. 신의 죽음, 형이상학의 종말, 학문, 도덕, 풍습의 미덕, 인간의 죽음, 문자 매체의 쇠퇴, 모든 이데올로기적인 대립의 종식, 나날이 행복해 지기보다는 점점 더 불행해져 가고 있는 삶—, 바로 이것이, 또한 오늘날의 자연과학의 성과가 아니던가? 나는 지금 이 순간에도 더 이상의 자연과학의 탐구를 유보시키고, 탈현대 자본주의 사회로부터 신화의 시대로 되돌아 가야 한다고 생각하고 있다. 자연과학자들은 자본가들에게 고용된 살인청부업자들이며, 단지는 것마다 그 모든 것이 황금이 되게 하는 미다스 왕의 후예들일 뿐이다. 형이상학은 인본주의의 토대이며, 만일, 형이상학이 종말을 고한다면, 우리 인간들의 시도, 예술도, 삶도 그 모든 것이 종말을 고하게 될 것이다. 형이상학을 말살시키는 자연과학의 날개는 가짜의 날개—옛날에는 형이상학(종교)이 자연과학의 숨통을 조인 바가 있지만, 이제는 자연과학이 형이상학의 숨통을 조여대고 있다는 점에서—이며, 형이상학만이 우리 인간들의 두 발에 날개를 달아주고, 잃어버린 낙원을 되찾아 줄 수도 있을 것이다. 나는 우리 인간들의 삶의 본능을 옹호하는 낙천주의자로서, '무신론의 근본원인'이 되는 자연과학을 비판하고, 형이상학을 옹호하지 않을 수가 없었다. 왜냐하면 우리 인간들은 날이면 날마다 형이상학의 날개를 달고 날아 다녀야 하기 때문이고, 또한, 우리 인간들의 첫 번째 삶의 양식인 '상승주의의 미학'을 완성해야 하기 때문이다. 나는 '상승주의의 미학'에서 삶의 본능을 옹호하고, '하강의 깊이'에서는 죽음의 본능을 옹호하게 될 것이다. 삶의 본능과 죽음의 본능은 우리 인간들의 가장 중요한 삶의 두 양식이라고 하지 않을 수가 없다.

사상의 힘; 그 독수리의 날개짓으로!

나는 지금까지 '상승주의 미학'의 토대는 형이상학이고, 우리는 형이상학의 토대 위에서만이 인공날개가 아닌 자유로운 '비상의 꿈'을 펼쳐보일 수가 있다는 점을 역설해온 바가 있다. 형이하학(자연과학)은 문명과 문화의 건설이라는 구호 아래, 모든 인본주의를 말살하는 인공날개를 달아주지만, 형이상학은 인본주의를 토대로 하여 인간과 인간, 인간과 사물, 인간과 세계가 평화롭게 공존할 수 있는 상상력의 날개와 정신의 날개, 그리고 지혜의 날개를 달아주고 있다고 하지 않을 수가 없다. 비상의 꿈의 기원이 비상콤플렉스이며, 우리 인간들의 역사는 그 비상콤플렉스를 극복해온 역사이긴 하지만, 아름답고 행복한 인간은 자기 자신의 더러운 천역을 위대한 성역으로 변모시키면서, 우리가 살고 있는 이 세계를 더없이 아름답고 행복한 지상낙원으로 변모시켜 왔다고 해도 과언이 아니다. 나는 기사도적인 모험 정신과 성자의 영웅주의를 무한히 찬미하는 낙천주의자이다. 그렇다면 우리는 어떤 모습으로 날아 다녀야 하며, 그 이상적인 모델로서의 날짐승은 무엇일까라는 문제와도 마주하지 않을 수가 없다. 신들 중의 신인 제우스의 신조神鳥도 독수리이고, 니체의 짜라투스트라의 신조神鳥도 독수리이다. 독수리는 새들 중의 새이며, 해마다 계절 따라 이동하는 떠돌이—철새가 아니다. 독수리는 가장 높이 자유롭게 날아 다닐 수도 있지만, 그 반면에, 가장 깊은 곳까지 가장 탁월하게 관찰하고 통찰할 수 있는 새라고 할 수가 있다. 독수리는 그의 강력한 적도 대수롭지 않게 여기며, 어떠한 장애물이나 그 고통 앞에서도 결코, 자기 자신의 용기를 잠재우지 않는다. 독수리는 항상 정확하고 빈틈이 없고, 그의 자유로운 영혼은 모든 것을 발밑으로 내려다 볼 줄 아는 하늘의 제왕이다. 독수리는 삶의 지혜의 전수자이며, 하늘의 제왕이다. 만일, 우리 한국인들이 내가 그토록 역설한 대로 염세주의의 토양을 극복하고 '낙천주의라는 사상의 숲'에 그 둥지를 틀게 된다면, 하늘의 제왕인 독수리가 그 먹이(지혜와 사상)를 날라다가 줄 것이다. 낙천주의자의 근본신조는 고통에 고통을 가중시키며, 사회 자체를 변혁시키려고 노력한 인간이 그의 예언자적인 지성과 밝은 통찰력으로, 무지하고 우매한 대중들, 즉 만인들을 이끌어 나가야 된다는 것이다. 낙천주의자는 그의 지혜와 용기와 성실함으로 거듭 거듭 자기 갱신을 이룩한 인간이며, 그 위대한 인간의 한 마디, 한 마디의 말에는 인간이라는 종의 건강과 그 행복과, 그가 소속된 국가와 그 구성원들의 미래의 운명이 담겨 있을 수밖에 없다. 민주주의, 기독교, 불교, 만인평등주의는 고귀하고 위대한 인간들을 더없이 비굴하고 천박하게 타락시키는 생명부정에의 의지이며, 염세주의자들이 가장 좋아하는 중독성 마약일 수밖에 없다. 고귀하고 위대한 것은 고귀하고 위대한 인간에게, 더럽고 추한 것은 더럽고 추한 인간에게! 나는 독수리의 눈과 지혜로, 그리고 독수리의 가장 날카로운 부리와 그 발톱으로, 더럽고, 추하고, 이 지구상에서 생존해 있다는 것이 더없이 부끄럽고 수치스러운 우리 한국인들에게, 나의 낙천주의 사상을, 마치, 최후의 진술처럼, 가장 자신 있게 들려 줄 수가 있다.

독수리는 떠돌이—철새가 아니고, 삶의 본능의 옹호자이다. 독수리는 염세주의자도 아니고, 삶의 본능을 옹호하는 낙천주의자이다. 어린 양들은 독수리가 나쁘다고 말하지만, 독수리는 어린 양들을 무척이나 좋아한다. 왜냐하면 어린 양의 고기는 맛 있고, 영양가가 풍부하고, 어린 양들의 살코기의 힘으로 그 위대한 독수리는 하늘의 제왕이 될 수가 있기 때문이다. 하지만 한국 현대시문학사에서 대단히 아쉬운 점은 이 하늘의 제왕의 모습이 거의 보이지 않고 있다는 점일 것이다. 가령, 예컨대, 최승호는

> 대머리독수리는 미국의 國鳥이다.
> 흰 대머리의 수리,
> 복면을 쓴

백악관의
두리번거리는 파란 눈들,
높이 떠서 넓은 적과 먹이를 살피는 눈들.

짐승의 세계에선 오직 강한 자만이
큰 자유를 누리는 법이라고
거대한 날개의
대머리독수리떼가
발톱에 대포알을 움켜쥐고 대륙을 횡단한다.
— 최승호, 「대머리독수리 1」 전문

라는 시에서처럼, 「대머리독수리」라는 연작시를 쓴 바가 있지만, 그것은 그의 배타적인 반미주의와 함께, 그의 염세주의를 되풀이 강조한 것에 지나지 않는다. "대머리독수리는 미국의 國鳥이다"라는 시구가 그렇고, "거대한 날개의/ 대머리독수리떼가/ 발톱에 대포알을 움켜쥐고 대륙을 횡단한다"라는 시구가 그렇다. 물론 반미주의적인 정서는 아직도 유효하고, 그의 염세주의마저도 '실레노스의 지혜'의 문맥 내에서는 그 일면의 타당성이 있을 수가 있다. 하지만, 왜, 가장 영리하며 하늘의 제왕인 독수리가 묵살의 대상이 되고, 모든 시인들의 신경질적인 강박관념의 대상으로까지 확대되어 왔던 것일까? 어느덧 우리 한국인들은 진정으로 자기 문화를 형성할 수 있는 용기를 상실하고, 이처럼 무의미한 체념과 염세주의만을 되풀이 강조하고 있는 것이나 아닐까? 과연, 우리 한국인들이 이처럼 뿌리가 깊은 염세주의를 극복하고, 적의 건강, 적의 지혜, 적의 위대함, 적의 이로움, 적의 행복, 그리고, 위대한 제국의 꿈과 그 전략을 제대로 이해할 수 있는 날이 도래할 수 있기나 한 것일까? 한국 현대시의 주요한 흐름은 아직도 염세주의이며, 그러기에는 우리 한국인들은 너무나도 힘이 없고, 용기도 없고, 이처럼 망국적인 배타적 감정만이 있을 뿐인 것이다.

셰익스피어가 영어와 영국인의 영광을 위해서 그의 글을 썼고, 알렉산더가 총과 칼의 성과가 아닌, '문화의 성과'—'알렉산드리아 문화—에 의해서 세계정복운동을 펼쳐나가려고 했듯이, 세계정복운동은 이 세상에서 가장 고귀하고 훌륭한 운동이며, 영원한 제국을 건설할 수 있는 운동이라고 하지 않을 수가 없다. 수많은 이민족을 정복하고 그 영토를 빼앗는다는 것, 외부의 침입자의 궤변으로 이민족의 문화를 박멸하고 자기 문화를 강제한다는 것, 원주민을 노예계급으로 거느리며 지배계급이나 귀족계급이 된다는 것, 자기 민족은 세련된 말과 가볍고 화려한 옷과 한가함과 나태함 속에서도 예술과 취미활동을 하게 하고, 그 반면에, 이민족에게는 전면적인 관리체계로써 법률과 질서와 노동을 강요한다는 것, 바로 이러한 것들이 제국주의자들의 덕목이라고 할 수가 있을 것이다. 알렉산더, 줄리어스 시이저, 아우구스투스, 징기스칸, 나폴레옹 등이 그 제국을 건설했던 자들이며, 지난 20세기의 레닌, 스탈린, 히틀러, 아이젠하워, 케네디, 레이건 등도 바로 그러한 자들이라고 할 수가 있다. 제국의 역사는 세계정복운동의 역사이며, 전쟁을 기피하고 적을 강력하게 해주면 반드시 멸망하게 되어 있다. 모든 유기체에게 있어서 자기 영역의 확대는 최고선이며, 자기 영토의 손실은 최악의 손실이 된다. 아시아의 대부분의 국가들은 지나치게 평화를 사랑하고 적을 이롭게 해준 댓가로 서구의 제국주의자들의 야만적인 폭력 앞에서 자기 나라와 그 주권을 빼앗기는 수모를 겪지 않으면 안 되었다. 우리 한국인들도 '대한제국'이라는 말이 무색하게, 자기의 몸과 꿈을 한없이 낮추고 事大主義를 최고의 이상으로 삼을 수밖에 없었던 것이다. '당나라'라는 외세의 힘에 의지하여 삼국을 통일했던 신라, 그 신라가 삼국을 통일한 것은 그러나 하나의 말장난일 뿐, '당나라'를 식민지 본국으로 섬겨오는 결과를 낳지 않을 수가 없었던 것이다. 따라서 고려 시대에는 '몽고'의 식민지가 되고, 그 몽고를 지나치게 섬긴 결과, '명나라'를 섬겨야 한다는 이성계의 위화도 회군을 낳지 않았던가? 조선 시대에는 '명나라'에 대한 충성이 지나쳐 '청나라'를 간과하고, 그 청나라의 장군 앞에서 마침내 무릎을 꿇어야만 하는 치욕을 겪어야만 하지 않았던가? 또, 그리고, 그 청나라에 대한 충성이 지나쳐 '일본'을 간과하고, 대일본 제국주의 앞에서 나라를 빼앗겨야만 하는 국치를 겪어야만 하지 않았던가? 그렇다면 과연, 오늘날은 어떠한가? 소련과 미국에 의한 한반도의 강점의 결과로 한국전쟁을 겪어야만 했고, 이 세계에서 유일한 분단국가로 모든 부패의 잔치판을 벌이고 있지 않던가? 이 모든 것이 자기 스스로 몸과 꿈을 낮추고, 세계정복운동을 펼쳐보지 못한 결과일 뿐인 것이다. 한국 전쟁 이후, 총과 칼로 수많은 민심을 짓밟고 그처럼 가혹하고 잔인했던 '군사독재정권'을 옹호하며, 한국 사회의 민주화를 짓밟았던 미국에게, 與野의 대선주자들의 충성의 경쟁은 차마 눈 뜨고 볼 수 없을 정도이다. 우리 한국인들의 대외 협상의 신조는 첫째도 事大主義이고, 둘째도 事大主義이며, 셋째도 事大主義이다. 따라서 이 사대주의가 이 땅의 지배계급의 인사들에게 그처럼 엄청난 부와 명예와 권력을 안겨주고, 그들은 급변하는 국제정세를 망각한 채, 배부른 노예계급의 안락함으로 어떠한 변화마저도 싫어한다. '대당절의', '대원절의', '대명절의', '대청절의', 친일파의 '대일절의', 친미파의 '대미절의'가 바로 그것이다. 오늘날 이 땅의 지배계급의 인사들에게는 사대주의가 최고의 사상과 이념으로 되어 있으며, 그 사상과 이념 앞에서는 국가의 이익과 미래는 없고, 사소한 개인들의 이익과 명예만이 있을 뿐이다. 동아시아에서 가장 아름다운 터전인 대한민국을 전쟁 한 번 제대로 해보지도 못한 채, 당나라와 원나라와 명나라와 청나라에 이어서 일본과 소련과 미국에게 내어준 우리 한국인들, 우리 한국인들의 근본신조는 '나는 눈 앞의 이익만을 생각한다, 고로 존재한다'가 될 것이다. 이 땅의 피지배계급의 인사들은 염세주의로 신음을 하고 있고, 이 땅의 지배계급의 인사들은 사대주의로 디룩디룩 살찐 돼지가 되어가고 있다. 고귀하고 위대한 것은 고귀하고 위대한 민족에게서 성취되고, 그것은 영원한 제국의 꿈으로써 나타나고 있다고 하지 않을 수가 없다. 나는 오늘날의 미 제국주의를 혐오하면서도 동경하고 있다.

꿈에서 본 몇 집밖에 안 되는 화사한 小邑을 지나면서

아름드리 나무보다도 큰 독수리가 날아가는 것을 보면서

來日에 나를 만날 수 없는
未來를 갔다

소리없이 출렁이는 물결을 보면서
돌뿌리가 많은 廣野를 지나
— 김종삼, 「生日」 전문

우리 인간들이 오늘날 우주왕복선을 쏘아 올리고, '스타워즈 계획'을 세울 수가 있을 만큼 고급문화인이 된 것은 만물의 영장으로서 '사유하는 능력'에서 비롯된 것이라고 할 수가 있다. '이해하는 자는 날개가 있고, 지혜는 가장 빠른 새'라는 힌두경전의 경구가 있는데, 그것은 두 발 달린 인간이 그의 '이성'과 '사유'에 의하여 하늘을 날게 되었다는 사실과도 매우 일치하고 있다. 인간은 자기 자신의 이성에 의하여 과거의 문화유산을 축적하고, 그 문화유산의 힘으로 미래를 향하여 힘차게 날아가게 된 것이고, 지금 이 순간마저도 미래의 날아 다니는 인간, 즉, 새로운 인간의 이상형을 창출해 내기 위한 투신의 계기로 삼고 있는 것인지도 모른다. 지혜, 용기, 성실은 아무리 강조한다고 하더라도 지나침이 없을 정도이다. 김종삼은 그 지혜, 용기, 성실로 그의 '생일'을 맞이하게 되었고, 이 세상을 보다 넓고 아름답고 풍요롭게 바라다 보게 되었다. 그에게는 사납고 험상궂은 날씨와 거친 파도마저도 두렵지가 않고, "돌뿌리가 많은 광야"마저도 어렵거나 힘들지가 않다. "꿈에서 본 몇 집 밖에 안 되는 화사한 소읍을 지나며" "아름드리 나무보다도 큰 독수리가 날아가는 것을" 바라보는 그에게는 사납고 험상궂은 날씨와 거친 파도쯤은 순풍에 돛단배처럼 보이고, "돌뿌리가 많은 광야"마저도 내일이면 황금의 옥토로 변모될 평야지대에 지나지 않는다. 그는 "아름드리 나무보다도 큰 독수리"이며, "내일에 나를 만날 수 없는/ 미래"의 인간이기도 하다. '생일'이 또다른 '나'를 탄생시키고, 또다른 '나'가 또다른 '생일'을 만들어 내면서, "화사한 소읍"은 제우스의 신전이 된다. 이처럼, 이 땅을 벗어날 수도 없고, 이 땅에 매여 살아야만 하는 인간, 그러나 그 인간이 중력의 힘을 벗어나 우주왕복선을 쏘아올리고, 빛보다 더 빠른 속도로 우주 정복을 꿈꾸고 있는 것은 자기 자신의 '이성'이라는 날개가 있기 때문이다. 우리는 날이면 날마다 인간 조건과 그 한계상황을 뚫고 날아오르기를 꿈꾸며, 그 '날아오름'은 이 세상의 삶의 본능의 옹호가 된다. 삶에의 의지는 비상에의 의지이며, 상승주의의 미학 속에서만이 우리 인간들의 삶에 대한 찬가가 울려 퍼질 수가 있는 것이다. 너는 어떤 사유의 힘으로, 어떤 사상의 힘으로 너의 두 발에 날개를 달고, 하늘 나라의 천사처럼, 보들레르의 '알바트로스'처럼, 김종삼의 '거대한 독수리'처럼, 우리 인간들의 하늘 위로 아름답게 날아가고 있는가? 나는 우리 한국 사회처럼 신성모독이 필요한 사회도 없다고 생각하고 있다. 우리가 우리의 주체성을 이룩하고 고급문화를 형성해내기 위해서는 지난 시대의 모든 관습과 전통을 파괴하지 않으면 안 된다. '나는 신성모독을 범한다, 고로 존재한다'와 '세계는 나의 범죄의 표상이다, 고로 행복하다'라는 낙천주의자의 제일 명제를 하루바삐 육화시키고, 가장 화려하고 위대하게 세계정복운동을 펼쳐 나가지 않으면 안 된다.*

* 나는 1993년, 이「상승주의의 미학」의 '註'를 통해서 '불세출의 대형비평가' 김현을 정면으로 공격한 바가 있고, 나의 문학적 모태이자 젖줄이었던 '문학과지성사'로부터 파문을 당한 바가 있다. 10여 년의 세월이 지난 지금, 그 '註'들을 원문 그대로 제시해 보고 싶은 마음은 전혀 들지 않고 있다. 김현은 가짜 불세출의 대형비평가이며, 글 도둑질의 대가일 뿐이었다. 예컨대, 그는 '외디프스콤플렉스'를 그처럼 우려 먹었으면서도『그리스 로마 신화』와 소포클레스의「외디프스 대왕」을 읽지도 않았고, '이론적 실천'과 '실천적 이론'의 역사 철학적인 문맥을 제시하지도 않은 채, 마치 그것이 자기 자신의 이론적 성과인 것처럼 호들갑을 떨어대기만 했었다. '문학은 꿈이다'라는 명제와 '문학은 쓸모가 없는 것이다'라는 명제 역시도, 칸트의『판단력 비판』을 전혀 읽어보지도 않은 채, 골드만, 바슐라르, 아도르노, 사르트르의 그것만을 맹목적으로 추종하고, 마치 자기 자신이 세계적인 문학비평가가 된 것처럼 떠들어 대고 다녔다. 이 땅의 대형 신문들은 날이면 날마다 김현의 말들을 대서 특필하고, 그 추종자들인 정과리, 이인성, 성민엽, 홍정선, 권오룡, 이성복, 그리고 김주연, 김병익, 김치수, 황동규, 정현종, 김원일, 홍성원 등의 '열광의 도'는 마치 광신도들의 그것과도 같았다.

하지만 김현은 '사상'과 '문학이론'이 무엇인지도 모르고 있었고, 또한 그것을 어떻게 정립해야 될 것인가를 제대로 따져 볼 만한 지적 능력도 없었다.『문학과 유토피아』,『한국문학의 위상』,『말들의 풍경』,『분석과 해석』,『제네바 학파연구』,『바슐라르 연구』,「프랑스비평사」등은 그야말로 '얼치기 앎'이 어떠한 것인가를 그 무엇보다도 압도적으로 증명해 주고도 남음이 있다. 이제는, 불과 10여 년도 채, 안 되어서, 나의 비판의 칼날—나의『행복의 깊이』와「외디프스 신화의 수용양상과 재해석」(『한국문학비평의 혁명』), 그리고「김현, 정과리 비판」(『愛知』, 2000년 여름호)을 참고하기를 바란다—을 맞고, 김현의 문학비평과 그에 대한 '열광의 도'는 그 흔적조차도 찾아볼 수가 없게 되었다. 김현의 '대역죄'는 '제3세계의 문화적 풍토병'과 '비평의 만장일치제도'를 확립하고, '예의'와 '겸손함'이라는 채찍으로 어떠한 비판 세력마저도 모조리 무력화시켰다는 점일 것이다.『愛知』의 '비교문학의 장'에서 이 땅의 글 도둑질의 대가들을 그처럼 파헤치고 있는데도, 정과리를 비롯한 이 땅의 '문화권력자들'의 침묵은 그 끝간 데가 없을 정도이다. 유종호, 김현, 김윤식의 '글도둑질의 증거'가 그처럼 명백하게 드러나고 있는데도, 그것에 대한 반성과 비판의 풍토가 전혀 조성되지를 않고 있는 것이다.

나는 계간시전문지『愛知』를 창간한 사람으로서, 이 땅의 지식인들에게 그토록 수없이 '도전적이고 야심만만한 글을 써야만 된다고 역설한 바가 있다. 그러나 나 자신 이외에는 어느 누구 한 사람, 어느 지식인 한 사람이 도전적이고 야심만만한 글을 쓴 적도 없고, 기껏해야 권성우, 김정란, 이명원 등의 경우에서처럼, '문지의 인사들'보다도 열 배나 스무 배쯤의 뒤처진 실력으로 '권력 투쟁'에만 목숨을 건 자들이 있었을 뿐이었다. 서양의 사상과 문학 이론을 그토록 무자비하게 수용하고 베껴먹고 있는 한국문학의 풍토를 생각해볼 때, 한국문학에 있어서의 가장 화급하고 도전적인 과제는 '사상'과 '문학이론'의 정립일 수밖에 없는 것이다. 왜, 우리는 모든 학문과 지식의 결정체인 사상과 문학이론에 도전하지 못하고 있는 것인가? 그 이유는 아무런 '명명의 힘'도 지니지 못한 채, 비평하기보다는 기꺼이 찬양하는 풍토, 즉, '제3세계의 문화적 풍토병'과 '비평의 만장일치제도' 때문일 수밖에 없다. '사상의 신전'을 짓지 못하고 '권력의 신전'만을 지은 죄, 이것이 곧바로 김현의 '대역죄'이기도 한 것이다. 철두철미하게 공격본능이 없고 방어본능만이 있는 우리 한국인들, 철두철미하게 학문적으로 거세를 당한 우리 한국인들—, 요컨대, 우리 한국문학은 아직도 학문 이전에 있는 것이다. 나는 낙천주의의 사상가로서, 신나는 나 자신을 비롯하여 개인의 불행이나 고통에는 관심이 없다. 나는 인간이라는 종의 건강과 문명과 문화의 건설에만 관심이 있고, 따라서 내가 쏟아붓고 있는 노력은 인간의 지적 능력의 향상이다. 그러나, 지극히, 불행하게도 '한국인'이라는 가시면류관이 나의 두뇌에는 씌워져 있고, 나는 결코, 그 형벌의 고통에서 벗어날 길이 없다. 우리 한국인들은 아직도 되다가 만 민족이며, 백치와도 같은 민족이고, 영원히 치유가 불가능한 민족일는지도 모른다. 나의 우리 한국인들에 대한 사랑은 가시면류관의 고통을 받고 있고, '애국심'은 '악마의 화신'인 미국 대통령의 '좆대가리나 빨아라'라고, 민주당의 총재와 한나라당의 총재가, 이 땅의 사대주의가, 그렇게 강권을 하고 있다. 아아, 부유한 문화선진국의 국민으로서 자기 조국에 대한 애정을 망각하기란 얼마나 쉬울 것인가를, 나는 저주받은 한국인으로서 뼛속 깊이 생각해 보지 않을 수가 없다. 어쨌든 사상은 최고급의 지혜의 저장소이며, 사상의 오른쪽에는 종의 건강이, 사상의 왼쪽에는 부귀영화가 있다. 우리는 음식물을 먹고 자라는 다른 동물과는 달리, 사상을 먹고 자라며, 그 사상의 힘으로 위대한 문명과 문화를 건설한다. 사상만이 고귀한 명예이며 그 모든 것이다. 사상가는 독수리처럼 하늘의 제왕이며, 우리 인간들의 최후의 목적이며, 그 완성인 것이다.

성모독자로서, 그리고 '득죄의 수련'을 쌓고 또 쌓은 자로서, 10여년 전의 이 '註'의 한 대목을 다시 한 번 제시해보고자 한다.

모든 문학비평은 비평예술이어야 하고, 모든 비평예술은 득죄신화에 기초해 있지 않으면 안 된다. 우리 사회에는 아직도 득죄신화의 훌륭한 전범이 없다. 모든 비평예술가들은 '득죄의 수련'을 쌓아야만 한다. 한국문학의 이론적 혈로血路를 뚫기 위해서라도 선배 비평가들을 매장하고(비판하고), 더 잘 매장하고(더 잘 비판하고), 그러고도 남는 것이 있다면 프로메테우스 신화처럼 성화시켜야 될 것이다. 왜냐하면 우리들이 주체적으로 사유하고 신성모독을 범하지 않는다면, 그 어떠한 정교한 이론도 성립될 수가 없을 것이기 때문이다. 모든 비평예술은 자기 비평방법론에 대한 깊이 있는 사유와 그 성찰의 결과이지, 타인의 말과 타인의 사유에 대한 노예적인 복종 태도의 결과가 아니다. 모든 비평예술은 아주 잔인한 힘에의 의지의 결과이지, 의지박약한 박학다식博學多識의 결과가 아니다.

| 참고 문헌 |

1, 데카르트, 『방법서설』, 문예출판사, 1997

2, 서머셋 모음, 『달과 6펜스』, 문예출판사, 1985

3, 칸트, 『순수이성비판』, 일신서적, 1991

4, 니체, 『짜라투스트라는 이렇게 말했다』, 청하, 1980

5, 데리다, 『해체』, 김보현 편역, 문예출판사, 1996

6, 中村 元, 『인도사상사』, 김용식, 박재권 공역, 서광사, 1983

7, 니체, 『선악을 넘어서』, 청하, 1982

8, 쟝 보드리야르, 『시뮬라시옹』, 민음사, 1992

제3장 하강의 깊이

예수의 죽음과 그 의미

삶이란 죽음의 첫 걸음이라는 말도 있지만, 그렇다고 삶이 전적으로 죽음에 의하여 지배되고 있는 것은 아니다. 인간 존재의 무, 그 유한성의 극복이 도저히 불가능한 것이라면, 우리는 그 유한성의 한계 내에서 그 유한성을 극복해낼 수 있는 삶의 방법을 발견해 내지 않으면 안 된다. 첫째는 죽음을 자연스러운 것으로 받아들이고 그것을 삶의 완성으로 생각해야 하는 것이고, 둘째는 그 죽음이 이 세상의 삶에 대한 비방이 아닌 찬가가 되어야만 하는 것이다. 죽음을 삶의 완성으로 생각하게 되면 죽음의 공포가 없어지게 되고, 삶을 죽음의 완성으로 생각하게 되면 삶의 공포가 없어지게 된다. 양이 있으면 음이 있고, 하늘을 찌를듯한 환희의 기쁨이 있으면 생살이 찢어져 나갈듯한 고통이 있다. 삶이 있으면 죽음이 있어야 하고, 상승이 있으면 하강이 있어야 한다. 세상의 이치는 따지고 보면, 이처럼 자연스러운 순리의 흐름으로 구성되어 있는 것인지도 모른다. 나는 제2장, 「상승주의의 미학」에서 아름다운 인간—행복한 인간, 즉 영생불사하는 신적인 인간에 대하여 천착한 바가 있지만, 이제는 그 반대방향에서, 아름다운 인간—행복한 인간, 즉 죽음의 인간에 대하여 말해 보고자 한다. 「상승주의의 미학」은 우리 인간들의 삶의 본능의 옹호에 바쳐진 장이며, 「하강의 깊이」는 우리 인간들의 죽음의 본능의 옹호에 바쳐진 장이다. 왜냐하면 삶의 본능은 우리 인간들의 첫 번째 삶의 양식이며, 죽음의 본능은 우리 인간들의 두 번째 삶의 양식에 해당되기 때문이다.

예수는 어떻게 살아갔으며
어떻게 죽었을까
죽을 때엔 뭐라고 하였을까

흘러가는 요단의 물결과
하늘나라가 그의 고향이었을까
철따라 옮아다니는 고운 소리를 낼 줄 아는
새들이었을까
저물어가는 잔잔한 물결이었을까
— 김종삼, 「고향」 전문

성령에 의하여 요셉의 아내인 마리아의 뱃속에서 무염수태된 예수, 그의 의붓 아버지에 불과한 요셉의 고향으로 내려가다가 베들레헴의 마굿간에서 태어난 예수, 유태인의 왕으로 태어났지만 애굽으로 피난을 갔다가 헤롯왕이 이 세상을 떠난 뒤에 돌아오는 예수, 아버지를 도와 목수일에 종사하고 요한으로부터 세례를 받은 예수, 사십 일 동안 밤낮으로 기도한 끝에 악마의 시험을 물리친 예수, '회개하라 천국이 가까왔느리라'고 역설하면서 베드로를 비롯한 그의 제자들을 불러모으고 '가난한 자의 복'을 역설하신 예수, 오른쪽 눈이 죄를 지으면 오른쪽 눈을 빼버리고, 오른손이 죄를 지으면 오른손을 잘라 버리라던 예수, 네 이웃을 내 몸과 같이 사랑하고 네 원수마저도 사랑하라고 역설한 예수, 문둥병자, 중풍환자, 열병에 걸린 자, 혈루증에 걸린 소녀, 말 못하는 자, 앞 못보는 자, 죽은 자를 살려내고, 바람과 파도를 다스리며 물 위를 걸어다닌 예수, 빵 다섯 조각과 물고기 두 마리로 오천 명이 먹고도 남을 만큼의 이적을 베풀어 주신 예수, 가롯 유다에 의하여 십자가에 못 박힐 것을 알고, 빵을 그의 살로, 포도주를 그의 붉디 붉은 피라고 하며 '최후의 만찬'을 나눈 예수, 유태교도들에 의하여 신성모독과 대중 선동의 혐의로 체포되어 로마 총독에게 넘겨진 예수, 십자가에 못 박혀서 '엘리 엘리 라마 사박다니'라는 말을 남기고 죽은 지 사흘 만에 부활하신 예수 그리스도—. 김종삼은 기독교에 귀의하고 예수를 믿었지만, 나는 기독교인도 아니고 예수를 믿지도 않는다. 제 아무리 믿음이 '바라는 것들의 실상이요, 보지 못한 것들의 증거'라고 하지만, 예수는 역사적 인물도 아니고, 수천 년에 걸쳐서 '신화의 옷'으로 덧칠된 가상의 존재에 지나지 않는다. 예수 그리스도는 유태교들의 반대 방향에서, 사회적 하층민들이 그들의 종교적 신념과 이념에 따라 제멋대로 조작해낸 신화적 인물에 불과하다. 따라서 유태교와 기독교의 생성의 기원을 아주 엄격하고 섬세하게 추적해본 사람이라면, 신약의 『성경』처럼 기이하고 작위적이며, 인간의 양심의 탈을 쓰고 파렴치한 신화로 엮어진 책이 없다는 사실을 알 수가 있을 것이다. 신약의 『성경』은 다음과 같은 세 가지 차원에서 그 논리적인 모순을 극명하게 드러내고 있다. 그 하나는 유태민족의 민족주의와 그 역사 의식의 차원이며, 다른 하나는 세계적인 종교로서의 기독교의 차원이고, 나머지 하나는 유태교(지배계급의 종교)와 기독교(피지배계급의 종교)의 대립의 차원이 바로 그것이다.

첫 번째 유태민족의 민족주의와 그 역사 의식의 차원의 문제: '예수'의 이름은 "모든 사람들을 악으로부터 구원한다"라는 뜻의 그리스 말이며, '그리스도'라는 말 역시도 "하나님의 특별한 은총으로 하나님의 일을 맡은 사람"이라는 뜻의 그리스 말이다. 유태인의 왕으로 태어난 예수가 자기 나라의 말과 자기 나라의 역사의 옷을 입지 않고, 이민족의 말을 빌어서 그 이름을 지은 것 자체가 도대체가 터무니 없는 것처럼 보인다. 제 아무리 예수가 탄생했던 2000년 전에, 유태민족은 바빌로니아와 이집트의 뒤를 이어서 로마 제국의 노예의 삶을 살고 있었을 지라도, 유태민족의 탈을 쓰고 이민족의 언어로 자기 이름을 짓고, 이스라엘의 왕으로 자처했던 것 자체가 매우 어처구니가 없는 해프닝이 아닐 수가 없다. 비록, 하나님의 아들로서의 예수의 사명이, 이스라엘의 독립과 그 민족의 행복한 삶을 추구하는 것이 아니라, 하늘 나라의 천국과 영원불멸의 삶으로 인도하는 것이었을 지라도, 우리는 그것이 역사적 사명이 아닌, 신화적 허구임을 손쉽게 알아 차릴 수가 있다. '예수'와 '그리스도'라는 말에는 이민족의 신화들—예컨대 그리스와 페르시아와 이집트와 인도의 신화들—을 폭넓게 수용하고, 그것을 토대로 하여 '유일신'이라는 아주 기만적인 종교를 안출해 냈다는 흔적이 지울 수 없는 범죄의 그것처럼 남아 있는 것이다. 그토록 오랜 세월 동안 수많은 이민족들에게 개 같이 학대를 받고 동물적인 노예의 삶을 살던 이스라엘 민족에게는 그 무엇보다도 최우선적인 과제가 빼앗긴 나라를 되찾고, 자기 민족 국가의 재구성과 유태민족들의 평화로운 삶이 아니었던가? 그러나 예수는 로마 총독인 빌라도나 로마 제국에 대한 분노나 증오는커녕, 그 민족의 구성원들이 개 같이 학대를 받고 동물적인 노예의 삶을 사는 것에는 관심조차도 없다. "예수께서 총독 앞에 섰으매 총독이 물어 가로되 네가 유태인의 왕이냐 예수께서 대답하시되 네 말이 옳도다 하시고"(「마태복음」 27: 11)와 "검을 가지는 자는 다 검으로 망하느니라"고 했던 예수로서는 너무나도 이상하고 기이한 일이 아닐 수가 없다. 그러나 예수의 역사 의식을 괄호 속에 묶어두고 살펴보면, 이미 앞에서 말한 바가 있듯이, 문둥병자, 중풍환자, 말 못하는 자, 앞 못보는 자, 절름발이, 죽은 자를 살려내고, 물 위를 걸어다니며 빵 다섯 조각과 물고기 두 마리로 오천 명이 먹고도 남을 만큼의 이적들을 연출해 내지 않았던가? 이러한 여러 이적들을 연출해낼 수 있는 힘이 있다면 그 민족의 지상 최대의 과제인 유태민족의 독립을 쟁취해 내고, 자유와 평화는 물론, 유태민족의 우수성을 온 천하에 과시하며, 이 세상에서 가장 화려하고 찬란한 세계정복운동을 펼쳐 나가야 되지 않았을까? 유태민족의 왕으로서 유태민족의 독립운동은 지상 최대의 과제이며, 한 걸음 더 나아가, 전쟁의 명분은 언제, 어느 때나 강자의 미덕 속에서 우후죽순처럼 자라나게 된다. 예수처럼 하나님의 아들도 아니고 여러 이적의 힘을 지니지도 못한 알렉산더 대왕의 경우가 그 좋은 예에 해당될 것이다. 알렉산더 대왕은 그의 세계정복운동의 명분을 이 지상에서 전쟁이 없는 거대한 문화의 제국, 즉 알렉산드리아의 건설 속에서 찾아낸 바가 있다. 알렉산더와 그리스인들이 주체가 되고 그들의 통치 이념에 따라 움직여 나가게 될 거대한 문화제국을 건설하기 위하여, 이집트와 인도와 아랍국가들을 그처럼 잔인하고 야만적인 수법으로 함락시켰던 알렉산더—선천적으로는 선한 천성을, 후천적으로는 악한 천성을 타고 났던 알렉산더—의 명분. 따지고 보면, 예수의 유태 민족주의와 역사 감각의 마비는 예수의 무능력을 압도적으로 증명해 주며, 그의 수많은 이적들이 신화 속의 허구임을 증명해 주고도 남음이 있다.

그 다음 두 번째, 세계적인 종교로서의 기독교 차원의 문제: 안디옥교회와 사도 바울 이전, 즉 예수 시대의 기독교는 유태민족의 종교였지, 결코 세계적인 종교가 될 수는 없었다. '가나안으로 가서 모든 이민족을 죽여라', '저 할례없는 이민족들과는 한솥밥을 먹지 말아라'라는 말들에서 알 수가 있듯이, 하나님에게 선택받은 유태민족은 유태민족으로서 이민족들과 혼인을 하거나 가까이 하는 것을 엄격하게 금지시켰다. 하나님의 은총은 불모지대나 다름이 없는 이스라엘의 영토에만 국한되었고, 유태민족들은 그 작디 작은 사막지대에만 거주하면서 하나님의 은총으로 그 울타리를 쳤던 것이다. 따라서 사도 바울은 그 분노하는 하나님, 질투하고 시기하는 하나님, 이스라엘 지역만을 지상낙원으로 생각하는 속 좁은 하나님과 예수 그리스도의 뜻에 반발하여, 그 금기를 깨뜨려 버린 위대한 인물이라고 하지 않을 수가 없다. 사도 바울이 출현하기까지는 최초의 '이방 교회'인 안디옥이 그 역사적 과정을 그 무엇보다도 가장 명확하게 설명을 해주고 있는 것처럼 보인다. 안디옥 교회는 이스라엘 멸망 이후, 무명의 기독교인들에 의해서 세워진 최초의 이방 교회로서, 맨 처음에는 유태인들에게만 복음을 전파하다가, 헬라인을 비롯한 이방인들에게 그 복음을 전파하기 시작한 '이방 선교의 중심지'로 그 역할을 담당하기 시작했던 것이다. 이 안디옥 교회의 출현은 이스라엘 멸망 이후, 유태인들이 세계 곳곳으로 뿔뿔이 흩어지기 시작했다는 사실과 이제는 기독교가 더 이상의 유태민족의 종교로만 머물 수가 없었다는 사실을 말해 준다. 사랑하는 조국과 그 나라를 잃어버린 실향 민족으로서의 유태민족들이, 더 이상의 유태 민족주의만을 고집할 수 없었던 역사적 환경의 변화가 있었던 것이고, 바로 이때에, '모든 인류가 죄인이며 구원받아야 할 존재'라고 역설하면서 사도 바울이 등장하게 된 것이다. 사도 바울이 민족주의의 한계를 벗어나지 못한 유태인들에 의해서 수많은 핍박을 받은 사실이 말해 주고 있듯이, 그는 유태민족의 금기를 깨뜨려 버린 인물이며, 유태민족의 종교인 기독교를 세계적인 종교로 탈바꿈시킨 인물이다. 하나님의 아들로서 예수 그리스도는 왜 사도 바울처럼 대제사장들과 서기관들과 로마 총독을 회심시키지 못했던 것이며, 또한 왜 그는 그처럼 편협한 유태 민족주의의 한계를 벗어나지 못했던 것일까? 나는 예수의 업적(기독교를 창시한 업적) 만큼이나 사도 바울의 업적(기독교를 세계적인 종교로 탈바꿈시킨 업적)을 평가하고 있으며, 두 차례에 걸친 그의 전도 여행의 수난을 그만큼 높이 평가를 하고 있다.

그 사도 바울은

> 우리가 보니 이 사람은 염병이라 천하에 퍼진 유태인을 다 소요케 하는 자요 나사렛 이단의 괴수라(「사도행전」 24: 5)

라는 유태인들의 탄압에 맞서서,

> 인류의 모든 족속을 한 혈통으로 만드사 온 땅에 거하시게 하고(「사도 행전」 17: 26)
>
> 이방인들이 듣고 기뻐하며 하나님의 말씀을 찬송하며 영생을 주시기로 작정된 자는 다 믿더라(「사도행전」 13: 48)

라고, 모든 이방인들을 다같이 한 혈통(하나님의 자손)으로 만들고, 그들의 축복과 영생을 기도하지 않았던가? 사도 바울 이전, 즉 비유태인의 입장에서 기독교를 바라본다면, 기독교는 유태민족의 종교일 뿐이며, 그처럼 이민족을 적대시하고 배척하고 있는 구약과 신약을 하나의 경전으로 받들어 모시고, 하나님 아버지와 예수 그리스도에게 무릎을 꿇고 기도하는 것처럼 더욱더 어리석고 우매한 짓은 없는 것처럼 보인다. 할례 없는 자들, 사악하고 또 사악한 이민족들을 다같이 하나님의 자손으로 만들고 기독교인으로 개종시킨다는 것—, 바로 이 불가능을 가능케 한 것이 사도 바울이며, 거기에는 기독교가 가난한 자, 힘 없는 자, 지배당하는 자들의 종교였다는 사실이 또한 작용을 하고 있는 것이다. 예수는, 그가 역사적 인물이었든, 아니었든지 간에, 피지배계급의 종교, 즉 대중종교를 창시한 자이며, 사도 바울은 예수의 민족주의의 한계를 깨뜨려 버리고, 오늘날의 기독교를 세계적인 종교로 안출해낸 인물이다. 사도 바울이 제2의 종교의 창시자로서 그토록 가혹하고 엄청나게 탄압과 핍박을 받았다는 사실은 바로 여기에서 기인한다.

그 다음, 마지막으로 세 번째, 유태교와 기독교 차원의 문제: 유태교는 아브라함, 이삭, 야곱, 다윗, 솔로몬에서처럼 지배계급의 종교였고, 기독교는 예수, 마리아, 베드로, 사도 바울에서처럼 피지배계급의 종교였다. 유태교는 지배계급의 입장에서 부유한 자, 힘 있는 자, 지배하는 자의 미덕을 옹호하고, 기독교는 그것에 반발하여 가난한 자, 힘 없는 자, 지배당하는 자의 미덕을 옹호한다. 예수의 입장에서 바라보면, 부유한 자, 힘 있는 자, 지배하는 자는 사악하고 천당에 못가고, 가난한 자, 힘 없는 자, 지배당하는 자는 한없이 착하고 천당에 가게 된다. 이 유태교와 기독교, 지배계급의 인사들과 피지배계급의 인사들의 싸움은 '부자가 천당에 가는 것은 낙타가 바늘구멍을 통과하기보다도 더 어렵다'는 말과 '마음이 가난한 자는 복이 있나니 천국이 저희 것임이요'라는 말에서 그 무엇보다도 가장 명확하게 드러난다. 따라서 예수의 죽음은 그를 밀고한 사람들이 유태교의 대제사장과 장로들이었듯이, 유태교와 기독교의 싸움에서, 그 지배계급의 가치관을 모조리 부인한 신성모독자로서의 그것이지, 속죄양으로서의 그것이 아니다. 오늘날에도 유태인들은 예수의 역사성을 인정하지 않으며, 기독교의 교리 자체를 믿지 않는다. 그러나 기독교인들은 예수의 탄생을 메시아의 탄생으로 받아들이며, 그 출생의 근거를 구약에서 찾아낸다. 즉 하나님에 의해서 선택받은 유태민족의 타락을 더 이상 참지 못하고, 예수에 의한 대리통치의 시대가 열렸다는 것이 바로 그것이다. 유태인들에 대한 하나님의 은총이, 졸지에, 박탈되고, 예수를 통한 하나님의 친정체제가 구축된 것이다. 이 싸움은 유태교도와 기독교도들의 싸움이며, 지배계급과 피지배계급들 간의 권력 투쟁의 싸움이다. 이러한 권력 투쟁에서 패배를 한 것은 예수이며, 그의 죄목은 신성모독과 대중선동일 수밖에 없었던 것이다. 이러한 권력 투쟁에서의 패배를 못보게 하고, 그의 죽음을 모든 인간의 죄를 대속하고 죽어갔다는 대사기극이야말로 기독교적 본능의 걸작품이라고 하지 않을 수가 없다. 예수의 죽음과 부활, 그리고 그의 기독교 창시의 역사성은 후세의 기독교인들이 자기들의 종교적 신념과 그 이념에 따라서 제멋대로 조작해낸 하찮은 픽션에 불과하다.

김종삼은 그의 「고향」이라는 시를 통해서 예수의 삶과 죽음의 문제에 관심을 표명하고 있고, 그것은 그의

> 바로크 시대 음악들을 들을 때마다
> 팔레스트리나를 들을 때마다
> 그 시대 풍경 다가올 때마다
> 하늘나라 다가올 때마다
> 맑은 물가 다가올 때마다
> 라산스카
> 나 지은 죄 많아
> 죽어서도
> 영혼이
> 없으리

라는 「라산스카」나,

> 여긴 또 어디메냐

목이 마르다

길이 있다는

물이 있다는 그곳을 향하여

罪가 많다는 이 불구의 영혼을 이끌고 가 보자

그치지 않는 전신의 고통이 하늘에 닿았다

라는 「刑」에서처럼, 십자가에 못박혀 죽은 예수와 그의 수난에 초점을 맞추고, 그 아름답고 위대한 생애를 노래한 것에 지나지 않는다. 기독교인으로서의 김종삼이 예수의 삶과 죽음을 모르고, "예수는 어떻게 살아 갔으며/ 어떻게 죽어 갔을까/ 죽을 때엔 뭐라고 하였을까"라고, 노래를 부른 것은 아닐 것이다. 그는 "죄가 많다는" "불구의 영혼을 이끌고", 그 고통과 어려움을 간신히 참아내며, 과연, "하늘 나라가 그의 고향이었을까"를 半信半疑하면서 물어본 것이다. 하늘 나라가 예수의 고향이라면 그곳이 예수에게는 천국이며 유토피아이겠지만, 죄가 많은 그는 결코, 그곳에 갈 수 없다는 인식이, 예수의 생애를 반추해 보고, 더욱더 동경을 하게 했던 것인지도 모른다. 그 비극적 인식 속에는 예수는 인류의 죄를 대속하고 하늘 나라의 고향으로 승천한 인물이지만, 나는 죄가 많아 그럴 수가 없다라는 인식이 싹 터 있었던 것이다. "하늘 나라 다가올 때마다/ 맑은 물가 다가올 때마다/ 라산스카/ 나 지은 죄 많아/ 죽어서도/ 영혼이/ 없으리"라는 김종삼의 절규는, 그의 반성과 참회만큼이나 아름답고 감동적이다.

하지만 김종삼은 예수의 삶과 죽음을 오해하고 있고, 예수라는 인물이 후대의 기독교인들에 의해서 제멋대로 조작된 허구적인 인물이라는 사실을 이해하지 못하고 있다. 예수의 죽음은 '엘리 엘리 라마 사박다니'라는 말에서, 그 진상이 밝혀지게 된다. '엘리 엘리 라마 사박다니'는 '오 하나님 아버지, 오 하나님 아버지, 어찌하여 나를 버리시나이까'라는 말이며, 그 말은 인류의 죄를 대속하고 있는 예수치고는 가장 나약한 말이면서도, 그의 부활이 또다시 제멋대로 조작된 하찮은 픽션에 불과하다는 사실을 증명해 주고도 있는 것이다. 제 아무리 대제사장과 서기관들과 로마의 총독이 지켜보고 있는 가운데 십자가에 못 박힌 자의 그것일지라도, 그것을 견뎌낼 만한 힘과 부활과 그리고 하늘 나라의 영생불사의 삶이 약속되어 있는데, 그 예수가 아버지 하나님을 원망하고 있다니……, 내가 하나님 아버지라면 이처럼 못난 자식을 두 번 다시 살려주지는 않았을 것이다. 나는 이미 『어느 철학자의 행복』, 제2장 「산책에 대하여」에서, 이러한 예수를 비판하고, 예수가 성화되고 있는 것은 유태교의 가치관을 모조리 부인하고 기독교를 안출해낸 공적 때문이라는 사실을 밝혀 놓은 바가 있다. 예수가 성화될 수 있었던 것은 기독교의 창시자로서의 그것이지, 인류의 죄를 대속한 속죄양으로서의 그것이 아니다. '엘리 엘리 라마 사박다니', 즉, 예수는 인류의 죄를 대속하여 죽어간다는 긍지도 없었던 것이고, 그의 부활은 매우 조잡하고 하찮은 픽션에 불과하다. 예수의 죽음은 아름답지도 않고, 위대하지도 않다. 그는 죽음이 삶의 완성이라는 사실도 모르고 있었고, 자기 자신의 죽음의 때를 기꺼이 받아들이지도 못하고, 이 세상의 어중이 떠중이들처럼, 염세주의적인 공포 속에서 그 죽음을 맞이했던 것이다. 한 사람의 일생은 그 사람의 죽음을 보면 알 수가 있는 것이고, 예수의 죽음은 신이나 순교자의 그것이기는커녕, 행복한 인간의 그것이라고도 할 수가 없는 것이다.

우리 한국사회에서 정체성을 가지려면 불교인과 기독교인이 되는 것이 가장 좋은 방법일는지도 모른다. 그리고 불교인과 기독교인에 걸맞는 사고방식을 갖게 된다면, 그가 한국사회를 살아가는 데는 별다른 불편을 느끼지 않아도 될 것이다. 하지만 불교와 기독교 간의 서로 다른 정체성의 제공은, 종교와 종교, 그 신자와 신자들 간의 대립 갈등으로 이어지고, 우리 한국사회를 더 큰 분열의 수렁 속으로 몰아갈 위험성도 있다. 지금은 불교와 기독교가 다같이 매우 자제를 하고 있기는 하지만, 언젠가는 다른 종교에 매우 배타적인 기독교의 '유일신 사상'이 종교 분쟁의 도화선이 될는지도 모른다. 아무튼 종교는 개인들의 성장과 성숙보다는 그들의 몰주체성과 미성숙을 제도화시키고 종교의 교리와 사제 계급에게만 의존하게 만든다. 신성은 두려움과 매혹, 존경과 공포가 그 특징인데, 기독교는 그 신성의 입으로 우리 인간들의 사후 세계를 이렇게 말한다. 하나님을 믿고 귀의하면 너는 천당에 갈 것이고, 그렇지 않으면 지옥에 가게 될 것이다. 천당은 우리 인간들을 유혹하는 당근이고, 지옥은 우리 인간들을 가차없이 몰아부치는 채찍이다. 엘리 엘리 라마 사박다니라는 예수의 손에 채찍이 들려 있다니, 나 원 참, 기가 막혀서 말이 나오지를 않는다. 적어도 엘리 엘리 라마 사박다니의 예수는 자기 자신의 삶을 죽음으로써 완성할 수도 없었고, 그 채찍을 들고 있을 자격도 없다. 따라서 예수의 생애와 그 부활을 팔아먹고 사는 사제계급들의 대사기극은 더욱더 가증스럽고 영악하기 짝이 없어 보인다. 영혼불멸이나 영원불멸의 삶은 공허한 말장난에 지나지 않으며, 그것은 '예수의 죽음'이 더없이 천박하고 어리석었기 때문일는지도 모른다.

죽음이란 무엇인가: 아름다운 죽음—예술적인 죽음에 대하여

예수의 일생은 불운했고 그의 죽음은 아름답지도 못했다. 예수는 왜 그처럼 죽음이 두려웠던 것이며, 도대체 그 죽음을 우리 철학자들은 어떻게 설명할 수가 있는 것일까? 나는 죽음을 체험해 보지 못했지만, 이제부터는 낙천주의자로서 내가 생각하고 있는 죽음에 대하여 말해 보고자 한다. 그리스 신화 속의 실리노스라는 인물은 '이 세상에 태어나지 않는 것이 최선이며, 곧바로 죽어버리는 것이 차선'이라고 말한 바가 있다. 왜냐하면 이 세상의 삶은 고통의 연속이고 죽음으로써 그것의 극복이 가능하다고 보았기 때문이다. 실레노스의 제자로서의 쇼펜하우어는 이 세상의 삶을 고통과 권태의 왕복운동으로 이해하고 그의 염세주의의 철학을, 사상과 이론의 차원에서, 보다 더 정교하고 구체적으로 역설해 놓은 바가 있다. 이 세상의 고통을 지옥으로 추방해 버린다고 하더라도 천국에는 권태밖에 남아 있지 않다는 것, 따라서, 무욕망—무집착을 통해서 자살자의 삶이 아닌, 성자의 삶을 살아가라는 것이 그의 염세주의 철학의 핵심적인 주제라고도 할 수가 있는 것이다. 실레노스는 죽음을 삶의 해방으로 바라보았고, 쇼펜하우어는 죽음을 삶의 완성으로 바라보았다. 실레노스가 이 세상의 삶에 대한 어떤 의미도 부여하지를 않고 '離身解脫'을 주창했다면, 쇼펜하우어는 자살자가 아닌 성자의 삶, 즉 '生前解脫'을 주창했다고도 할 수가 있는 것이다. 실레노스와 쇼펜하우어의 철학은 매우 커다란 차이가 있긴 하지만, 그들은 다같이 이 세상의 삶의 의미를 부정하고 삶의 공포와 죽음의 공포를 제거해 버린 인물들이라고 하지 않을 수가 없다. "삶이란 죽음의 첫 걸음이며 사망은 탄생의 결과(마닐리우스)"이다(1: 63 재인용)*. 그런데도 우리 인간들이 이 세상의 삶만을 희원하고 저 세상의 삶을 두려워한다는 것은 영생불사의 삶에 대한 욕망이 지나쳐, 삶과 죽음에 대한 자연의 이치를 제대로 인식하지 못하고 있기 때문이다. 나는 실레노스와 쇼펜하우어의 철학을 삶에의 의지의 부정으로 생각하고, 또, 그만큼 사악하고 나쁜 철학으로 생각하고 있지만, 그들이 다같이 '영생불사의 삶'에 집착하고 있지 않다는 점에서, 그들의 사상을 전면적으로 무시하거나 배척하지는 않고 있다. 죽음이 없고 탄생만이 있는 삶과 영원히 노쇠하지 않는 인간과 그 인간들과

---

* (1: 63)은 1의 책 63면을 말한다.

의 관계만이 있는 삶을 생각해 보라! 바로 그곳에는 이 세상의 삶에 대한 권태와 환멸로써 강도, 강간, 살인, 약탈, 방화, 싸움, 전쟁이 날이면 날마다 또다른 축제처럼 벌어질 것이며, '암살자 협회'와 '자살자 협회', 그리고 '저격수 협회'가 '휴머니즘'의 간판을 달고 우후죽순처럼 생겨나게 될는지도 모른다. 내가 제2장에서 역설했던 '아름다운 인간—행복한 인간, 즉 영생불사하는 신적인 인간'에 대한 옹호는 삶의 본능의 옹호로써의 그것이지, 죽음의 본능에 대한 배척과 단죄의 결과로써가 아니다. 나는 '아름다운 인간—행복한 인간, 즉 영생불사하는 신적인 인간'을 옹호하고 있는 그만큼, '아름다운 인간—행복한 인간, 즉 죽음의 인간'을 옹호한다.

그렇다면 우리 인간들은 죽음을 어떻게 생각해야 하며, 또 그것을 어떻게 받아들여야만 하는가? 이 질문은 가장 중요한 질문이며, 어떤 인간도 피할 수가 없는 질문이다. 죽음은 생물학적으로 신체의 소멸을 뜻하고, 이 세상의 삶의 종말을 뜻한다. 모든 유기체들은 태어나면 이윽고 죽게 된다. 이것이 자연의 법칙이며, 우리는 그 삶과 죽음이라는 한계 내에서 소년기, 청년기, 장년기, 노년기의 삶을 살아가게 된다. 만일, 우리 인간들의 인생이 삶과 죽음이라는 시간과 공간에 갇혀 있고, 그리고 또 그것을 극복할 수가 없는 것이라면, 바로 이 지점에서, 발상의 전환이 아닌 인식의 전환을 서두르지 않으면 안 된다. 즉, 죽음을 삶의 완성으로 생각해야 하고 삶을 죽음의 완성으로 생각하지 않으면 안 된다. 죽음을 삶의 완성으로 생각하면 죽음의 공포가 없어지게 되고, 삶을 죽음의 완성이라고 생각하면 삶의 공포가 없어지게 된다. 어떻게 죽음을 삶의 완성이라고 생각하고 있는 자가 성공과 실패, 혹은 승리와 패배라는 게임의 결과를 받아 들이지 못하고 죽음을 두려워할 수가 있겠으며, 또한 어떻게 삶을 죽음의 완성이라고 생각하고 있는 자가 비굴하게 목숨을 구걸하며 '엘리 엘리 라마 사박다니'를 부르짖고 있을 수가 있단 말인가? 죽음을 삶의 완성으로 생각하고 삶을 죽음의 완성으로 생각하게 되면, 이 세상을 살아가야 할 때와 죽어가야 할 때를 알게 되고, 그 모든 미망의 늪에서 벗어나, 가장 아름답고 멋진 예술적인 죽음을 완성하게 된다. 인생이란 한 편의 예술이며, 예술이란 우리 인간들의 삶을 끊임없이 옹호하고 찬양하는 것이 아니던가? 그리고 그 삶의 본능의 옹호가 인간 조건의 한계와 그 유한성 속에서 대단원의 막을 내리며, 우리 인간들의 삶을 완성하던 것이 아니던가? 이러한 낙천주의 철학 속에는 실레노스와 쇼펜하우어의 염세주의 철학—이 세상의 삶을 부정하고 있다는 점에서—과 '엘리 엘리 라마 사박다니'의 예수, 그리고 비록, 노예의 삶일지라도 이 세상의 삶을 희원했던 아킬레스의 말이 그 설 땅을 마련할 수가 없다. 우리는 영생불사의 삶을 거절하고 유한한 인간 존재의 삶을 선택했던 오딧세우스와 삶의 본능의 옹호자였던 호머의 후예들일 뿐이다.

나도 한때는 詩人이고자 했었노라, ㅎㅎㅎ
굉장히 열심히 세수도 않고 다니고
때묻은 바바리 코우트의 깃을 세워 올리면서
봉두 난발한 머리카락의 비듬을 자랑했거니,
이미 내 등이 꺼꾸정하게 굽은 뒤에
형사 콜롬보가 기막힌 포옴으로 수입되었었노라
무엇인가 비웃는 듯한 미소를
하시라도 지우지 않으려고 노력하면서
먼 허공에서 아물거리는 하늘과,
바람과 별과 詩만을 바라보는
내 순수 고독의 시선하며
그것을 담은 詩展 팜플렛을, 오호호

저 무지 몽매한 중생들에게
노나 주었었노라

항상 국가와 민족의 앞날을
걱정하면서, 우주 평화를 걱정하면서
尹東柱의 혈서를, 에즈라 파운드를
옆구리에 끼고 다녔었노라
어디 나도 한번 머엇있게 살아 볼려고
오른손을 번쩍 번쩍 치켜 들면서
인생이란 뭐 다 그런 거라고, 아무 때고간에
떠나고 싶을 때 훅 떠날 수 있는 거라고
목에 힘 꽉 주어 엄격하게 단언하면서
귀족처럼 우아하게 酒店 할미집을
들락거렸었노라
— 박남철, 「詩人演習」에서

만일, 그렇다면, 우리 인간들의 죽음은 한계가 아니라 무한한 가능성이다. 죽음은 자기 자신의 삶을 가능케 하는 가능성이며, 그 죽음이 있기 때문에, 우리 인간들은 자기 자신의 삶을 완성하게 된다. 박남철의 「詩人演習」은 삶의 연습이고, 죽음의 연습이다. 그는 '시인'이라는 그 삶을 가능케 하기 위하여, "인생이란 뭐 다 그런 거라고, 아무 때고 간에/ 떠나고 싶을 때 훅 떠날 수 있는 거라고/ 목에 힘 꽉 주어 엄격하게 단언하면서/ 귀족처럼 우아하게 酒店 할미집을/ 들락거렸던" 것이다. "바람과 별과 詩만을" 바라보며 고독하게 살아가고자 했던 것도 그의 삶이며, "항상 국가와 민족의 앞날을/ 걱정하면서" 살아가고자 했던 것도 그의 삶이다. 박남철 시인은 시인이라는 '미래의 인간'을 꿈꾸고, 그 이상형을 창조해냄으로써 자기 자신의 삶을 완성해 보고

자 했던 것이다. "나도 한 번 머엇있게 살아 볼려고"라는 시구는 삶의 공포를 모르는 자의 그것에 해당되고, "인생이란 뭐 그런 거라고, 아무 때고 간에/ 떠나고 싶을 때 훅 떠날 수 있는 거라고"의 시구는 죽음의 공포를 모르는 자의 그것에 해당된다. 박남철의 「詩人演習」이 시사해 주고 있듯이, 죽음을 배운 인간은 비굴한 굴종을 모르는 인간이며, 언제, 어느 때나 자기 자신의 자유로운 삶을 살아가게 된다. 또한 그는 자기 자신을 무목표, 무의지, 무책임 속에 방기하지 않는 인간이며, 분명한 목표와 그 의지로써 자기 자신의 삶을 살아가게 된다. 죽음을 배운 인간은 분명한 목표와 그 의지를 갖고 있다. 그것을 우리는 그의 인생관과 세계관으로 설명할 수 있지만, 좀 더 분명하고 명확하게 말한다면 그의 사상(철학)으로도 설명할 수가 있을 것이다. 왜냐하면 우리 철학자들에게는 사상만이 고귀한 명예이며, 삶의 완성이며, 보다 완전한 인간의 표지이기 때문이다.

일찍이 사모스 섬 출신의 에피쿠로스는 '우리 인간들이 살아 있는 한 죽음이란 없고, 죽음이 찾아오면 우리 인간들은 존재하지 않는다'라고 역설한 바가 있다. 이 말은 삶의 공포와 죽음의 공포를 가장 멋지게 극복해낸 자만이 할 수 있는 말이며, 그는 이 명제를 통하여 이 세상의 삶을 향유할 수 있는 '쾌락주의'를 정식화시켰다고 해도 틀림이 없다. 그는 플라톤과 플라톤의 제자들을 향해서 '디오니시오콜라케스'—'참주에 아첨하는 자들'—라는 독설을 퍼붓고, 아테네 교외의 자그만 정원에 은거를 하면서 삼백 권의 책을 썼다고 한다. 오늘날 그의 저서들은 대부분이 유실되고 몇몇의 단편만이 남아 있다고 하지만, 그러나 에피쿠로스가 역설했던 쾌락주의는 '은밀한 고독'과 '사색'을 통한 정신적인 쾌락이었지, 그야말로 퇴폐적인 쾌락주의는 아니었던 것이다. 고통이 없는 마음의 평정 상태, 모든 억압으로부터의 해방과 자유, 그리고 최고의 선과 신들의 경지는 그의 철학의 핵심적인 명제들이었고, 비록, 그의 삶이 이 세상의 고통과 전면적인 싸움을 벌이지 못하고, 소승적인 한계 속으로 움츠러든 바가 있지만, 어쨌든 그는 죽음을 배운 인간으로서 아름답고 행복한 삶을 살다가 갔다고 할 수가 있다. 이에 반하여, 스토아 학파의 철학자들은 에피쿠로스 학파의 철학을 '창녀의 철학'이라고 단칼에 베어버리고 "돌과 벌레, 유리의 파편과 전갈을 구역질 없이 삼킬 수 있도록 자기 자신들을 훈련시키고", 도시의 부랑자나 거지와도 같은 삶을 살다가 갔다고 한다(2: 253). 스토아 학파의 창시자는 제논이며, 그는 무척이나 인내심이 강한데다가 소박하고 검소한 생활을 즐겼다고 한다. 제논의 죽음은 앎과 행동의 일치를 극단적으로 보여주고 있는데, 왜냐하면 어느 날 발을 다치자, 신이 자기 자신을 부른 것으로 생각하고 일흔 두 살이라는 나이로 그 최후를 장식했기 때문이다. 그들의 생활 철학은 두 손으로 물을 떠 마시기 위해서 자기 자신들의 쪽박을 깨뜨려 버리는 철학이며, 알렉산더 대왕이 제의했던 부귀영화보다도 한낮의 따뜻한 햇볕을 더 소중하게 생각했던 철학이다. 스토아 학파의 금욕주의는 자연의 이치에 따르는 금욕주의이며, 에피쿠로스 학파의 반대 방향에서, 그 금욕주의를 '최고의 선'과 '신들의 경지'로 생각했던 금욕주의이다. 에피쿠로스 학파의 철학자들은 조용한 전원 도시에 은거하면서 정신적인 쾌락을 즐겼고, 스토아 학파의 철학자들은 도시의 부랑자나 거지와도 같은 삶을 살면서, 그들의 금욕주의를 즐겼다. 에피쿠로스 학파의 철학자들은 조용한 전원 도시에서 수많은 청중들이 없어도 견딘 반면, 스토아 학파의 철학자들은 수많은 청중들과 함께, 조용한 전원 도시의 삶을 외면할 수밖에 없었다. 에피쿠로스 학파와 스토아 학파의 철학자들은 서로가 서로에게 '창녀의 철학'이니, '퇴폐주의의 철학'이니, 라고 독설을 퍼부어 댄 것은 사실이지만, 그들의 쾌락주의와 금욕주의는 동전의 양면과도 같다고 하지 않을 수가 없다. 어떻게 조용한 전원 도시에 은거하고 있는 자들을 쾌락주의자들이라고만 할 수가 있겠으며, 또한 어떻게 수많은 청중들과 함께, 다소 냉소적이고 풍자적인 쾌락을 즐긴 자들을 금욕주의자들이라고만 할 수가 있겠는가? 에피쿠로스의 쾌락주의가 스토아 학파의 금욕주의이고, 스토아 학파의 금욕주의가 에피쿠로스 학파의 쾌락주의이다. 모든 것은 우주로 통하게 되어 있다. '창녀의 철학'이니, '퇴폐주의의 철학'이니, 하는 말들은 그 우주를 보지 못한 인간들의 독설에 지나지 않는다. 어쨌든, 에피쿠로스 학파의 쾌락주의나 스토아 학파의 금욕주의는 모두가 다같이 삶의 공포와 죽음의 공포를 극복해낸 자들의 철학이라고 하지 않을 수가 없다.

유태인들은 그들의 또 하나의 경전인 『탈무드』를 통해서 우리 인간들의 죽음을 이렇게 설명해 놓고 있다.

> 안식일에 랍비 메이어가 교회에서 설교를 하고 있을 때, 그의 두 아이가 집에서 숨졌다. 아내는 두 아이의 시체를 이층으로 옮기고 하얀 천을 덮어 주었다.
>
> 랍비가 돌아오자 아내는 '당신에게 물어 볼 말이 있습니다. 어떤 사람이 나에게 지켜 달라고 하면서 매우 값비싼 보석을 맡기고 갔습니다. 그 임자가 갑자기 맡겼던 보석을 돌려 달라고 찾아 왔을 때, 나는 어떻게 해야 좋을까요?'라고 물었다. 랍비는 '그건 즉시 임자에게 돌려 주어야 하지요'라고 대답했다.
>
> 그러자 아내는 '실은 지금 막 하나님께서 두 개의 귀중한 보석을 하늘로 가지고 돌아가셨습니다'라고 말했다. 랍비는 그 말의 뜻을 깨닫고 아무 말도 하지 않았다(3: 24).
>
> —「하나님이 맡긴 보석」 전문

『탈무드』는 유태민족의 지혜와 그들의 사상이 집약되어 있는 경전이다. 그들은 삶의 공포와 죽음의 공포를 다스리기 위해서 전지전능한 신을 상정하고, 모든 것을 그 신의 뜻으로 이해하고 받아들일 수밖에 없었다. 유태 민족의 '신의 뜻'에 따른 순리는 에피쿠로스 학파와 스토아 학파의 '자연의 이치'에 따른 순리와도 그렇게 크게 다른 것이 아니다. 유태 민족은 자연의 이치를 신의 뜻으로 받아들이고, 그것의 결과에는 전혀 개의치 않는 모습을 보여주고 있다. 사랑하는 두 아이의 죽음마저도 '하나님이 맡긴 보석'으로 이해하고 모든 슬픔들에서 초연해 있는 듯한 태도, 그리고 그 아이들이 유한한 인간 존재에서 영생불사의 인간으로 변모되었을 것이라는 믿음, 바로 이것이 삶의 공포와 죽음의 공포를 극복해낸 유태 민족의 사상이었던 것이다.

유태민족의 낙천주의는 「세 사람의 친구」라는 글에서도 나타나고 있다. 옛날에 어떤 임금님이 한 사나이에게 자기 자신의 왕궁으로 들어오라는 명령을 내린 바가 있었고, 그 사나이에게는 세 명의 친구가 있었다. 첫 번째 친구는 아주 가까운 친구였고, 두 번째 친구는 첫 번째 친구만큼은 아니지만 그래도 사랑하고 있는 친구였다. 마지막으로 세 번째 친구는 그렇게 나쁜 사이도 아니었지만, 또 그렇게 친하다고도 할 수가 없는 친구였다. 그는 임금님의 뜻밖의 소환에 매우 당황했고, 도저히 혼자서 갈 용기가 없었던 모양이다. 그래서 그는 그 세 명의 친구들에게 함께 가자고 요청을 할 수밖에 없었던 것이다. 첫 번째 친구는 그 이유도 묻지 않은 채 단 번에 거절을 했고, 두 번째 친구는 비교적 담담하게 '왕궁의 문 앞에까지는 같이 가 줄 테니, 그 이상은 부탁하지 말라'고 대답했다. 하지만 전혀 기대를 걸고 있지 않았던 세 번째 친구는 "그래 좋아, 그렇다면 함께 가기로 하지. 그리고 너는 나쁜 일을 한 적이 없으니 그렇게 걱정할 것이 없어"라고, 너무나도 뜻밖에 그의 요청을 받아들여 주었던 것이다. 첫 번째 친구는 '재산'이고, 두 번째 친구는 '친척'이며, 세 번째 친구는 '선행'이다(3: 37—38). 따지고 보면, 그가 제 아무리 백만장자라고 하더라도 죽을 때는 재산을 남겨

놓고 가야 하고, 그리고 그가 죽었을 때는, 비록, 그가 제 아무리 사랑했던 친구일지라도 무덤 속까지는 따라갈 수가 없다. 그러나 호랑이는 죽어서 가죽을 남기고 사람은 이름을 남기듯이, 그의 '선행'은 그 무덤 속까지 동행을 하게 된다. 우리 인간들은 돈 버는 일을 제일 좋아하고, 그 다음으로, 수많은 친구들을 사귀는 것을 좋아한다. 하지만 자기 이웃과 타인들을 위한 선행은 그 무엇보다도 싫어하는 측면이 있는 것이다. 유태민족의 최종 심급은 죽음이며, 그들은 그들의 죽음을 삶의 완성으로 생각해 왔다고 하지 않을 수가 없다.

모든 유기체들은 태어나면 이윽고 죽게 된다. 그 자연의 이치에 따른 순리 앞에서, 우리 철학자들이 울고 웃는다는 것은 지나가는 개들이 웃을는지도 모른다. 우리가 진정으로 두렵고, 슬프고, 고통스럽게 생각해야 할 것은 죽음이 아니라, 그 죽음으로써 자기 자신의 삶을 완성하지 못했다는 사실일 것이다. 강도, 강간, 살인, 약탈, 방화, 싸움, 전쟁 등, 최선의 삶이 아닌 온갖 추악한 범죄와 사기로 얼룩진 자기 자신의 죽음이 두렵고, 슬프고, 고통스러운 것이지, 삶의 완성으로써의 죽음이 그러한 것은 아니다. 태양마차를 몰고 갔다가 추락했던 패이어손, 천마 페가수스를 길들였던 벨레로폰, 밀랍의 날개로 하늘 높이 높이 날아올라 갔던 이카루스, 그러나 그들의 때 이른 죽음은 우리 인간들의 미래의 이상형을 창출해 내기 위한 죽음이지, 슬픔의 대상으로서의 죽음이 아니다. 오딧세우스와 아킬레스의 유품을 다투다가, 그 치욕적인 불명예를 참지 못하고 자살해 버린 아이아스의 죽음, '대한독립만세'를 외치다가 비명횡사한 유관순의 죽음, 풍전등화 속의 조국을 구해 내기 위하여 장렬하게 전사한 이순신의 죽음—, 또한, 그것 역시도 의롭고 명예로운 죽음이지, 슬픔으로서의 그것이 아니다. 오점 없는 명예, 우리 인간들은 그 명예에 살고 그 명예를 위하여 죽어갈 줄을 알아야만 한다. 명예는 아름다운 인간—행복한 인간,

즉 영생불사하는 신적인 인간의 명예이며, 또한 그 반대 방향에서, 아름다운 인간—행복한 인간, 즉 죽음의 인간의 명예이기도 한 것이다. 몽테뉴는 그의 『수상록』에서, 어떤 사람에게 "당신은 하나님의 정의를 훔쳤구료"라고, 농담을 건낸 적이 있다고 한다. 그는 호된 천벌이라도 받은 듯이 하룻동안에 다 큰 자식들이 셋이나 죽어버리는 재난을 당하였는 데도, 그것을 무슨 하나님의 은혜처럼 생각을 하고 있었다고 한다. 몽테뉴는 죽음을 "자연이 주는 혜택이요, 모든 불행에 대하여 가장 잘 듣는 약방문"(1: 24)이라고 생각하면서, 우리 인간들에게 자기 자신의 죽음을 죽으라고 다음과 같이 말하고 있다.

> 하나님께서 모처럼 우리에게 이사할(죽을) 채비를 주시니 그 준비를 하자. 짐을 꾸리도록 하자. 일찌감치 친구들에게 작별 인사를 해두자. 우리를 멀리 데려다가 우리 자신에게 돌아가지 못하게 하는 저 가혹한 연루에서 벗어나자. 그러나 자기 자신만을 위해야 한다. 즉 자기 이외의 것을 갖되 그것이 우리에게서 떠날 때에 우리의 일부까지 함께 빼앗기는 일이 없도록 우리의 몸에 밀착시킬 일이다. 이 세상에서 가장 소중한 일은 자기 자신에게로 돌아가는 일을 배우는 것이다(1: 150).

그렇다. 우리 인간들은 이성적인 동물들로서 이 세상의 사물이나 식물이나 타인이 아닌, 자기 자신의 죽음을 죽을 줄 알아야 한다. 누구나 죽음 앞에서는 초보자일 수밖에 없지만, 그 삶과 죽음이라는 한계 내에서, 자기 자신의 삶을 완성할 줄도 알아야 한다. 언제, 어느 때나 자기 자신의 법정으로 돌아가 자기 자신을 그처럼 가혹하고 냉정하게 심판할 줄도 알아야 한다. 우리가 이 세상을 살아가는 것이 그처럼 어렵고도 힘든 일이라면, 그 고통의 초상이 되어감으로써 자기 자신의 삶을 완성하고, 우리가 이 세상을 살아가는 것이 더없이 기쁘고 즐거운 일이라면 그 기쁨의 초상이 되어감으로써 자기 자신의 삶을 완성할 줄도 알아야 한다. 고통도 우리 인간들의 불행의 이유가 될 수 없고, 슬픔도 우리 인간들의 불행의 이유가 될 수 없다. 날이면 날마다 이 세상에 대한 하직 인사를 하듯이 최선의 노력을 다 한다면, 패배자의 역할도, 실패자의 역할도 우리 인간들의 삶을 떠받쳐 주는 건강한 초석이 될 수가 있을 것이다. 그리고, 끝끝내, 이 세상의 삶이 그렇게 고통스럽다면, 거지의 삶보다는 자살자의 삶을 택했던 시크교도들처럼, 너는 네 자신의 의지로 자살을 하면 될 것이고, 이 세상의 삶이 그처럼 권태롭다면, 『악령』의 스따브로긴처럼, 너는 네 자신의 의지로 자살을 하면 될 것이다. 만일, 네가 네 자신의 운명의 주인공이 되고 싶다면 절대로 비겁하거나 비굴하게 굴지 말고, 타인의 행복이나 네 이웃의 행복을 질투하거나 시기하지도 말고, 이 세상의 삶을 향유할 수 있는 최선의 방법을 연출해 내려고 노력하지 않으면 안 된다. 우리 인간들의 목표(죽음=삶의 완성)는 이미, 네 의지와 상관없이 정해져 있는 것이다.

희미해진 몸의 촉수를 켠 장작들
위에 가볍게 얹히는 별빛의 무게

봄 흐드러진 사과나무꽃밭 석천사 앞뜰어서
틀어진 세월에 꽃잎을 띄워주시며
나의 서른 살을 배웅해 주셨던 지오 스님

둥글게 잘 익은 사과 한 알로 누워
눈부신 씨앗만이 남겨질 때까지
사라지므로 비로소 존재하는
먹음직한 역설을 보여주기 위해

함께 돌아갈 길과
먼저 가야 할 길을 잘 포개어
단단히 묶는 어둠이 그의 몸에

불붙인다.

사과 향기 그윽하다.
— 김명원, 「다비」 전문

나는 지금 '아름다운 인간—행복한 인간, 즉, 죽음의 인간'에 대하여 말하고 있는 것이고, 따라서 나는 아름다운 죽음, 즉, 우리들 모두가 어떠한 미련도 없이 죽고 싶게 하는 '죽음'에 대하여 말하고 있다고 해도 틀린 말이 아니다. 김명원의 「다비」는 열반의 그것이며, '최고의 선과 신들의 경지'에 해당된다고도 할 수가 있을 것이다. "사과나무꽃밭 석천사 앞뜰에서" '나'의 잘못된 삶을 바로잡아 주었던 지오 스님, 이제는 그 스님이 자기 자신의 삶을 완성하고 열반의 경지에 올라서게 된 것이다. 그 스님의 육체는 "잘 익은 사과 한 알"이며, "눈부신 씨앗만이 남겨질 때까지/ 사라지므로 비로소 존재하는/ 먹음직스러운 역설을 보여주기" 위한 육체이다. 지오 스님의 죽음은 아름답고 멋진 죽음이며, 두 말할 것도 없이 잘 삶의 그것에 해당된다. 따라서 지오 스님의 생애가 그 모든 과육을 다 나누어 주고도 "눈부신 씨앗만"으로 남아 있듯이, 지오 스님의 죽음에 시인의 죽음이 포개지고, 그리고 우리 인간들의 죽음마저도 포개지게 된다. 즉, '사과의 향기'가 「다비」의 공간을 벗어나서, 이 세상을 가득 채우고 있는 것이다. 네 인생은 네 자신이 연출하고 완성해야 될 한 편의 예술작품과도 같다.

젊어서 마음이 굳세지 못한 자는 결코 큰 일을 할 수도 없고, 자기 자신의 삶을 완성하는 것도 가능하지가 않다. 마음이 굳세다는 것은 늘 푸른 소나무처럼 항상 변함이 없고, 자기 자신의 목표를 향하여 끊임없이 정진하고 있다는 것을 말한다. 그 목표는 하나의 진리를 내포하고 있으며, 그것은 그의 사상으로써 설명을 할 수가 있다. 실레노스와 쇼펜하우어의 염세주의, 에피크루스의 쾌락주의와 스토아 학파의 금욕주의, 유태민족의 낙천주의와 몽테뉴의 낙천주의—, 바로 그들은 그들의 목표(죽음=삶의 완성)가 있었기 때문에, 자기 자신들의 사상을 정립할 수가 있었던 것이다. 자기 자신들의 목표가 무엇이든지 간에, 우리 인간들이 그 목표를 달성하려면 언제나 하나의 주제에 주의를 집중시키고, 또 언제, 어느 때나 천하의 대로를 걸어가지 않으면 안 된다. 분명한 목표가 있는 자는 자기 자신의 죽음을 죽지만, 그렇지 못한 자는 애매모호하고 비겁한 죽음을 죽게 된다. 전자는 자기 자신의 죽음을 너무나도 당연하고 자연스럽게 받아들이며 그 죽음의 주체가 되지만, 후자는 자기 자신의 죽음에서조차도 이 세상의 삶을 비방하고 야유하며, 저 가증스러운 염세주의의 발톱을 드러내게 된다. 한평생 지혜를 사랑하고 자기 자신의 이상적인 공화국을 구상하며 그처럼 의연하고 떳떳하게 죽어갔던 소크라테스, '나는 생각한다, 고로 존재한다'라는 명제를 통해서 우리 인간들의 이성을 정립하고 신들보다도 더 행복하게 죽어갔던 데카르트, '순수이성'이라는 법정에서 '형이상학의 독단론'을 심판하고 인간의 윤리와 그 미학 속에서 죽어갔던 칸트, 건강함에서, 넘쳐나는 건강함에서 우리 인간들의 '힘에의 의지'를 역설하며 죽어갔던 니체, 우리 인간들의 고통을 발견하고 그 고통을 극복할 수 있는 열반의 경지를 터득했던 부처, 영어와 영국인들의 영광을 위해서 그처럼 장중하고 울림이 큰, 대서사시를 쓰며 죽어갔던 셰익스피어, 오딧세우스라는 자기 자신의 분신을 통하여 영생불사의 삶을 거절하고 우리 인간들의 삶을 더없이 찬양하고 옹호했던 호머, 문둥병자의 건강함으로 '타히티'라는 '변방의 낙도'를 에덴동산으로 미화시켜 가며 죽어갔던 폴 고갱, 예술과 삶을 극단적으로 일치시켜 나가며, 자기 자신의 장송곡 속에서 죽어갔던 모짜르트—.

하지만 우리 한국인들은 모두가 염세주의자들이며, 그만큼 꼭지가 덜 떨어지고, 어리석고 우매한 인간들이라고 해도 과언이 아니다. 나는 우리 한국인들에게 나의 낙천주의 사상을 가르쳐 주었고, 하루바삐 우리 한국인들이 그들의 염세주의의 토양을 벗어나서, 낙천주의자들로 변모될 수 있기를 지금 이 순간에도 빌고, 또 빌고 있을 뿐이다. 분명한 목표가 있으면 그 수단은 저절로 얻어지게 된다. 따지고 보면 하나의 커다란 목표가 있다는 것은 그 사람의 지혜와 용기와 성실로써 나타나게 된다. 지혜로운 자만이 자기 자신의 미래의 운명을 예측하고 그 목표를 세울 수가 있는 것이며, 그의 지혜는 그의 용기와 결합하게 된다. 용기란 악과의 투쟁, 어떤 장애물과의 싸움, 그리고 그 모든 시련들 앞에서도 결코 물러서지 않는 것을 뜻하며, 성실함이란 그의 삶의 태도를 말한다. 성실하지 않은 자는 사기꾼이며, 그는 결코 자기 자신의 삶을 살아갈 수가 없다. 항상 정직하고 성실한 인간만이 그 도덕적 선을 토대로 하여 자기 자신의 용기와 지혜를 가꾸어 나갈 수가 있다. 죽음은 삶의 완성이며, 삶은 죽음의 완성이다. 우리 인간들의 죽음은 한계가 아니라 무한한 가능성이며, 삶의 완성으로서 언제나 열려 있다. 따라서 죽음을 삶의 완성, 즉 그 목표로 생각하게 되면, 우리 인간들의 삶이란 좀 더 오래 살거나, 그렇지 못하거나 간에, 그 어느 것도 그렇게 중요한 것이 아니다. 그 목표를 위해서 최선의 노력을 다 하다가 뜻밖의 사고—교통사고, 병, 재앙—를 당하여 죽는 죽음, 그 목표를 위해서 최선의 노력을 다 했지만 끝끝내 빛을 보지 못했거나 완성하지 못했던 자의 죽음, 더 이상의 인간다운 삶이 가능하지 않기 때문에, 자기 자신의 맑고 굳센 의지로써 죽어가는 죽음, 그 목표를 달성하고 삶의 정점에서 죽는 죽음, 육체적인 노쇠도 모르고 자기 자신의 건강과 힘이 다 할 때까지 끊임없이 정진하다가 아름답고 장엄하게 죽는 죽음. 이 모든 죽음들은 더없이 아름답고 우리 인간들의 삶의 본능을 옹호하는 찬가라고 하지 않을 수가 없다.

나는 '우리 인간들이 살아있는 한 죽음이란 없고 죽음이 찾아오면 우리들은 존재하지 않는다'라는 에피쿠로스의 철학적 명제를 나의 철학적 명제, 즉, '우리 인간들은 죽어갈 수가 있어서 권태롭지 않고, 또다시 태어날 수가 있어서 허무하지 않다'라고 바꾸어 놓고자 한다. 왜냐하면 에피쿠로스의 철학적 명제는 애써 죽음과의 연관성을 부정한 말에 지나지 않지만, 나의 철학적 명제는 어떤 두려움이나 공포도 없이 자기 자신의 죽음을 죽어갈 수 있게 만들어 주고 있기 때문이다. 아름답고 행복한 죽음은 이 세상의 삶에 대한 옹호이며, 삶의 완성으로서의 예술적인 죽음이라고 해도 과언이 아니다. 권태란 무엇인가? 그것은 더없이 지루한 것, 어떠한 소망도 이루어지지 않는 것을 말한다. 허무란 무엇인가? 그것은 우리 인간들의 존재의 근거가 텅 빈 '無'라는 것, 그리고 인생의 모든 것이 허망하다는 것을 말한다. 또다시 태어날 수가 있다는 말은 무엇을 뜻하고 있는가? 그것은 死後에나 제대로 평가를 받게 되는 그의 예술적인 죽음과 그 사상(예술)을 토대로 하여, 언제나 늘 푸르고 새롭게 자라나는 이 땅의 젊은이들을 말한다. 우리가 우리들의 인생을 한 편의 예술 작품으로 이해를 하게 되면, 예수의 부활처럼 어리석고 우매하기 짝이 없는 모조품도 없을 것이다. 왜냐하면 두 번 살고, 두 번 죽고, 그리고, 또다시 영원히 살아가겠다는 것은 인생이라는 예술의 무대에서 그 아름다운 퇴장을 모르는 삼류 배우의 그것에 지나지 않고 있기 때문이다.

그러나 '우리는 죽어갈 수가 있어서 권태롭지 않고 또다시 태어날 수가 있어서 허무하지 않다'라는 낙천주의의 죽음을 배우게 된다면, 우리 인간들의 질병인 삶의 공포와 죽음의 공포가 하나의 이적처럼, 그

종적을 감추게 될 것이다. 따라서 '우리는 죽어갈 수가 있어서 권태롭지 않고, 또다시 태어날 수가 있어서 허무하지 않다'라는 말을 다른 말로 설명해 본다면, '우리는 죽어갈 수가 있어서 기쁘고, 또다시 태어날 수가 있어서 행복하다'라는 말이 될 것이다. 목표가 있는 삶은 행복한 삶이고, 그것은 성공과 실패를 초월해 있다. 우리들의 인생은 회의되거나 부정되기 이전에 향유되지 않으면 안 된다. 죽음이란 무엇인가? 죽음은 생물학적으로 신체의 소멸을 뜻하고, 이 세상의 삶의 종말을 뜻한다. 그러나 나는 너희들에게 너희들의 삶을 살고, 너희들의 죽음을 죽으라고 가르쳐 주고 싶다. 어느 누구도 흉내낼 수 없는 아름답고 행복한 죽음, 그 예술적인 죽음을 너희들은 죽어가지 않으면 안 된다. 나의 「사색인의 십계명」 중, 그 네 번째 계명이, 그대들에게 그 '예술적인 죽음'을 설명해줄 수도 있을 것이다.

4, 사상의 신전을 짓고 모든 사람들을 초대하라;

우리는 자기 자신을 세계의 중심에 놓을 필요가 있다.

나는 낙천주의자로서 '세계는 나의 범죄의 표상이다'라고 역설한 바가 있다. 이 말은 나의 범죄 행위가 있고, 그 다음에 세계가 있다라는 뜻이다.

創字에는 칼 도刀字가 들어 있다.

나의 사상의 신전, 낙천주의 속에는 우리 인간들의 꿈과 행복이 들어 있고, 언제나 행운의 여신이 미소를 짓고 있다.

自然死와 不自然死에 대하여

나는 셰익스피어의 글을 읽을 때마다 그의 문체 속으로 빨려 들어가며, 어느새 그 수많은 등장인물들에게 나 자신이 동화되어가고 있는 것을 느끼지 않을 수가 없다. 셰익스피어의 글에는 우리 인간들을 사로잡고 있는 카리스마적인 호소력이 있고, 그 카리스마적인 호소력은 그의 내면에서 솟아나오는 '넋의 울림' 대문이라고, 나는 생각한다. 넋의 울림이란 그것이 절규이거나 기쁨이거나 간에 선악을 넘어서서, 그 주체자의 진정성이 담겨 있어야만 하는 것이고, 그리하여 만인의 심금을 울릴 수 있는 어떤 것(정서적 충격)이 있지 않으면 안 된다. 셰익스피어와 인도와는 바꿀 수도 없고, 또 그런 일이 일어날 수도 없다. 인도인에게는 매우 치욕적이고 남 부끄러운 말일 수도 있지만, 셰익스피어는 상상력의 대가이자 심리학의 대가이고, 그리고 역사 철학의 대가로서 얼마든지 그 金言의 주인공이 될 수가 있다고 나는 생각한다. 따라서 셰익스피어가 묘사하고 있는 인물들의 출신성분이 저마다 제각각 다르듯이, 그들의 죽음에 대한 생각이나 그 풍경들은 매우 다양하고 그만큼 천차만별의 양상으로 나타나고 있다고 해도 틀림이 없다. 대영제국의 국왕으로서, 볼린브루크와 모브레이의 '결투 신청'을 기각하고 그 두 사람을 화해시키려는 리처드 2세에게, 모브레이는 제아무리 '국왕의 명령'일지도 자기 자신의 명예는 더럽힐 수가 없다면서 다음과 같이 말한다.

> 폐하! 이 인생이 가진 최상의 보물은 오점 없는 미명美名입니다. 그 미명이 없어지면, 인간은 금분을 칠한 인형이나 채색한 염토에 불과합니다. 충신의 가슴 속에 깃들어 있는 용맹한 정신이야 말르 열 겹의 궤 속에 비장한 보석입니다. 명예는 저의 생명입니다. 생명과 명예는 하나입니다. 명예를 잃으면 생명도 잃고 맙니다. 폐하, 소신이 명예를 시험할 것을 허락해 주십시오. 저는 명예를 위해서 살고 명예를 위해서 죽겠습니다(4: 113—114).

사는 법을 배우는 것은 죽는 법을 배우는 것이며, 죽는 법을 배우는 것은 사는 법을 배우는 것이다. 옛날에는 불명예가 최대의 오점이었으며, 모든 귀족들과 무사 계급들은 그 명예를 위해서 살다가 갔다고 해도 과언이 아니다. 서양인들에게 있어서 불명예는 결투의 대상이었고, 일본인들에게는 할복 자살의 대상이었으며, 우리 한국인들에게는 賜藥을 받는 한이 있더라도 上疏를 올려야만 하는 대상이었다. 따라서 '오점이 없는 명예', 즉 명예를 위해서 살고 명예를 위해서 죽겠다는 것이 대서사시인으로서의 셰익스피어의 철학이기도 했던 것이다. 자기 자신의 충신이자 그 후계자였던 부르터스가 반역자의 무리에 가담한 것을 알고 '부르터스 너마저!'라는 말을 남기고 사라져 간 '줄이어스 시이저'나 비록, 반역자의 우두머리이기는 했지만, '육체에 영혼이 깃들어 있었을 때는 하나의 왕국도 협소했던'(「헨리4세」) '홋스퍼'의 멋진 죽음의 장면들이 바로 그것을 증명해 준다. 그리고 셰익스피어가 묘사한 죽음의 풍경들 속에는 전직 국왕이라는 신분도 망각한 채, 목숨을 구걸하다가 불귀의 객이 되고 마는 리처드 2세의 죽음도 있고, 존왕에 의해서 비참한 운명에 빠져든 아아더와 끝끝내 '그립고 정다운 죽음'에 입을 맞추는 아아더의 어머니의 죽음도 있다. '시간이 술이고, 분초가 통닭이고, 시계문자판이 매음옥 간판'이었던 포올스태프와 그의 회개한 죽음도 있고, 앤토우니와 클레오파트라의 죽음도 있다. 그러나 나는 지금, 이 자리에서, 낙천주의자로서의 나의 죽음에 대한 생각들을 쓰고 있는 것이지, '셰익스피어론'을 쓰고 있는 것이 아니다. 내가 지금, 이 자리에서, 셰익스피어를 잠시 거론한 것은 그가 묘사해낸 다양한 죽음의 풍경들을 통해서 이 글의 핵심적인 주제를 천착해 보고 싶었기 때문이다.

만일, 그렇다면 이 세상의 수많은 죽음의 풍경들을 어떻게 분류할 수가 있는 것이며, 우리는 언제, 어느 때 죽음을 생각하게 되는 것일까? 죽음의 긍정적 기능과 부정적 기능은 무엇이며, '자연사'와 '부자연사'를 판단할 수 있는 가치척도는 도대체 무엇이란 말인가? 너무나도 때 이르게 병이 들어서 죽는 죽음, 오랜 시간의 난산 끝에 산모와 그 아이가 모두 다같이 죽게 되는 죽음, 기아와 궁핍의 결과로 인해서 죽게 되는 죽음, 뜻밖의 교통사고와 의료사고로 인한 죽음, 막대한 부채를 감당하지 못하고 죽는 죽음, 온갖 추악한 범죄와 그 양심의 가책 때문에 죽게 되는 죽음, 죽음을 삶의 완성으로 생각하고 그 삶의 정점에서 스스로 목숨을 끊는 죽음, 어떤 사인이나 그 이유도 없이 우연히 죽게 되는 죽음, 의로운 일에 정진하였으나 뜻밖의 사형선고를 받고 개 같이 목숨을 구걸하다가 죽게 되는 죽음, 모든 것이 순조롭고 모든 이들이 아쉬워하는 가운데 자기 자신의 의식의 끈을 놓지 않고 죽어가는 죽음, 이미 자연의 순리를 벗어나 의약의 성과에 힘을 입고 살아가는 수많은 장애인들과 말기암의 환자들과 식물 인간들의 죽음, 자기 자신의 사상과 그 신념에 따른 죽음, 세상의 진리를 탐구하고 그 진리에 따라 어떤 타협이나 굴종도 모르는 자의 죽음, 물에 빠진 자, 화재를 당한 자, 조난을 당한 자들을 구조하다가 죽는 죽음, 강도, 강간, 살인, 약탈, 매춘, 도박, 사기 등, 온갖 이권으로 얼룩진 죽음, 정당, 직업, 단체, 가정, 그리고 국가의 이념과 윤리에 따라 희생되는 죽음, 크고 작은 분쟁과 문명의 충돌에 의해서 죽게 되는 죽음, 이 세상의 삶의 의미와 그 모든 것을 부정하고 염세주의자의 늪에 빠져서 죽게 되는 죽음, 도스트예프스키의 『악령』 속의 끼릴로프처럼,

> 나에게는 '신이 없다'는 것보다 더 고귀한 사상은 없다. 나를 위해선 오직 인류의 역사만이 있을 뿐이다. 인간은 자살하지 않고 살기 위해서 신을 생각해낸 것이다. 이때까지의 세계사는 바로 이것에 불과한 것이다. 나는 전 세계사 속에서 처음으로 신을 생각해 내는 일을 거부한 유일한 인간이다. 인류는 이 사실을 알고 영구히 기억해 두지 않으면 안 된다(5: 355—6).

라고, 자기 자신이 신이 되기 위해서 죽는 죽음, 로미오와 줄리에트처럼 이 세상에서 못다 이룬 사랑을 이룩하기 위하여 죽는 죽음, 젊은 카토처럼 폭군의 횡포를 참고 견디느니 그 부당성을 지적하기 위하여 죽는 죽음, 도덕적으로나 성적으로 그 윤리적 순결을 지켜내기 위하여 죽는 죽음, 부모형제나 사랑하는 친구를 위하여 죽게 되는 죽음, 한여름밤의 꿈처럼 여자의 배 위에서 죽게 되는 죽음 등—. 이처럼, 이 세상의 죽음의 풍경들은 매우 다양하며, 그 수많은 죽음들을 모두 다 열거하고 분류한다는 것 자체가 그만큼 무모하고 불가능한 일일는지도 모른다.

이 세상에 존재하는 죽음은 부처와 예수(혹은 성자나 문화적 영웅들)와도 같은 순교자의 죽음도 있고, 로미오와 줄리에트 같은 달콤한 죽음도 있고, 콜로노스의 외디프스와도 같은 밝고 명랑한 죽음도 있다. 또한 『오딧세우스』에 나오는 목사처럼 두려움에 벌벌 떠는 개 같은 죽음도 있고, 이 세상의 어중이 떠중이들처럼 느리고 더딘, 그래서 경멸적인 혐오감만이 일어나는 죽음도 있고, 끼릴로프처럼 자기 자신이 신이 되기 위한 죽음도 있다. 그리고, 마지막으로 하나의 죽음의 유형을 더 보태 본다면, 이 세상의 그 모든 것을 끊임없이 비방하고, 혐오하고, 헐뜯어 대는 염세주의자들의 죽음을 들 수도 있을 것이다. 이러한 죽음의 유형들은 다같이 제각각의 색깔과 그 냄새를 지니고 있다. 어떤 자의 죽음은 여전히 떫고 쓰며 그 풋내가 가시지 않고, 어떤 자의 죽음은 삶의 정점에서의 죽음이며, 그만큼 달콤하고 꿀맛과도 같다. 또 어떤 자의 죽음은 살짝 맛이 가서 조금쯤은 쉰내가 나고, 어떤 자의 죽음은 너무나도 물러터져서 썩은 냄새가 나고, 어떤 자의 죽음은 끊임없이 불순한 음모와 피비린내가 진동을 한다. 첫 번째는 그의 인생이 채 펼쳐지기 전의 냄새이며, 두 번째는 소크라테스와 데카르트와 호머처럼, 너무나도 자연스럽거나 의로운 죽음의 냄새이고, 세 번째는 아이작 뉴턴처럼, 삶의 정점에서 벗어나 더 이상의 삶이 불필요했던 사족蛇足의 냄새이다. 나머지 네 번째와 다섯 번째는 유전자 공학과 의학의 성과에 의지하여 그 수명을 연장하고 있는 죽음과 불순한 음모와 범죄에서 비롯된 죽음의 냄새라고 할 수가 있다.

만일, 그렇다면 우리는 언제, 어느 때 죽음을 생각하며, 그 죽음의 긍정적 기능과 부정적 기능을 어떻게 설명할 수가 있는 것일까? 몽테뉴가 죽음을 '자연의 혜택이요, 모든 불행에 대하여 가장 잘 듣는 약방문'이라고 했듯이, 죽음을 생각한다는 것은 삶의 해방과 자유를 생각한다는 것이고, 그리고 좀 더 고차원적으로는 자기 자신의 삶의 완성을 생각한다는 것이 될 것이다. 그렇다. 죽음은 수많은 고통과 불행을 겪고 있는 사람들에게는 삶의 해방과 자유의 기쁨을 안겨줄 수도 있고, 반인륜적이며 패륜적인 범죄를 저지른 사람들에게는 최후의 속죄의 수단이 되어 줄 수도 있다. 죽음은 또한, 더럽고 추한 범죄와 그 범죄의 댓가에 불과한 돈과 명예와 권력을 은폐하는 수단으로 악용될 수도 있고, 가난하고 착하고 선량한 사람들에게는 그들의 종교적 신념에 따라, 내세의 천국을 약속해 주는 어떤 것일 수도 있다. 따라서 수많은 죄인들에게는 두 번 다시 상상해 볼 수조차도 없을 만큼의 지옥의 고통을 연상시켜 주는 죽음, 이 땅의 사제계급들에게는 천당과 지옥이라는 양날의 칼을 사용하여 자기 자신들의 명예와 명성을 유지시켜주는 수단이 되는 죽음, 최고의 권력자나 사제 계급들에게는 타인의 죽음이 자기 자신의 권력 밖의 불쾌의 대상이 되는 죽음, 비록, 노예의 삶을 살더라도 이 세상의 삶만을 희원하는 어중이 떠중이들에게는 무한한 두려움과 공포의 대상이 되는 죽음, 또, 그리고, 그 어중이 떠중이들의 심리를 이용할 줄 아는 자본가들에게는 의학과 유전자 공학에 의한 착취의 수단이 될 수도 있는 죽음, 그 반면에, 죽음을 삶의 완성으로 생각하고 있는 예술가들에게는 천하의 호기(그 미학을 완성시킬 수 있는)를 마련해 줄 수도 있는 죽음 등—, 나는 이 모든 것들이 우리 인간들의 죽음의 긍정적 기능이라고 생각한다. 삶과 죽음은 분리가 가능한 어떤 것이 아니다.

이미 시사한 바가 있지만, 나는 여러분들에게 어떻게 영생불사의 삶만이 가능하고 죽음이 없는 삶을 상정할 수 있는가를 너무나도 진지하게, 또 철학적으로 묻고 싶다. 만일, 영생불사의 삶만이 가능하고 죽음을 모르는 세상이 있다면, 우리 인간들은 물론, 그 어떤 유기체들의 삶도 가능하지가 않을 것이다. 사랑하는 처자식과 모든 친지들을 다 잃어버린 사람들, 이미 애늙은이가 되어 버려서 하루살이의 노동자와 길거리의 부랑자의 삶을 더 이상 지탱할 수가 없다고 생각하고 있는 사람들, 마약이나 알콜 중독자들, 그리고 자기 자신의 생각과 의지로 어느 것 하나 제대로 해내 갈 수 없는 중증 장애인이나 식물 인간과도 같은 사람들, 먹고 살 걱정이 없는데도 더 이상의 삶의 진전이 가능하지 않아 만성적인 권태와 우울증에 시달리고 있는 사람들에게 있어서 죽음이란 얼마나 달콤하고 아늑한 휴식처와 삶의 해방감을 안겨다 주고 있을 것이란 말인가? 그리고 그 반대방향에서, 자기 자신의 최선의 목표를 위해서 자기 자신의 목숨을 걸고 묵묵히 정진을 하고 있는 학자들, 운동선수들, 사업가들, 산악인들, 예술가들에게 있어서의 죽음이란 얼마나 웅대하고 화려한 장애물이 되어주고, 또, 그 장애물들을 돌파할 수도 있다는 삶에의 의지와 용기를 가져다가 주고 있는 것이란 말인가? 언제, 어느 때나 땅을 집고 헤엄을 치는 듯한 인생. 패배도, 좌절도 모르고, 아무런 실족의 위험성도 없는 산악인들과 학자들과 운동선수들과 사업가들과 예술가들의 인생. 승리라는 말도, 성공이라는 말도, 더 더군다나 삶의 환희도, 기쁨도, 죽음도 모르는 삶에서, 우리 인간들은 또한, 어떻게 삶에의 의지를 북돋으며, 행복하게 살아갈 수가 있단 말인가? 따라서, 영생불사하는 인간은 희로

애락을 모르는 기계 인간이며, 언제, 어느 때나 그의 생명이 담보되고 있다는 점에서, 죽음에의 본능과 그 의지를 상실한 인간에 불과하다. 궁극적으로, 그는 영생불사라는 거대한 감옥에 갇혀서, 모든 자유를 상실해 버린 인간에 지나지 않게 될 것이다. 그는 죽어가는 인간을 더없이 존경할 것이며, 그 죽음의 길을 아름다운 천국에 이르는 길로 생각하게 될 것이다. 그 무엇 하나 부러울 것이 없는 명문귀족의 출신으로서 더없이 아름답고 건강한 용모와 명석한 두뇌를 지니고 태어났던 스따브로긴, 하지만 그 몹쓸 '권태'라는 '삶의 질병' 때문에 쓰레기와도 같은 백치의 여성과 결혼을 하고, 더없이 불순한 음모와 범죄의 소용돌이 속에 말려 들어갔던 스따브로긴, 그리고 끝끝내, 그 '비밀결사조직원'들의 사회적 폭동에 대한 양심의 가책 때문에, 자기 자신을 '더러운 곤충'처럼 생각하고 자살을 할 수밖에 없었던 스따브로긴이 바로 그 영생불사하는 인간의 전형이 될는지도 모른다. 우리 인간들은 언제, 어느 때 죽음을 생각하는가? 우리는

> 욕실 거울에 비친 한 그루 장례목葬禮木.
> 이름과 형상이야 어떻든, 너는
> 너를 사랑하지 않을 수 없다. 그 나무 아래서
> 너는 질척이는 욕망과 소음의 때를 밀고
> 고요히 쉼을 얻는다

라는, 고진하의 「월식」이나, 또는

> 숨비기꽃이 가득 피어 있었다. 제주해협의 여름에만 피는 꽃, 잠수질에 멀미나면 귀를 씻고, 눈을 씻고, 머리에 족두리 화관처럼 뜨는 생꽃이다. 꽃이 마르면 마른 꽃을 비벼서 베갯솜으로 시집갈 때 가마 속 놋요강 속에 숨겨가는 꽃, 어머니가 딸에게 은밀히 건네어주는 유가풍의 금서禁書와 같은 꽃

이다. 숨비소리 숨찰 때도 푸른 물굽이 남실남실 실어놓고, 물 밑 저승바닥 까지 비추어보라고, 연보라색 등燈, 이승의 갈옷 썩은 육신, 냄새까지도 탈취해 가는 영혼으로만 투명한 꽃이다. 어젯밤, 나는 푸른 이불 한 자락 끌어덮고 이 투명유리꽃으로 저승까지 내려갔다 왔다. 제주 시인 김선생이 보내준 숨비기꽃 베개 하나, 이 세상 멀미 끄고 곱게 살다 뒈지라고, 한 땀 한 땀 바느질 수 끝에 바코드 같은 그녀의 문신文身, W자 하나가 물허벅처럼 출랑대며 파도소리 내고 있었다

라는 송수권의 「작은 상징」에서처럼, 오늘도 늘 죽음을 생각하며, 죽음을 꿈꾸고, 그 죽음을 딛고 일어나, 자기 자신의 삶을 일구고, 그리고 끝끝내, 그 죽음의 품안으로 달려가게 된다. 다른 곳, 다른 세계, 다른 도피처는 생각할 수조차도 없다. 죽음만이 우리 인간들의 삶을 가능케 하며, 죽음만이 우리 인간들의 영원한 보금자리를 마련해 줄 수가 있다. 나의 '하강의 깊이'는 '죽음의 깊이'이고, 우리 인간들의 두 번째 삶의 양식인 '죽음의 본능의 옹호'에 바쳐진 장이라고 해도 과언이 아니다.

나는 삶의 본능과 죽음의 본능을 다같이 옹호한다. 모든 유기체는 태어나면 이윽고 죽게 된다. 나는 이러한 자연의 법칙을 신봉하며, 또, 그것을 내가 생각하고 있는 모든 죽음의 유형들—내가 생각하고 있는 '부자연사'만을 제외하고는—에게까지 확대해서 적용을 하고 싶어한다. 자연의 법칙은 죽음의 긍정적 기능으로 작용을 하고, 모든 자연스러운 죽음들을 가능케 한다. 왜냐하면 이 세상에 태어나는 것이 축복이라면, 그 행복한 삶을 가능하게 하는 것이 바로 이 죽음이기 때문이다. 따라서 그가 행복한 인간이었는지, 아니었는지에 대한 판단은 그의 死後에나 가능한 것이고, 우리는 그것을 토대로 하여 역사를 쓰게 된다. 역사의 잣대가 매우 자의적이고 부당할 수도 있지만, 역사란 행

복한 인간의 삶을 조명하는 것이며, 궁극적으로는 우리 인간들의 행복한 삶이 무엇인가를 가르쳐 주고 있는 것인지도 모른다.

'五十而知天命'이 가까운 나이로, 이제는 나의 죽음을, 아니 우리 인간들의 죽음을 생각해볼 때가 점점 더 많아지고 있다. 내가 가장 사랑하고 좋아하는 죽음은 가장 아름답고 떳떳한 '예술적 죽음'이며, 내가 가장 싫어하고 혐오하는 죽음은 살아 있어도 살아 있는 것이 아닌, 개나 돼지만도 못한 죽음이다. '우리 인간들의 죽음은 한계가 아니라 무한한 가능성이며, 삶의 완성으로서 언제나 열려 있다'라는 나의 명제에는 죽음의 긍정적인 기능에 대한 그 모든 생각들이 담겨 있다고 하지 않을 수가 없다. 흐르는 물이 그 흐름을 멈추면 썩게 마련이듯이, 영생불사는 반드시 '인간의 죽음'으로 이어지고, 새로운 세대의 출현을 가로막는 암적인 종양으로 자라나게 된다. 우리는 늘 죽음을 생각하며, 죽음을 꿈꾸고, 그 죽음을 딛고 일어나 자기 자신의 삶을 일구고, 그리고 끝끝내, 그 죽음의 품안으로 달려가지 않으면 안 된다. 소크라테스에게는 '성교가 거룩한 행동'이며 '영생의 다이아몬드'이었듯이, 우리 인간들은 하루바삐 자기 자신의 삶을 완성하고, 죽어가고, 또 죽어가지 않으면 안 된다. 이러한 점에 있어서, 나는 감히, 내가 이미, 앞에서 제시한 죽음의 여러 유형들—강도, 강간, 살인, 약탈, 방화, 싸움, 전쟁까지도 포함을 하여—이 모두가 다같이 '죽음의 긍정적인 기능'으로 작용을 하고 있다고 생각한다. 좀 더 과감하게 말한다면, '죽음의 부정적인 기능'은 자기 자신의 삶을 살지 못하고 죽어가는 죽음과 온갖 추악한 범죄와 불순한 음모로 얼룩져 있는 죽음일 수도 있겠지만, 나는 이 모든 부정적인 기능들마저도 긍정적인 기능으로 작용을 하고 있다고 말해 보고 싶은 것이다. 나는 전쟁과 가난은 자연의 인구법칙이라는 맬서스주의자들의 말도 신봉하고, 적자생존이라는 다윈의 말도 신봉을 한다. 나는 심지어는 자살과 적극적인 안락사와 고려장 제도마저도 옹호하고, 한 걸음 더 나아가, 애연가로서의 '담배는 인간의 수명을 단축시키고 사회복지 비용을 경감시켜 준다'라는 어느 담배 회사의 연구 결과까지도 마음 속으로 깊이 있게 동의하고 있다. 육식동물이 많아지면 초식동물이 줄어들고, 초식동물이 많아지면 나무 한 그루, 풀 한 포기조차도 자라날 수가 없다. 옛날에는 전쟁도 일상사였고, 가난도 일상사였다. 또, 강도, 강간, 살인, 약탈, 방화, 싸움 등도 일상사였고, 오늘날에도 그러한 사정들은 변함이 없다. 그러나, 그렇다고 해서, 내가 반인륜적인 범죄와 전쟁과 자살을 옹호하고, 또, 그러한 일들이 무차별적으로 일어나고 있는 것을 옹호하고 있다는 것은 아니다. 나는 모든 윤리를 부정하고 있으면서도 매우 정상적인 사람이며, 다른 한편, 어느 도덕군자보다도 더욱더 '휴머니즘'을 옹호하고 있는 보수주의자이기도 하다. 내가 옹호하고 있는 것은 '강도, 강간, 살인, 약탈, 방화, 싸움, 전쟁, 자살, 안락사, 고려장 제도 등은 인류의 역사가 종식되지 않는 한, 소멸될 수가 없다'는 의미에서의 그것이지, 반윤리적인 측면에서의 그것이 아니다. 따라서 나는 '이러한 모든 것들이 오늘날처럼 폭발적인 인구 증가를 억제해 준 것만은 틀림이 없다'라고 힘주어 말할 수가 있는 것이다. 요컨대, 그 어렵고 힘든 생존 조건과 최악의 기상 조건 속에서는 적자의 생존만이 종의 건강과 자연의 법칙에 더욱더 타당한 일일 것이다. 내가 앞에서 제시한 죽음의 여러 유형들—내가 생각하고 있는 '부자연사'만을 제외하고는—은 죽음의 긍정적인 기능들이며, '부자연사'가 아닌 '자연사'에 해당된다.

나는 죽음의 부정적 기능과 부자연사는 자연사가 아닌, 그밖의 다른 어떤 것으로 설명할 수밖에 없다. 자연의 법칙에 따르자면, 자기 자신의 발로 설 수 없고, 날지 못하는 새와 걷지 못하는 짐승들은 도태되게 되어 있으며, 그 자연스러운 순리의 흐름에 거역하는 어떤 움직임도 있을 수가 없다. 그러나 과연, 오늘날의 우리 인간들의 실정은 어떠한가? 두 발로 걸어다닐 수도 없고 더 이상의 정상적인 생활이 가능하지 않은 인간들마저도 '휴머니즘'의 이름으로 부양을 하고, 이미, 그 수명을 다하여 더 이상 살아 있는 것이 그처럼 욕되고 부끄러운 식물 인간들마저도 산소호흡기와 알부민과 진통제와 항암제에 의지하여 그 수명만을 연장시켜 나가고 있지 않은가? 더 이상 인간일 수도 없고 살아 있어도 살아 있는 인간이 아닌, 그 식물 인간들과 노인들을 위해서, 그처럼 엄청난 인력과 시간과 자원낭비를 하고 있는 것이 휴머니즘이라면, 그것은 자연에 대한 최악의 테러 행위이며, 파렴치한 범죄 행위가 아닐 수가 없다. 오늘날의 의학과 유전자 공학에 의한 휴머니즘은 반휴머니즘이며, 그것은 우리 인간들의 휴머니즘을 더럽고 추하게 오염시키는 암적인 종양에 지나지 않는다. 니체는, 몽테뉴의 뒤를 이어서, 우리 인간들의 자연사마저도 부자연사로 끌어 내리며 이렇게 역설한 바가 있다.

> 의사들을 위한 도덕률—병약자는 사회의 기생충이다. 어떤 경우에는 삶을 부지해 가는 것이 남부끄러운 일일 수 있다. 사는 의미, 살 권리를 잃고 난 다음인데도 비겁하게 의사와 약에 의존함으로써 식물 인간의 삶을 부지한다는 것은 사회로부터 심한 경멸을 받아야 마땅할 것이다. 의사들은 의사들대로 이 경멸을 전하는 역할을 맡아야 한다. —약을 처방할 것이 아니라 환자들에게 날이면 날마다 새로운 혐오감을 내비쳐야 할 것이다. ……삶의, 상승하는 삶의 최선의 이익을 위해 퇴락하는 삶을 가장 무자비하게 억압하고 몰수해야 하는 모든 경우들에 있어서—이를테면, 생식의 권리, 태어날 수 있는 권리, 살 권리를 정함에 있어서, 하나의 새로운 책임, 즉 의사가 가져야 할 책임을 창출해 낸다는 것—더 이상 자랑스럽게 살 수 없을 때 자랑스럽게 죽는 것, 자신의 자유로운 선택에 의한 죽음, 제때에 명료한 의식과 즐거움을 가지고 자식들과 다른 사람들이 보는 가운데 이루어지는 죽음, 그리하여 떠

날 사람이 아직 살아 있는 동안에 진짜 이별이 가능한 죽음, 또한 생전에 소망했던 것과 성취한 것에 대한 진짜 평가와 삶에 대한 총결산이 가능한 죽음—이 모든 것이 지금까지 죽음의 시간에 대해 기독교가 연출해 온 애처롭고 무시무시한 그 코메디와는 상반된다. 기독교에 관해서 절대 잊지 말아야 할 것이 있다. 그것은 기독교가 죽어가는 사람의 약점을 악용해서 양심을 능욕하고 심지어는 죽는 방법을 악용해서 인간과 과거에 대해 가치 판단을 내려왔다는 사실이다. —여기서 무엇보다 중요한 것은 온갖 비겁한 편견에 대항하여 이른바 자연사에 대한 올바른, 즉 생리학적인 평가를 내리는 일이다. 따지고 보면 자연사도 결국 '부자연사'의 하나이며 일종의 자살에 불과하다. 사람이란 자기 자신 외의 어느 누구에 의해서도 죽지 않는 것이다. 다만 자연사는 가장 경멸한 만한 이유로 죽는 죽음이며, 부자연한 죽음, 제때가 아닌 죽음, 비겁자의 죽음이다. 삶을 사랑하는 사람이라면 이와는 달리 죽기를 바라야 할 것이다. 자유롭게, 의식을 가지고, 우연히가 아니고, 돌연히 들이닥쳐서가 아니고 말이다……(6: 92—93)

옛날에는 종교가 자연과학을 그처럼 가혹하게 탄압을 한 바가 있지만, 오늘날에는 거꾸로, 자연과학이 무신론의 칼날을 들이대며, 그 숨통을 조여대고 있는 실정이다. 자연과학에 의한 생태 환경의 파괴가 신의 창작품에 대한 무차별적인 테러 행위이라면, 의학과 유전자 공학에 의한 복제 인간의 탄생은 종교의 주체자들에 대한 더없이 잔인한 살인행위가 아닐 수가 없다. 전자는 모든 만물들의 터전의 훼손으로 이어지고, 후자는 그 종교 속의 인간의 죽음으로 이어진다. 불치병과 난치병의 치료가 의학과 유전자 공학의 목적인 것처럼 떠들어 대지만, 어디까지나 그것은 허울좋은 가면일 뿐, 그 근본적인 목적은 더 많은 부의 축적이라는 자본의 논리일 뿐인 것이다.

어머니가 사라지는 시대에

전 지금 살고 있습니다
사람이 있되 생명이 없는 시대
공간은 있되 우주가 멸망하는 시대에
당신의 딸이 살고 있습니다

체외 수정 체외 태아
인간복제보다 더 무서운
여자의 자궁이 골동품이 되는
이 시대에
제 딸이 살아가게 됩니다

어머니는 페미니즘과도 다릅니다
어머니는 초과학과도 다릅니다
어머니는 광케이블하고도 다릅니다
— 신달자, 「편지」 전문

일 자체를 사랑하면 자연은 성당이 되지만 돈 자체를 사랑하면 자연은 폐허가 된다. 하지만 너무나도 애석하게 일 자체를 사랑하는 사람은 없고, 돈 자체를 사랑하는 사람들만이 있다. 당신도, 당신도, 더 늙기 전에, 체세포를 통하여 복제인간을 양산하고 사육을 해 보세요. 성기가 말을 안 들으면 성기 이식 수술을 받고, 위장이 탈이 나면 위장 이식 수술을 받고, 간장이 말을 안 들으면 간장 이식 수술을 받을 수 있도록 해 보세요! 그리고, 신장, 두뇌, 눈, 코, 입술, 그 어느 것도 걱정할 필요가 없도록 미리 미리 준비를 해 두세요! 오래 오래, 바로, 그 영생불사의 삶이 여기에 있고, 하나님과 천국과 지옥이라는 말들 따위는 모두가 다 부질없는 짓일 뿐이예요! 그러나, 그러나 의학과 유전자 공학에 의지하여 오늘도 그 수명을 연장해 나가고 있는 모든 인간들이여, 그대들의 삶 자체가 죽음의 부정적인 기능으로 작용을 하고 있고, 내가 가장 혐오하고 싫어하는 '부자연사'라는 사실을 명심해 주기를 바란다. 아아, 모든 죽어가는 인간들, 즉 자연사의 반대방향에서 살아가고 있는 그대들이여, 좀 더 죽음 앞에서 떳떳해 지고, 이 모든 자연스러운 삶 앞에서 자기 자신의 잘못을 뉘우치고 진심으로 회개를 할 수는 없는가? 20세기 초에는 인간의 평균 수명이 40세 전후였다면, 오늘날은 80세에 가깝고, 그 결과, 세계의 인구는 20억에서 60억 이상으로 그 폭발적인 증가를 기록하게 되었다. 이 무슨 해괴망측한 추태이며, 대재앙이란 말인가? 오늘날의 휴머니즘은 자연에 대한 최악의 테러 행위이며, 파렴치한 범죄 행위가 아닐 수가 없다. 두말할 것도 없이, 의학자들과 유전자 공학자들, 그리고 자연과학자들은 자본가에게 고용된 생태환경 파괴의 주범들이며, 황금알을 낳는 미다스왕의 후예들일 뿐이다. 이 자연스러운 삶이 아닌, 부자연스러운 삶이 바로 '인간의 죽음'으로 나타나고, 그 모든 부정적인 기능으로 작용을 하게 된다. 그들의 '자연사'는 '부자연사'이다. 나는 죽음을 삶의 완성으로 생각하고 있는 낙천주의자로서, 하루바삐 그들에게 자기 자신의 죽음을 죽어가라고 권할 수밖에 없다. 더 빨리, 더 많이, 더욱더 죽음 앞에서 떳떳해 지고, 자기 자신의 죽음을 죽어 갈 수 있기를, 나는 우리 인간들에게 빌고, 또 빌어 볼 수밖에 없다.

'愛知의 숲'을 거닐면서: 자, 우리 모두 가장 멋지게 죽어가는 것이다!

내가 1993년, '사제지간의 근친상간의 벽'—'제3세계의 문화적 풍토병'과 '비평의 만장일치제도'—을 허물어 버리고, 한국문학사상 최초로, '사상'과 '문학 이론'의 차원에서 '아버지 살해'를 감행했을 때, 우리 한국문학은 어떠한 반응을 보이고, 또한 나를 어떻게 취급을 해왔던가? 차마 눈 뜨고 볼 수 없는 광태들이긴 했지만, '초등학교밖에 나오지 못한 자로서 그 학력 콤플렉스 때문에 소 영웅주의에 사로잡혀 있는 놈', '스승의 은혜를 모르는 배은망덕한 놈', '정신병자에다가 아주 엉큼하고 사악한 충청도 놈'이라고, 그토록 잔인하고 가혹하게 나를 매도해 오지 않았던가? 한 사람의 지식인에 대한 만인들의 폭력은 더없이 가혹하기만 했었고, 그때부터 나는 고든 발표지면을 다 빼앗기고 말았다. 비평가가 글로 쓴 것을 가지고, 온갖 유언비어와 험담으로 매장해 버리는 사회가 이 자랑스러운 대한민국의 학문연구 풍토였다. 그때부터 모든 친구들과, 신문기자들과, 출판업자들이 '집 지키는 개'처럼 나를 피하고, '문학상'이나 '창작기금의 수혜'는커녕, 저서 한 권의 출간조차도 더없이 어렵고 힘들게 되고 말았다.

하지만 나는 소크라테스도 감동할 '愛知의 눈물'을 흘리며, 이 우매하고 어리석고, 기껏해야 그 시선이 제 집의 울타리에만 머물고 있는 우리 한국인들을 구원하고자, 공부를 하고, 또 공부를 하지 않을 수가 없었다. 나는 나의 산책길마저도 '愛知의 숲'이라고 명명을 해두고, 그 '愛知의 숲'을 거닐면서 '권력의 신전'이 아닌 '사상의 신전'을 짓기에 여념이 없었다. 시에 있어서의 '강장제 효과', '흥분제 효과', '영생불사의 효과', '낙천주의자의 사상'과 '사색인의 십계명', '외디프스콤플렉스에 대한 새로운 개념'('정체성 회복 욕망'), 프로이트의 성적 욕망을 하위 개념으로 끌어내리면서 제시한 '상승 욕망' 등, 나는 나의 독창적인 명명의 힘과 사유의 힘으로, 나의 사상의 신전을 짓기에 여념이 없었던 것이다.

며칠 전에는 '愛知의 숲'을 거닐면서 칸트의 윤리학을 비판해 보고, 그 사색의 즐거움을 만끽하지 않을 수가 없었다. 칸트는 그의 『실천이성비판』의 머릿말에서 "자유는 도덕의 존재 근거이며, 또 도덕은 자유의 인식 근거"라고 말하고 있는데, 이 말처럼 어처구니가 없고 중대한 오류도 없을 것이다라는 비판의 힘이, 바로 그 단서가 되어주었던 것이다(7: 2). 제 아무리 네 스스로 입법원리로써 행동하라는 것이 도덕군자로서의 칸트의 '정언명령'이라고 하더라도, 도덕은 인위적인 것이며, 우리 인간들의 자유에 대한 근본적인 억압일 수밖에 없다. 인간의 자유는 그 욕망에 뿌리를 두고 있는 것이며, 우리 인간들의 욕망이란 모든 특전과 특권을 향유하고 싶은 의지, 너는 복종해야 하지만 나는 명령해야만 한다는 의지, 모든 금기의 대상들을 깨뜨리고 싶고 더 많은 부를 소유하고 싶은 의지에서 비롯된 것이라고 하지 않을 수가 없다. 자유의 존재론적 근거가 욕망이라면 그 욕망 속에는 '선악'이나 '진위' 따위가 있을 수가 없는 것이다. 모든 유기체들의 생존방식은 인도의 도덕부정론자나 니체가 역설하고 있는 것처럼, 위해, 폭력, 착취가 근본적인 것이지만, 우리 인간들은 무리를 짓는 동물들의 속성상, 개인과 개인, 집단과 집단, 국가와 국가 간의 사소한 분쟁이나 커다란 분쟁, 전쟁, 약탈, 사기 등의 상호적인 폭력과 그 무질서를 방지하기 위해서, 도덕과 법과 제도의 이름으로 그것들을 통제하고 억압하고 있는 것이다. 자유의 존재 근거는 욕망이며, 욕망은 자유의 인식 근거이다. '愛知의 숲'을 거닐고 있는 자는 새로운 가치의 창조자이며, 입법자이고, 그 모든 것을 명명할 수 있는 지배자이다. 나는 소크라테스도 감동할 '愛知의 눈물'을 흘리며, '세계는 나의 범죄의 표상이다, 고로 행복하다'와 '나는 신성모독을 범한다, 고로 존재한다'라는 낙천주의 사상의 근본명제에 입을 맞춘다.

그는 독창적인 사상과 독창적인 문학 이론의 정립을 포기한 비평가이며, 그의 천재성을 비겁한 권력 욕망 앞에서 마모시켜버린 가엾은 비평가이기도 하다. 낙천주의의 사상가인 반경환이가 아무런 사상도 없는 정과리와 논쟁을 벌인다면, 이것은 분명히 해외 토픽감이고, 서구의 사상가들이 배를 잡고 웃게 될는지도 모른다. 그들은 반경환이마저도 우습게 볼 것이고, 따라서 나는—정과리의 '반론'을 손꼽아 기다리고 있으면서도—정과리와 논쟁을 하자고 이 글을 쓰고 있는 것은 아니다. 나는 그가 최고의 권력자이기 때문에, 그 권력자의 우매함을 바로 잡기 위해서 이 글을 쓰고 있는 것이다. 제3세계의 문화적 풍토병과 비평의 만장일치제도는 정과리와도 같은 천재를 우둔한 바보로 만들고, 우리 한국인들의 백만 두뇌를 가장 확실하게 무력화시켜 놓는 암적인 종양들일 뿐이다.
— 반경환, 「김현, 정과리 비판」에서

대학 내부에서의 충돌 회피와 상호 토론과 상호 비판의 부재 현상에 대한 일차적인 책임은 삼류 중의 삼류인 김우창에게 있고, 우리 한국 사회의 백만 두뇌가 그 '예의와 겸손'의 채찍을 맞고 모조리, 철두 철미하게 무력화된 것도 김우창에게 일차적으로 책임이 있다. 모든 스포츠 선수들은 세계챔피언이 되기 위해서 항상 실전을 방불케 하는 연습을 하고 있듯이, 우리 학자들도 '인문학의 거장'이 되기 위해서는 항상 자기 자신의 몸과 마음을 청결히 하고, 피 눈물나는 실전 연습을 하지 않으면 안 된다. 끊임없이 새로운 문제점을 발견하려는 눈과 언제나 이의를 제기하고 비판할 수 있는 능력을 기르지 않으면 안 되고 상호 토론과 상호 비판을 통해서 일진일퇴를 거듭하는 스포츠처럼, 모든 학습의 과정을 진행시켜 나가지 않으면 안 된다. 비평의 무대는 논쟁의 무대이며 전쟁의 무대이지, '예의와 겸손'의 무대가 아니다. 또한 비평의 무대는 '아니다', '그렇지 않다'라는 말 대답이 가능한 무대이지, '충성의 강도'나 따지는 무대가 아니다. 김우창의 『궁핍한 시대의 시인』, 『지상의 척도』, 『정치와 삶의 세계』 등도 서양이라는 타자의 베끼기의 쓰레기더미에 불과하고, 강준만의 모든 저서들도 마찬가지이다.
— 반경환, 「강준만 비판」에서

이 세상의 모든 지식인들에게 사상이란 최고의 목적이며, 그 모든 것이다. 세상의 모든 것이 변하고 이 세계의 종말이 온다고 하더라도 자기 자신과 자기 자신의 사상만은 영원하기를 바라는 것은 모든 지식인들의 한결같은 꿈이다. 사상은 그 어떤 것보다도 고귀한 명예이며, 삶의 완성이며, 보다 완전한 인간의 표지이다. 우리는 그 사상가의 신전 앞에서 언제, 어느 때나 시를 짓고, 노래를 부르며, 찬양과 찬송을 하게 된다. 또한 우리는 그 신전 앞에서, 우리 인간들의 존엄성을 바치고, 가장 좋은 예물을 바치고, 하늘을 우러러보며, 항상 자기 자신을 갈고 닦으면서, 그 사상의 위업을 이어나갈 것을 맹세를 하게 된다.

— 반경환, 「강준만 비판」에서

나는 한국문학의 역사상, 최초로 한국문학의 이론과 낙천주의 사상을 정립하고자 마음을 먹었었고, 그 결과, 인생이라는 '예술의 장'에서 어쩔 수 없이 패배자의 역할을 맡을 수밖에 없었다. 그러나 그것이, 내 스스로, 내가 좋아서 선택했던 역할인 만큼, 어떤 승리보다도 더 처절하고 더 아름다운 역할이었다고 나는 감히 말할 수가 있다. 나는 결코 후회를 하지 않고 있으며, 비록, 그 쓰디쓴 울음을 울었다고 하더라도, 진정으로 위대하고 훌륭했던 패배자의 울음을 울었다고 생각하고 있다. 나는 그 패배자의 역할을 죽음으로써 완성하고, 그 죽음으로써 나의 삶을 완성해 나갈 것이다. 『비판, 비판, 그리고 또 비판』은 『시와 시인』 이후, 10년 만에 출간하는 두 번째 평론집이기는 하지만, 바로 거기에는 나의 도전적이고 야심만만 했던 우리 '한국문학비평'의 진수가 담겨 있다고 해도 과언이 아니다. 『비판, 비판, 그리고 또 비판』은 지난 10년 간의 나의 비판정신의 역사이며, 그 싸움의 기록이다. 나는 '득죄의 수련'을 쌓고 또 쌓은 자로서, 김현, 김우창, 유종호, 백낙청, 정과리 등, 이 저질적이고도 짐승만도 못한 인간들의 문학비평을 발밑으로 깔아뭉개 버리면서, 니체와 칸트마저도 단칼에 베어버릴 수 있을 만큼, 이제는 나의 사상의 힘이 향상되어 가고 있음을 느끼지 않을 수가 없다. 사상만이 고귀한 명예이며, 그 모든 것이다. 사상가는 독수리처럼 하늘의 제왕이며, 우리 인간들의 최후의 목적이고, 그 완성인 것이다.(*이 '愛知의 숲을 거닐면서'는 나의 『비판, 비판, 그리고 또 비판』의 '저자 서문'으로 씌어진 것이지만, 나는 그것이 나의 '예술적 죽음'과 매우 깊은 상관 관계가 있다고 생각하기 때문에, 그 글을 그대로, 이처럼, 덧붙여 보게 된 것이다.)

작곡가 尹龍河씨는
언제나 찬연한 꽃나라
언제나 자비스런 나라
언제나 인정이 넘치는 나라
음악의 나라 기쁨의 나라에서
살고 있을 것입니다.

遺品이라곤 유산이라곤
五線紙 몇 장이었습니다
허름한 등산 모자 하나였습니다
허름한 이부자리 한 채였습니다
몇 권의 책이었습니다.

날마다 추모합니다.
— 김종삼, 「추모합니다」 전문

나는 철학예술가로서 死神의 맏형님, 나는 그 死神에게 나의 '사상의 신전'에는 머리카락 한 올도 보이지 않도록 명령을 내려 둔 바가 있다. 나는 일찍이 死神의 멱살을 움켜잡고 그의 날카로운 비수를 빼앗았으며, 그 영원한 삶을 위해서, 나는 나의 육체의 생명을 포기하고 말았다. 영생불사하는 인간의 육체란 얼마나 더럽고 추한 껍질이며, 오늘도 그 死神의 말씀에 따라 노예적인 복종태도로 '대성통곡'하고 있는 인간들이야말로 얼마나 하찮고 경멸스러운 인간들이란 말인가? 너희들의 삶은 이미 삶이 아니고, 죽은 자의 그것에 지나지 않는다. 네 자신의 맑은 이성과 명료한 이성을 가지고 어느 누구도 아닌, 네 자신의 죽음을 완성하라! 그 죽음을 완성하는 그 짧고, 맑고, 순수한 시간이 너의 아름다운 이승의 삶이 될 것이며, 네가 죽음을 완성하는 순간, 너는 너의 영원불멸의 삶을 살게 될 것이다. 나는 너희에게 이 세상의 삶이 아닌, 가장 아름답고 멋진 죽음, 즉 예술적인 죽음을 권한다. 낙천주의자의 '하강의 깊이'는 '죽음의 깊이'이며, 그것은 우리 인간들의 두 번째 삶의 양식에 해당된다.

자, 우리 모두 가장 멋지게 죽어가는 것이다!

| 참고 문헌 |

1, 몽테뉴, 『수상록』, 집문당, 1996

2, 니체, 『즐거운 지식』, 청하, 1989

3, 마빈 토케이어, 『탈무드』, 홍신문화사, 1998

4, 셰익스피어, 「리처드 2세」, 『셰익스피어 전집』 4, 휘문출판사, 1974

5, 또스트예프스키, 『악령』, 범우사, 1988

6, 니체, 『우상의 황혼』, 청하, 1984

7, 칸트, 『실천이성비판』, 박영사, 1997

제4장 넓어지는 지평선

— 모험에 대하여

'홀로서기', 그 '존재론적 모험'에 대하여

나는 제1장 「행복의 깊이」에서 죄를 짓고 죄악을 정당화할 수 있는 '낙천주의자의 행복론'을 역설한 바가 있고, 제2장 「상승주의의 미학」에서는 삶의 본능의 옹호를, 제3장 「하강의 깊이」에서는 죽음의 본능의 옹호를 역설한 바가 있다. 낙천주의자의 행복론은 이 『행복의 깊이』의 핵심적인 주제이며, 「상승주의의 미학」은 우리 인간들의 첫 번째 삶의 양식에 해당되고, 「하강의 깊이」는 우리 인간들의 두 번째 삶의 양식에 해당된다. 제4장 「넓어지는 지평선」은 출발, 즉 모험의 양식이 될 것이고, 제5장 「포효하는 삶」은 시련극복, 즉 싸움의 양식이, 그리고 마지막으로 「신생의 넋」은 새로운 인간의 탄생을 살펴보게 될 것이다. '삶'과 '죽음', '출발'(모험), '시련극복'(싸움), '새로운 인간의 탄생'(귀환)은 낙천주의자의 다섯 단계의 삶의 양식이며, 그것은 곧바로 우리 인간들의 문화적 영웅의 삶에 바쳐진 것이라고 해도 과언이 아니다. 문화적 영웅이란 우리 인간들의 미래의 이상형이며, 만일, 그 영웅들이 날이면 날마다 새롭게 탄생하지 않는다면 우리 인간들의 역사는 종말을 맺게 될는지도 모른다. 민주주의, 공산주의, 기독교, 불교, 그리고 만인 평등주의자들은 고귀하고 위대한 인간을 한없이 깎아내리고 그 모든 것을 야만적인 평준화에로, 비천화에로, 통속화에로, 저질적인 저속화에로 끌어내리고 있는 것 같지만, 그러나 그것마저도 미 제국주의자의 화신인 부시같은 인물에 의해서 실현될 수가 없다는 사실을 냉정하게 검토해 보기를 바란다. 부시, 빌 케이츠, 조지 소로스, 스티븐 스필버그, 그리고 다국적 자본가들이 과연 현대 민주주의의 이상형의 인물들이고, 또한 그들이 과연 만인 평등주의를 근본 신념으로 삼고 있단 말인가? 언제, 어느 때나 그들의 국가의 이익과 자기 자신들의 이익을 위해서라면 이슬람 문명과 아랍 민족주의와 남미의 민족주의와 아시아, 아프리카의 민족주의를 짓밟을 수 있는 그들이 과연 만인 평등주의를 신봉하고 있단 말인가? 이것은 분명히 지나가는 개도 웃지 않을 수 없는 넌센스의 문제이며, 민주주의, 공산주의, 만인 평등주의, 즉 모든 지배자 혐오주의는 궁극적으로 실패를 할 수밖에 없다는 사실을 거꾸로 반증해 주고 있는 것인지도 모른다. 우리 인간들은 궁극적으로 좀 더 고귀하고 위대한 것을 원해야 하고, 또 그렇게 하지 않으면 안 된다.

만일, 그렇다면, 모험이란 무엇이며, 우리는 그 모험을 어떻게 시작해야 할 것인가? 나는 모험을 주체성의 확립과 타자성의 완성, 혹은 자아의 영역의 확대와 세계 영역의 확대를 위한 최선의 방법으로 생각하고 있으며, 그 모험을 통해서만이 미래의 인간과 새로운 세계의 개척이 가능하다는 사실을 역설하지 않을 수가 없다. 우리 인간들은 이 세계에 내던져진 존재이기는 하지만, 그 실존의 비극을 넘어서서 미래를 향해 스스로를 던져가며 살아가지 않으면 안 된다. 따라서 하이데거의 '유한성과 무'나 사르트르의 '존재의 무'는 텅 빈 '무'가 아니라 무한한 가능성을 띠게 되고 '역도인과성逆倒因果性'의 세계를 펼쳐 보이게 한다. 역도인과성의 세계란 비존재가 존재를 지배하고 미래가 과거를 지배하며, 그 원인과 결과가 되어주는 것을 말한다. 꿈과 희망(목표)이 그의 행동의 원인이 되어주고, 새로운 미래의 인간으로 만들어 주고 있는 것이 바로 그것이다. 사르트르의 말대로 '인간은 자기 스스로를 만들어 가는 것 외에는 아무 것'도 아니다. 하이데거와 사르트르의 실존주의는 '이 세상에 태어나지 않는 것이 최선이고 곧 바로 죽어버리는 것이 차선'이라는 실레노스의 염세주의를 뒤집어 버린 말이며, 모든 인류의 심금을 울린 사상이기도 한 것이다.

그러나 지극히 불행하게도 '인간존재론'은 판단중지된 '존재론'이며, 만일 그 '존재론'이 '인간게놈지도'처럼 해독된다면, 우리 인간들은 모두가 행복한 인간이 될 것이다. 과연 인간 존재의 기원은 무엇이고, 우리는 무엇을 배우고 먹고 살아가야만 하는 것일까? 또, 그리고 영생불사의 삶이 주어진다면, 어느 누가 불행해 지고 행복해 지지 않을 수가 있는 것일까? 하지만 만일, 그렇게 된다면 우리 인간들의 삶이 없어지고, 무의미와 권태에 사로잡혀, 괴롭고, 슬프고, 불행하기만 했었던 지난 날이 더욱더 그리워지고 잃어버린 낙원에의 향수처럼 피어오르게 될는지도 모른다. 따라서 '유한성과 무'와 '존재의 무'의 결과로 늘 불안과 공포 속에서 살아가고 있는 우리 인간들의 실존적 비극이 모든 것이 가능한 지상낙원의 삶(예술)일는지도 모른다.

나는 인간 존재론은 주체성의 확립을 통해서 그 존재의 기반(실존적 토대)을 마련하고, 그리고 그 존재자로부터 타자(세계)로 향해가지 않으면 안 된다고 생각하고 있다. 첫 번째 과정은 '홀로서기'(존재론적 모험)의 과정이며, 두 번째 과정은 사회적 동물로서의 '타자성'(세계화)의 과정이다. 홀로서기는 그 주체자의 인간 관계—부모형제, 친구, 스승, 선배—를 청산한다는 점에서 '밖으로부터 안으로의 운동'(내재성의 확립)이기도 하고, 또 인간 관계의 사회적 장을 떠나서 떠돌이와도 같이 주변인으로 밀려난다는 점에서 '안으로부터 밖으로의 운동'(외재성의 확립)이기도 하다. 이 안과 밖, 즉 내재성과 외재성이 상호 겹쳐지는 운동이 바로 '홀로서기'(주체성의 확립)이며, 우리 인간들의 생사의 운명을 좌우하는 지상 최대의 모험이 된다.

나는 한국사회에서 김수영 시인 이후로, 일의 본질과 그 중요성을 제대로 알고, 또 그것을 온몸으로 실천을 해나가고 있는 사람이 유용주 시인이라고 생각하고 있다. 그의 첫 시집, 『가장 가벼운 짐』은 그가 스스로, 자발적으로 짊어진 '가장 무거운 짐'이며, 그는 자기 자신의 사명감을

> 예수 그리스도는
> 스스로 못박힘으로 세계에서
> 가장 큰 목수가 되었다
> 그도 처음 목수 일을 배울 때에는
> 무수하게 자신의 손가락을 내리쳤으리라
> 으깨어진 손가락을 장갑으로 감추우고
> 20년 가까이 세상 공사판을 떠돌아다닌
> 우리 主 容珠 그리스도
> 지금 그의 일당은 사만 오천원이다
> 하루 한 편,
> 온몸으로 시를 쓰는
> —「가장 큰 목수」 전문

이라고, 노래한 바가 있다. 우리 인간들은 이마에 땀방울을 흘리고 손마디가 부르트도록 일을 하지 않으면 이 세상을 살아갈 수가 없다. 일

은 우리 인간들의 유일무이한 생존수단이며, 우리가 살아가고 있는 이 세계에 질서를 부여해 나가는 삶의 수단이다. 노동자나 농민들처럼 육체적인 노동을 하면서 살아가느냐, 아니면 자본가들이나 지식인들처럼 지적 노동을 하면서 살아가느냐에 따라서 계급과 신분의 위계질서와 그 삶의 태도가 달라지고, 일 자체를 사랑하느냐, 아니면 돈 자체를 사랑하느냐에 따라서 모든 인간 관계와 도덕의 가치관이 달라지게 된다. 유용주는 이러한 사실들을 너무나도 잘 인식하고 있으며, 자기 자신의 일용잡급의 천역을 더없이 거룩한 순교자의 성역으로까지 끌어올리고 있는 것이다. 그는 일 자체를 사랑하는 사람으로서 「막노동을 하고 싶다는 후배에게」 다음과 같이 충고를 한다.

> 일을 한다는 것은
> 쉽게 이야기하면 품을 판다는 것인데
> 우스운 것은 품보다 포옴을 파는 사람이 많다는 사실이야
> 정당하게 품을 팔아야 바른 삶을 일구어나갈 것인데
> 폼부터 먼저 팔려고 드니 한심한 일 아닌가
> 먼저 정직하게 품을 팔 것
> 품파는 데 자신 없는 사람이
> 포옴을 먼저 팔려고 든다는 것을 명심하게
> 땀냄새가 얼마나 구수한 줄 아나
> 그 냄새를 진짜 맡을 때까지
> 치열하게 자신을 밀어붙일 것!
> 건투를 비네

유용주는 그 무엇보다도 "일은 한다는 것은/ 쉽게 이야기하면 품을 판다는 것인데/ 우스운 것은 품보다 포옴을 파는 사람이 많다"라

고 말하고, 그렇지만 일은 "정당하게 품을 팔며" "땀냄새가 구수하게" 느껴질 때까지 자기 자신을 "치열하게", "정직하게" 밀고 나가는 것이라고 말한다. 유용주가 역설하고 있는 품은 그 무엇보다도 이중적인 의미를 띠고 있다. 첫째는 어떤 일에 드는 힘 또는 수고를 말하고, 둘째는 그 일에 대한 힘 또는 수고가 금전적인 댓가만이 아닌, 그 노동하는 사람의 인품人品을 파는 것이라는 의미를 뜻한다. 아리스토텔레스는 목적론적 윤리설의 주창자로서 거짓말(사기)이 나쁜 것은 그 목적에 부합하지 않기 때문이라고 말한 바가 있고, 칸트는 법칙론적 윤리설의 주창자로서 거짓말(사기)이 나쁜 것은 도덕적으로 옳지 않다고 말한 바가 있다. 하지만 유용주는 그 목적론적 윤리설과 법칙론적 윤리설 이전에, 아니, 그것을 뛰어 넘어서서, 일 자체의 사랑을 역설하고, 돈 자체를 사랑하는 모든 기만적인 태도를 매도하게 된다. 포옴form은 하나의 형식, 혹은 외양에 지나지 않으며, 그것은 일의 중요성이나 그 본질과는 동떨어진 사기꾼의 태도에 불과하다. 품品을 파는 사람은 지혜, 용기, 성실함으로 자기 자신의 주체성을 확립하고 그 일의 목적에 비추어 최선의 노력을 다하지만, 폼을 파는 사람은 주체성의 확립이나 일의 목적은커녕, 돈 자체에 대한 사랑으로 타인들의 눈을 속이고 자기 자신마저도 기만을 하게 된다. 일은 어느 특정 계급의 전유물만도 아니며, 그것의 과실이 어느 특정인에게만 유용한 것도 아니다. 또한 일은 계층과 계급, 남녀노소, 출신성분, 그 모든 것에 상관없이 우리 인간들의 유일무이한 생존수단이며, 그것의 과실은 어느 누구에게나 다같이 달콤하고, 또 달콤하다는 데 그 특징이 있는 것이다. 그러나 일은 매우 어렵고 힘들며 대부분의 인간들이 싫어하는 데 그 문제가 있는 것이고, 바로 그 일의 성격과 그 산물(소득, 즉 경제적 이익) 때문에, 국가와 국가, 민족과 민족, 집단과 집단, 개인과 개인의 이해 관계가 첨예하게 대립되고, 크고 작은 분쟁들이 그치지 않고 일어나고 있는 것이다.

유용주의 일 자체의 사랑은 그의 홀로서기를 통한 존재론적 모험의 결과이다. 이때의 '밖으로부터 안으로의 운동'은 "정직하게 품을 팔고 바른 삶을 일구어 나간다는 것"이며, 궁극적으로는 "예수 그리스도는/ 스스로 못박힘으로써 세계에서/ 가장 큰 목수가 되었다"라는 시구처럼, "우리 主 容珠"를 "그리스도"의 위치로 끌어 올리겠다는 것이 된다. 이미, 앞에서 전제한 바가 있듯이, '역도인과성의 세계', 즉 미래의 '우리 主 容珠 그리스도'가 그의 목표가 되고, 그 목표가 유용주의 존재의 근거와 삶의 이유가 되어주고 있는 것이다. 정직하게 품을 팔고 바른 삶을 일구어 나가겠다는 것은 이처럼 '주체성의 확립'(내재성의 확립)의 계기가 되어주기도 하지만, 다른 한편, 그와 동시에, "하루 일당 사만 오천원에" 자기 자신의 "으깨어진 손가락을 장갑으로 감추고" 이 세상의 공사판을 "20년 가까이 떠돌아" 다녀야만 한다는 점에서, "안으로부터 밖으로의 운동", 즉, 외재성의 확립의 계기가 되어주기도 한다. 홀로서기는 이 내재성과 외재성, 즉 '밖으로부터 안으로의 운동'과 '안으로부터 밖으로의 운동'이 동시다발적이면서도 매우 복잡하게 얽혀 있는 존재론적 모험이라고 하지 않을 수가 없다. 모험은 그야말로 우리 인간들의 생사의 문제가 걸린 것이며, 우리 인간들은 그 모험을 통해서만이 청동보다도 더욱더 강하고 튼튼한 영생불사의 인간이 될 수가 있다. 그 영생불사의 인간은 자기 자신과의 싸움—유혹, 질투, 시기, 장애, 불안, 공포 등과 맞서서—의 대가이며, 또한 '예수 그리스도의 인품'을 완성해낸 신성모독적인 싸움—'만인 대 일인의 싸움', 즉 '돈 자체를 사랑하는 사람'과 '일 자체를 사랑하는 사람'의 싸움이라는 점에서—의 대가이다. 이 안과 밖의 운동이 홀로서기이며, 그 존재론적 모험이다. 유용주는 그가 인품을 강조하고 있는 것처럼 일 자체의 사랑이 육화되어 있는 시인이며, 이 시대의 성자 예수 그리스도가 된다. 목수가 목수일 때는 돈을 생각하지 말아야 하고, 목수가 목수일 때는 모든 어렵고 힘든 일을 기피하지 말아야 한다. 그는 그의 이마에 땀방울을 흘리며, 그 땀방울의 냄새가 구수하게 느껴질 때까지 튼튼한 '사랑의 집' 한 채를 짓고 십자가에 못박혀 죽게 된다. 하지만 그가 온몸으로 짓는 집 한 채, 혹은 시 한 편은 우리 인간들 모두에게 다같이 유용한 시—집이 된다. 어느 누가 그 시를 읽고 마음의 상처를 다스리고, 또 그 지치고 힘든 몸을 편안히 뉘여도 상관이 없다. 유용주의 『가장 가벼운 짐』은 우리 인간들의 '가장 무거운 짐'이며, 이 세계에서 가장 위대한 목수의 금언이 오늘도 그 빛을 발하고 있다고 하지 않을 수가 없다.

우리 主 容珠 그리스도
지금 그의 일당은 사만 오천원이다
하루 한 편,
온몸으로 시를 쓰는

내가 낙천주의자로서 우리 인간들의 '행복론'을 연출해 내고자 했을 때, 나는 그 무엇보다도 '제3세계의 문화적 풍토병'과 '비평의 만장일치제도' 속에 신음하고 있는 우리 한국인들을 주목하지 않을 수가 없었다. 제3세계의 문화적 풍토병은 타인의 말과 타인의 사유 앞에서 노예적인 복종 태도를 보이며, 서양인들이 '서양인들은 문화인이고, 동양인들은 야만인'이라고 부르면, 바로 그렇게 따라 부르는 병—아무런 명명의 힘도 없는 병—이며, 비평의 만장일치제도는 아버지와 스승의 권위 앞에서 '비평하기보다는 기꺼이 찬양'하는 제도를 말한다. 제3세계의 문화적 풍토병과 비평의 만장일치제도는 학연과 혈연과 지연으로 얼룩져 있는 것처럼, 우리 한국 사회를 근친상간의 추태로 만연시키게 되고, 궁극적으로는 우리 인간이라는 종의 건강을 더없이 타락시키고 약화시키게 된다. 온갖 부정부패가 난무하고 있는 정치, 경제, 문화와 최소한도의 민족국가의 성립요건도 충족시키지 못하고 있는 남북분단의 현실, 더욱이 무엇이 선이고 악인지도 모른 채, 눈 먼 봉사, 말 못하는 벙어리, 아무 말도 듣지 못하는 귀머거리에다가 기이할 정도로 이상한 생식기만을 달고, 최고의 권력자들 앞에서는 노예적인 복종 태도만을 보이고 있는 우리 학자들이 바로 그렇다. 따라서 그 근친상간의 추태를 바로잡기 위해서 '나는 신성모독을 범한다, 고로 존재한다'와 '세계는 나의 범죄의 표상이다, 고로 나는 행복하다'라는 낙천주의자의 제1의 명제를 정립할 수밖에 없었다. '아버지 살해'는 모든 문화를 움직이는 근본적인 힘이며, 그것은 나의 비상콤플렉스에 종속된 외디프스콤플렉스의 핵심적인 요체이다. 신성모독은 나의 존재론과 행복론의 토대이며, 바로 이 신성모독의 땅에서만이 우리 인간들의 낙천주의가 자라날 수가 있는 것이다. 죄를 짓고 죄악을 정당화하지 않으면 우리 인간들의 삶이 없게 된다. 그 결과, 나는 모든 인간 관계를 청산하고 '내재성을 확립'—'밖으로부터 안으로의 운동'—할 수가 있게 되었고, 또한 모든 친구, 스승, 신문기자, 출판업자 등으로부터 소위 '왕따'를 당하고 '외재성을 확립'—'안으로부터 밖으로의 운동'—할 수가 있게 되었다. 이 홀로서기는 나의 생사의 운명이 걸린 '존재론적 모험'이었다고 나는 감히 말할 수가 있는 것이다.

인간은 자신이 홀로 설 수 있는 능력과 스스로를 지배할 수 있는 능력을 타고났는지 알기 위해 적절한 때를 골라 자신을 시험해 봐야 한다. 그 시험이 비록 가장 위험한 게임이고 종국에는 자기 자신 밖에는 증인이 돼주고 재판관이 돼 줄 사람이 없는 그런 시험일지라도 그것을 회피해서는 안 된다.

타인에게 매여서는 안 된다. 가장 사랑하는 사람일지라도. 모든 인간은 감옥이며 밀실이다. 조국에 매여서는 안 된다. 조국이 혹독한 시련에 처해 있고 절실히 도움을 필요로 한다 하더라도. 부강한 조국으로부터 마음을 떼어 놓기란 그리 어려운 일이 아니다. 연민에 매여서는 안 된다. 우연히 고귀한 인간이 보기 드문 고통과 곤경에 처해 있는 것을 보게 됐을지라도. 학문에 매여서는 안 된다. 그것이 바로 우리를 위해 쌓아 둔 듯한 가장 귀중한 발견들로 우리를 유혹한다 할지라도. 자기 초월에 매여서는 안 된다. 눈 아래로 더 먼 곳을, 좀 더 새로운 것을 보기 위해 더 높이 비상하려는 욕심을 부리는 새처럼 비상의 함정에 빠져서는 안 된다. 자신의 미덕에 매여서는 안 된다. 훌륭하고 뛰어난 인간이 겪는 위험 중의 위험은 친절함이라는 부분적인 미덕 때문에 자신의 전체를 희생하는 일이다. 그는 거의 아무렇게나 낭비하듯 스스로를 소모해 버리고 관용의 미덕을 지나치게 강조함으로써 악덕에 가까운 것으로 만들어 버린다. 인간은 스스로를 보존하는 법을 알아야 한다. 그것이 독립성에 대한 가장 어려운 시험이다(1: 65—66)*.

— 니체, 『선악을 넘어서』에서

위대한 스승은 스스로 날아가지 못한 인간, 문학적 유산은 아버지에게서 조카에게로 간다는 금언마저도 잃어버린 비굴한 인간을 거절하고, 스승과 제자 사이를 떠나서 '아니다'와 '그렇지 않다'라는 말이 가능하지 못한 인간, 부분적 진실에 함몰되어 종합적인 시야를 잃어버리고 개 같은 학대를 감수하고 있는 인간을 자신의 제자로 삼지는 않는다. 또한 그 반대 방향에서 위대한 제자는 스스로 날 수 없는 스승을 섬기기는커녕, 이미 성화되어 더 이상 깎아내릴 것이 없는 스승의 권위에도 도전하고, 스승의 최고의 문학적 유산을 거절함으로써 '그 스승에 그 제자'라는 미풍양속에 값하고자 한다. 이처럼 스승과 제자 사이의 관계는 항상 특이하고도 동등하지 않는 대결로 환원되지만, 스승과 제자 사이가 반드시 적대적인 대립 관계로 귀결되지는 않는다. 스승은 스승답게 자신에게 도전해 오는 제자를 더욱더 마음 속 깊이 사랑하

* (1: 65—66)은 1의 책 65—66면을 말한다.

> 고, 제자는 제자답게 자신의 도전에 의연하고 당당하게 대처하는 스승의 덕망과 학문적 깊이를 더욱더 존경하게 된다(2: 278).
>
> — 반경환, 『비판, 비판,그리고 또 비판』에서

니체의 글은 '친절함'이라는 부분적 미덕 때문에 전체를 희생시켜 버리는 어리석은 짓을 경계하면서 '홀로서기'의 중요성을 강조한 대목이고, 나의 글은 모든 학문의 예비학인 비판정신을 강조하면서, 그 '홀로서기'를 통한 진정한 스승과 제자의 관계를 역설해본 글이라고 해도 과언이 아니다. 이 홀로서기의 연장선상에서, '나는 신성모독을 범한다, 고로 존재한다'라는 나의 존재론을 더욱더 극단적으로 밀고 나간다면 '세계는 나의 범죄의 표상이다, 고로 행복하다'라는 나의 행복론과 만나게 될 것이다. 나는 제 아무리 타당한 말과 이미 절대적으로 인정을 받고 있고, 불멸의 진리로써 정식화되어 있는 '사상'과 '이론'들마저도, 우선은 '아니다', '그렇지 않다'라고 부정을 해놓고 본다. 자기 이웃과 세계에 대한 무조건의 부정, 이것이 신성모독자의 사명이며, 낙천주의의 싹을 틔우는 씨앗과 그 의지가 되어준다. 신성모독자는 신성모독자로서의 이 세상과 자기 자신의 삶을 향유할 수 있는 권리가 있는 것이다. 너희는 나의 낙천주의 사상 앞에 입을 맞춘다. 그리고 끊임없이 찬양과 숭배를 하고, 어느덧 나의 존재는 모든 인류의 스승으로 거듭 거듭 다시 태어나게 된다. 그러나 나는 너희들에게 말한다. 나의 사상을 받아들이기 이전에 부정을 하고, 그 부정의 토양—신성모독, 혹은 낙천주의의 토양—에다가 너희들의 삶과 철학을 마련해 보라고……! 모든 제자는 나의 조롱과 경멸의 대상이며, 다른 한편, 미래의 나의 스승이기도 하다. 나는 실레노스—디오니소스의 스승이었다가 그의 충복이 된 그리스 신화 속의 인물—도 존경하지만, 디오니소스를 더욱더 존경한다. 나는 오늘도 저 친절한 목자처럼, 너희들을 유혹하는 달콤한 노래를 부르고 있지만, 그러나 너희들은 내 유혹의 목소리에 현혹되어서는 안 된다. 모든 제자들이여, 스승의 존재를 부정하고, 또 부정하라! 바로 그렇게 할 수 있을 때만이 너희들의 삶이 있게 되고, 또한, 너희들의 낙천주의가 자라나게 될 것이다. 따라서 모든 사상은 낙천주의를 양식화시킨 것이다라는 나의 철학적 명제가 더욱더 그 정당성을 획득하게 될 것이다. 오오, 나의 이 말을 알아듣겠는가, 나를 떠나가는 모든 제자들이여!

만일, 유용주가 모든 '포옴'을 거절하고 자기 자신의 '인품'으로 주체성을 확립하고, 이 세상의 '사랑의 집 한 채'(타자성)을 완성해 놓았다면, 나 역시도 우리 한국인들의 제3세계의 문화적 풍토병과 비평의 만장일치제도를 거절하고 나의 인품으로 주체성을 확립하고, 우리 인간들의 '낙천주의의 신전'(타자성)을 완성해 놓았다고 할 수가 있다. 이때의 주체성의 완성은 자기 영역의 확대이고, 타자성의 완성은 세계 영역의 확대이다. 이제 유용주의 사랑의 집 한 채는 어느 누가 살아도 상관이 없고, 나의 '낙천주의의 신전'은 우리 한국인들만이 아닌, 어느 누가 그 일생을 맡겨도 아무런 문제가 없다. 홀로서기, 그 존재론적 모험은 이처럼 고귀하고 위대한 문화적 영웅들의 첫 걸음(출발)인 셈이다. 따라서, 홀로서기란 가장 위대한 존재론적 모험이며, 세계정복운동의 첫 걸음이기도 한 것이다.

세계 영역의 확대와 자기 영역의 축소: '타자성의 완성'과 '몰주체성의 확립'의 세계: '리쿠르고스와 나폴레옹' 대 '광개토대왕'과 조선의 '태조 대왕'의 경우

플루타크의 『영웅전』에 따르면, 리쿠르고스는 스파르타의 아버지이며, 현대 민주주의와 사회주의 이상을 구체적으로 추구했던 인물이라고 할 수가 있다. 그는 그 이상을 위하여 스스로 왕위를 버리고, 크레타인과 이오니아인들의 생활방식을 비교 연구했던 것은 물론, 그리스 최고의 철학자인 탈레스와 친교를 맺고 여기 저기 단편적으로 흩어져 있었던 호머의 시들을 정리했다고 한다. 호머가 그리스 민족만이 아닌 세계적인 대서사시인으로 그 이름을 떨치게 된 것은 이러한 리쿠르고스의 노력 때문이었는지도 모른다. 그가 스파르타를 떠나서 이집트, 에스파니아, 아프리카, 인도 등을 여행하는 동안, 스파르타 사람들은 '왕으로서 기품을 지닌 사람'은 리쿠르고스밖에 없다는 사실을 깨닫고 정중히 그를 모셔가고자 했다. 오랜 여행을 마치고 스파르타로 돌아온 리쿠르고스는 전면적인 개혁 작업에 착수를 했다. "공화국의 모든 것을 바꾸어야 한다. 몇몇 사소한 법령만으로는 부족하다. 위독한 환자를 치료하는 현명한 의사처럼 단호한 처방을 내려야만 한다"가 그의 신념이었던 것이다(3: 52).

그의 첫 번째 개혁은 원로원의 설립이었고, 그것은 왕의 전제적인 권한을 견제하는 '공화정'이라는 제도로 나타나게 되었다. 그의 두 번째 개혁은 토지의 재분배를 실시하는 것이었고, 그 세 번째는 모든 사치스러운 예술을 불법으로 규정하는 것이었다. 그는 만인 평등주의와 인본주의에 입각하여 공화정 제도를 도입했으며, 빈부의 격차를 해소하고 모든 스파르타 사람들의 사치와 재물에 대한 욕망을 없애 버린 것이다. 대부분의 스파르타 사람들은 아이들마저도 공동으로 생산하고 공동으로 양육시켰던 것이며, 소박하고 검소한 생활을 토대로 하여, 그들의 사회주의 이상을 실천하는 데 최선의 노력을 다 기울였던 것이다. 스파르타식의 근면과 성실, 그들의 엄격한 교육과 훌륭한 사상, 그들의 용기와 청빈함은 소크라테스를 비롯한 수많은 철학자들에 의해 이상 국가의 구체적인 목표와 그 실천 방향이 되어 주었던 것이다. 리쿠르고스는 그러나 이 모든 것을 법으로 남기지 않고, 기록하는 것 자체를 '네트라rhetra'에 의해 금지했다고 한다. 이러한 국가운영의 근본법령들은 모든 시민들의 몸과 마음 속에 뿌리 깊게 각인되어 있어야만 자율적으로 준수될 수 있다고 믿었기 때문이다.

허약한 아이를 기르지 않고 건강하고 튼튼한 아이를 기르게 하는 것, 건강하고 튼튼한 아이를 위해서는 외간 남자와의 간통마저도 허용한 것, 불필요하고 사치스러운 결혼식 제도를 없애버린 것, 소박하고 검소한 생활과 성벽보다도 용기 있는 사람들로 담을 쌓게 한 것, 한결같이 일관되고 체계 있게 어린 아이들을 가르치고 스파르타식의 대화법을 창출해낸 것, 시와 음악과 전쟁을 사랑한 것—. 그리고 마지막으로, 리쿠르고스가 아폴로 신에게 제사를 올렸을 때, 다음과 같은 신탁을 들었다고 한다. "리쿠르고스의 법은 훌륭하다/ 그 법으로 인해/ 스파르타는 이름을 떨치게 될 것이다(3: 79)." 따라서 그는 아폴로 신에게 한 번 더 제사를 올리고 모든 친구들과 아들들에게 작별 인사를 하고, 어떠한 음식마저도 거절한 채, 결국은 굶어서 죽었다고 한다. 왜냐하면 스파르타 사람들이 그와 맺은 맹세로부터 자유로울 수 없도록 해야 했기 때문이었다. 스파르타는 그리스의 도시 국가 중 가장 강력한 국가가 되었고, 그후 14명의 왕이 재위하는 500년 동안 리쿠르고스의 법령을 조금도 고치지 않았다고 한다.

사람들은 그대를
'신이 사랑하는 사람'이라 부르지만
사실 그대는 인간이기보다는
신에 가까운 사람이다.
또한 그대의 소원이 충분히 전달되었으니
그대가 만든 법은
이 세상에서 가장 훌륭한 법이 될 것이다.

그리고 그 법을 지키는 나라는

이 세상에 널리 이름을 떨치게 될 것이다.

— '리쿠르고스 법률에 대한 아폴로 신탁의 말'에서

고대 그리스의 영웅이 리쿠르고스—내가 가장 사랑하고 존경하는 알렉산더 대왕은 제5장에서 살펴볼 것이다—였다면, 근대의 프랑스의 영웅은 나폴레옹 황제라고 하지 않을 수가 없다. 그렇다면 나폴레옹을 나폴레옹이게끔 한 역사적 배경은 무엇이며, 궁극적으로 나폴레옹의 영웅주의란 무엇이란 말인가? 나폴레옹은 프랑스의 식민지인 코르시카 섬에서 태어났으며, 그의 집안은 매우 가난했다고 한다. 자그만 키에 유난히 머리가 크고 남다른 정의감과 총명함을 지니고 태어났던 나폴레옹, 브리엔 유년사관학교 시절 수많은 귀족의 아이들에게 둘러싸여 언제나 외롭고 쓸쓸했던 나폴레옹, 항상 플루타크 『영웅전』을 옆에 두고 세계정복운동을 꿈꾸었던 나폴레옹—. 피식민지인, 가난한 집안, 자그만 키는 그의 콤플렉스를 이루고, 그 콤플렉스는 그의 영웅의 표지가 되어 주었다. 더없이 비천하고 천박한 어중이 떠중이들에게는 그들의 콤플렉스 자체가 치명적인 독이 되고 우리 인간들의 건강을 좀 먹게 하지만, 고귀하고 위대한 인간들에게는 그들의 콤플렉스 자체가 쓰디쓴 보약이며 강장제가 되어준다. 그들은 그 '콤플렉스'를 극복해 나가는 과정에서 '주체성의 확립'과 '타자성의 확립', 즉, '자아 영역의 확대와 세계 영역의 확대'를 이룩하게 되고, 그것은 사상과 이론의 차원에서 '거대한 제국'의 꿈으로 나타나게 된다. 콤플렉스는 모든 영웅들이 지닌 표지이며, 그 말이 승화되어 꿈으로 나타나게 된 것이다. 따라서 나폴레옹을 나폴레옹이게끔 한 진정한 역사적 배경은 18세기 말의 프랑스 혁명이었으며, 그 프랑스 혁명이 인류의 역사에 있어서 가장 위대하고 훌륭했던 나폴레옹이라는 영웅을 탄생시켰던 것이다. 해외 식민지 쟁탈전에서 영원한 숙적—영국에게 백전백패를 당해야만 했던 프랑스, 그 화풀이로 미국의 독립운동을 지원해 주고 엄청난 재정적자에서 헤어날 수 없었던 프랑스, 소수의 귀족들이 국가의 부를 50%나 독점을 하고 있었으면서도 단 한 푼의 세금도 내지 않고 있었던 조세의 불평등 제도, 루이 16세의 무능과 그의 왕비 마리 앙투아네트의 호화로운 사치 등, 이 모든 것들이 프랑스 혁명의 원인이 되어 주었던 것이다. 루이 16세가 소집한 삼부회의가 국민의회로 바뀌고, 모든 신분 차별의 철폐를 주창했던 인권선언, 성난 군중들의 바스티유 감옥의 습격사건, 그리고 도덕적 엄숙주의로 무장한 자코뱅당의 공포정치, 툴롱의 반란군을 단번에 진압하고 남프랑스의 포병 사령관이 된 나폴레옹, 또 자코뱅 잔당들의 반란을 단숨에 진압하고 수도 사령관에서 이탈리아의 원정 사령관이 된 나폴레옹, 이처럼 프랑스 혁명은 그 혁명의 무차별적이고 상호적인 폭력과 그 무질서를 잠재워 줄 나폴레옹을 필요로 했던 것이다. 또한 나폴레옹은 그 천재일우의 호기를 자기 자신의 시대로 이끌어 내기 위하여, 언제나 플루타크 『영웅전』을 비롯한 수많은 책들을 읽으면서 고귀하고 위대한 영웅의 꿈을 꿈꿔왔던 것이다.

나폴레옹의 독서 범위는 참으로 넓었습니다. 포병장교로서 알아야 할 포격의 원리와 역사, 포위 공격법, 사거리 관측법 등을 비롯해 페르시아의 역사, 스파르타의 전술, 이집트의 역사, 인도의 지리, 영국사, 프리드리히 대왕 전기, 프랑스의 재정론이나 몽고인 및 터키인의 풍속, 지리, 마키아벨리론(군주론), 천문학, 지질학, 기상학, 인구론, 사망 통계 등 참으로 다양했습니다.

그것도 대충 읽는 게 아니라, 언제나 정독하는 것이었습니다. 책을 읽은 후에는 반드시 발췌록을 만들었습니다. 그리고 포병배치론, 자살론, 군주론, 인간불평등론, 코르시카론 등의 논문을 쓰기도 했습니다. 나폴레옹은 공상가이지만 분석력과 집중력이 뛰어난 것이 보통 사람과는 다른 점이었습니다 (4: 82—83).

'나의 사전에는 불가능이란 말은 없다'라는 말로 무장을 하고 알프스를 넘어서 '마렝고 전투'에서 대승리를 이끌어낸 나폴레옹, 나폴레옹 법전을 선포하고 프랑스 황제가 된 나폴레옹, 그 어느 누구의 출신 성분도 문제를 삼지 않고, 실력 위주의 인재등용 원칙을 엄수했던 나폴레옹, 한 걸음 더 나아가 유럽 법전, 유럽 재판소, 유럽 화폐, 유럽 연방을 꿈꾸면서, 그 마무리 작업으로서 러시아를 침공했던 나폴레옹, 그의 영웅주의는 이처럼 인간의 한계를 넘어서서 도저히 실현시키고 이룩할 수 없는 영원한 제국을 꿈꾸었다는 데 있는 것이다. 나폴레옹은 나폴레옹의 법(사상)을 통해서 세계정복을 꿈꾸었던 것이고, 오늘날의 유럽 연방은 나폴레옹의 꿈에서 비롯된 것이라고 하지 않을 수가 없다.

스파르타의 아버지 리쿠르고스는 B.C. 7세기 경의 전설적인 인물이었지만, 그의 생애의 모험은 세 번에 걸쳐서 이루어지고 있다고 하지 않을 수가 없다. 첫 번째는 스스로 왕위를 버리고—형수의 청혼을 거절한 결과, 형수와 그 측근들의 중상모략을 피해서—정치적 망명을 떠났던 것이며, 두 번째는 스파르타의 개혁을 위하여 그의 뜻에 공감하는 동지들을 규합하여 카릴라우스왕을 무력으로 설득시킨 것이고, 마지막으로 세 번째 모험은 스파르타의 모든 법령을 완성하고 매우 젊은 나이에 자기 스스로 목숨을 끊었던 것이다. 그의 첫 번째 모험은 그의 홀로서기 과정이며, 그것은 그의 주체성의 확립으로 이어진다. 탈레스와 친교를 맺고 호머의 시들을 정리한 것은 물론, 수많은 이민족들의 생활 양식을 연구한 오랜 여행이 그것이며, 그리고 그 주체성을 토대로 하여, 스파르타의 전통과 관습을 뜯어고치고 '리쿠르고스 법령'으로 개정한 것은 그의 '타자성의 완성'을 뜻한다. 이 '타자성의 완성'은 그의 두 번째 모험의 성과이며, 그것은 주체성을 확립한 자가 그것을 토대로 하여 타인들과 관계를 맺고, 그 타인들을 위해서, 이 세상에서 가장 화려하고 찬란한 업적을 쌓은 것을 말한다. 그 결과, 스파르타 사람들의 생활 양식과 그 법령은 만인들의 귀감이 되었던 것이며, 3,000년의 세월이 지난 오늘날까지도 그 빛을 잃지 않고 있는 것이다. 그의 타자성은, 그의 세 번째 모험이 그의 삶의 완성(자살)이었듯이, 선악을 넘어선 이타적인 행위가 되며, 리쿠르고스의 법령은 그의 '사상의 신전'(세계 영역의 확대)이 되어서, 모든 사람들의 안식처가 되어주고 있는 것이다.

이에 반하여, 아니 그와 동일하게, 나폴레옹 황제의 첫 번째 모험은 "근무 말고는 피난할 곳이 없다. 일주일에 한 벌밖에 내의를 갈아 입지 못한다. 건강이 좋지 않아 밤에는 잠을 통 자지 못한다. 그리고 요즈음에는 돈이 없어 하루에 한 끼밖에 먹지를 못한다"라는 말에서처럼 (4: 81), 그 엄청난 가난에도 불구하고, 플루타크 『영웅전』을 머리맡에 두고, 수많은 책들을 읽으며, '포병배치론', '자살론', '군주론', '인간 불평등론', '코르시카론' 등의 학문 연구 과정을 들 수도 있을 것이다. 이 첫 번째 모험은 그의 홀로서기의 과정이며, 그것은 그의 주체성의 확립으로 이어진다. 이제는 리쿠르고스와 나폴레옹의 '홀로서기 과정'을 더 이상 설명할 필요는 없을 것 같다. 따라서 그의 두 번째 모험은 '나의 사전에는 불가능이란 말은 없다'라는 말로 무장을 하고, 알프스를 넘어서 '마렝고 전투'에서 대승리를 거둔 이후, 1804년 '나폴레옹 법전'을 완성하고 프랑스의 황제가 된 것이며, 그의 세 번째 모험은 모스크바 침공 이후, 엘바 섬으로의 유배, 그리고 다시 워털루 전투에서의 패배와 고도 세인트 헬레나에서의 사망까지로 설명할 수도 있을 것이다. 그 주체성의 확립 이후, 타자성의 완성은 알렉산더와 징기스칸 이후로 가장 위대한 것이었고, 그것은 나폴레옹 법전을 통한 '유럽 연방'의 꿈으로 나타나고 있다고 해도 과언이 아니다. 막스 갈로의 『나폴레옹』 제5권은 그 대단원의 막을 이렇게 장식하고 있다. "그들은 나를 보면 모두들 기뻐서 어쩔 줄을 모를 거야. 우리는 로마 장군 스키피오와 한니발과 카이사르와 프리드리히 대왕과 함께 앉아, 우리가 벌인 전쟁에 대해 이야기를 나눌 것이네. 재미 있을 거야…(5: 450)" '나폴레옹은 어디에서나 행복하다'라고 그가 항상 달했듯이, 그는 언제, 어느 때나 최악의 상황을 견뎌내며, 그 최악의 상황을 최선의 삶으로 변모시켜 놓고 있는 것이다. 리쿠르고스와 나폴레옹의 드라마는 고귀하고 위대한 영웅의 드라마이며, 기사도적인 모험 정신과 성자의 영웅주의로 점철된 한 편, 한 편의 예술 작품이라고 하지 않을 수가 없다. 그들은 언제, 어느 때나 독창적인 말과 사유로 그 어느 누구도 흉내낼 수 없는 법(사상)과 그 세계 영역을 무한대로 개척한 선구자들이었던 셈이다. 그들의 주체성의 완성은 자기 영역의 확대이고, 타자성의 완성은 세계 영역의 확대이다. 주체성의 완성과 자기 영역의 확대가 타자성의 완성과 세계 영역의 확대로 이어지는 것은 두말할 필요조차도 없다. 리쿠르고스와 나폴레옹의 법전(사상)과 그 거대한 제국은, 비록 그들의 육체는 죽어갔지만, 영원불멸의 삶을 살아가게 될 것이다. 우리는 이와도 같은 역사적 인물들을 진정한 문화적 영웅으로 부르고, 그들이 온몸의 피로 쓴 '사상의 신전' 앞에서 끊임없이 찬양과 경의를 표하지 않으면 안 된다.

리쿠르고스와 나폴레옹의 지혜는 오랜 학습과 연구의 결과이며, 따라서 지혜가 있는 자만이 주체성을 확립하고, 타인들에 대한 이타적인 사랑(타자성의 완성)을 완성하게 된다. 즉 그의 자아의 형성사가 세계의 형성사와 일치하게 되는 것이다. 그리고 그 이전에, 그는 그 지혜에 의하여 낙천주의자의 목표를 갖게 되고, 그 목표를 향하여 온몸으로 정진하게 된다. 온몸으로 정진한다는 것은 생사를 넘어선 용기와 그 성실함을 말하고, 그는 그 어떤 것도 두려워하지 않고, 결코 어떤 샛길에도 한 눈을 팔지 않게 된다. 고귀하고 위대한 인간, 기사도적인 모험 정신과 성자의 영웅주의로 무장되어 있는 인간은 날이면 날마다 삶과 죽음의 경계를 넘나들다가 마침내는 죽음으로써 자기 자신의 삶을 완성하고 영생불사의 삶을 살게 된다. 모험은 끊임없이 위험하게 사는 것이며, 모든 문화적 영웅들의 생명이다. 또한 모험은 그 주체자의 붉디 붉은 피이며, 거대한 남근이고, 날이면 날마다 일용해야 할 양식이다. 따라서 나는 아슬아슬하게 공중곡예를 펼치는 인간들, 한 걸음, 한 걸음마다 날개를 돋아나게 하고 손에 땀을 쥐게 하는 인간들, 자기 자신의 목숨을 하루살이나 파리처럼 가볍게 여기면서도 더욱더 깊이 있게 사랑하고, 자기 자신의 존재론과 행복론을 우리 인간들의 존재론과 행복론으로 연출해낼 수 있는 모든 문화적 영웅들의 모험(홀로서기)의 중요성을 역설할 수밖에 없었던 것이다.

그렇다면 우리 한국인들에게 있어서 모험이란 무엇이며, 그들은 어떠한 목표를 갖고 그들의 모험을 시작했단 말인가? 또한 그들의 주체성의 확립이 타자성의 완성으로 이어지고, 그들의 자아 영역의 확대는 세계 영역의 확대로, 그리고 궁극적으로는 모든 인류의 심금을 울릴 수 있는 문화적 영웅들을 탄생시켰단 말인가? 그러나 지극히 애석하게도 미리부터 말해 본다면, 우리 한국인들의 모험은 무사안일 속의 '반 모험'이고, 다른 한편, 우리 한국인들의 영웅주의는 끊임없는 자기 영역의 축소와 함께, 몰주체성에 사로잡혀 있는 '반영웅주의'에 지나지 않는다. 따라서 '반모험'과 '반영웅주의'는 무목표, 무의지, 무책임이라는 '三無政策'과 함께, 내재적으로는 무사안일 속의 사색당파를 낳고, 외재적으로는 끊임없는 충성과 무조건의 찬양으로 이어지는 사대주의를 낳는다.

과연 광개토대왕은 어떤 인물이며, 또 조선 시대의 태조대왕은 어떤 인물인가? 나는 우리 한국인들의 영원한 제국의 꿈이 광개토대왕에서 그 싹을 보였다가 '대명절의'와 '사대주의의 화신'인 이성계에 의해서 그 싹이 말라 죽었다고 생각한다. 내가 진정으로 사랑을 하고 있는 인물은 광개토대왕이며, 가장 혐오하고 싫어하는 인물은 이성계이다. 광개토대왕의 諡號는 '국강상 광개토경 평안 호태왕國岡上 廣開土境 平安 好太王'이며, 그것은 '영토를 크게 넓히고 나라를 태평하게 다스린 위대한 임금'이라는 뜻을 지닌다. 일찍이 광개토대왕은 17세의 어린 나이로 고구려의 제19대 왕으로 등극하고, 최초로 자기 자신이 명명한 '영락'이라는 연호를 쓴 바가 있다. 광개토대왕은 언제나 창의적인 새로운 정치를 실시했고, "나라의 기본은 국토이니라. 땅이 없으면 흩어지게 되고 흩어지면 힘이 쇠약해져서 다른 나라의 노예가 될 수밖에 없는 법이다. 반대로 땅을 잘 지키고 넓은 땅을 차지하고 있으면 언젠가는 잘 살고 부강한 나라가 될 것이다. 그러므로 우리는 국토를 잘 지켜야 할 것이며 나라를 더욱 넓히고 기름지게 하는 것이 바로 내가 말하는 영락의 길이니라"는 자기 자신의 정치 철학으로 무장을 한 바가 있었다(6: 70).

하지만 광개토대왕의 꿈이 좀 더 웅대하지 못했던 것이 내가 그를 진정한 문화적 영웅으로 볼 수 없는 이유가 된다. 그는 좀 더 찬란하고 화려한 '인식의 제전'을 통해서 자기 자신의 정치 철학을 완성해야만 했었고, 그 정치 철학(사상)을 토대로 하여, 알렉산더와 징기스칸과 나폴레옹처럼, 영원한 제국을 건설할 수 있어야만 했었다. 따라서 광개토대왕의 정치 철학의 부재가 영원한 제국의 문 앞에서, 지나친 관용과 온정주의로 주저앉게 된 것이고, 그것은 작디 작은 사소한 평화(무사안일)를 위하여 거대한 제국의 꿈을 펼쳐보지 못한 최악의 실수(자기 영역의 축소)가 된 것이다. 왜 그는 백제의 '아신왕의 항복'을 받고도 백제를 멸망시키지 않았던 것이며, 왜 또한 그는 신라의 내물왕 때 신라를 사실상 지배하고 있었으면서도 신라를 멸망시키지 않았던 것일까? 뿐만 아니라, 왜 그는 중국의 선비족인 후연과 동부여를 물리치고도, 오늘날의 중화민국 전체와 몽고와 인도와 이집트까지도 지배할 수 있는 세계정복운동을 펼쳐 보이지 못했던 것일까? 따라서 그는 대고구려의 영토를 남으로는 한강의 이북에서 머나먼 북쪽의 송화강 유역까지, 서남으로는 요하에서 머나먼 동쪽의 연해주까지 개척할 수가 있었지만, 이 세 가지의 중요한 실수는 대고구려의 멸망의 이유가 되고 말았던 것이다. 첫 번째 실수는 삼국을 통일하고 우리 한국인들의 진정한 민족국가를 건설하지 못한 것이며, 두 번째 실수는 세계정복운동의 호기를 놓치고, '나당 연합군'에 의한 고구려의 멸망의 동기가 되어준 것이다. 광개토대왕의 지나친 관용과 온정주의는 그의 정치 철학의 부재를 말해 주고, 또 그것은 고귀하고 위대한 것은 고귀하고 위대한 인간에 의하여 성취된다는 '영웅주의'에 반하는, 그의 세 번째 실수가 되어준다.

내가 이 장을 쓰고자 구상을 하고 있었을 때, 나는 광개토대왕과 최영 장군을 주목할 수밖에 없었다. 초등학교 때의,

황금을 보기를 돌같이 하라
이르신 어버이의 뜻을 받들어
한 평생 나라 위해 바치셨으니
겨레의 스승이라 최영 장군

이라고, 노래를 부른 강렬한 인상 때문이기도 했지만, 그러나 그의 '북진주의'와 그 용감하고 씩씩한 기상 때문이기도 했다. 하지만 내가 『인물한국사』를 읽어가던 중, 최영 장군과 이성계는 모두가 다같이 '사대

주의의 화신'이라는 인식을 갖게 되고, 그 몹쓸 '사대주의' 때문에 크나 크고 엄청난 환멸감을 맛보지 않을 수가 없었다. 최영 장군은 '대원절의' 속의 '친원파'의 우두머리이며, 이성계는 신흥강국으로 급부상하고 있는 '대명절의' 속의 '친명파'의 우두머리이다. 바야흐로 그 시대는 세계를 제패했던 大元帝國이 낙조의 길을 더듬고 있었고, 북만주에서는 원나라의 '나하추'가 크게 패했고, 명나라의 정로대장군征虜大將軍 남옥藍玉은 15만 대군을 이끌고 서쪽으로 출병을 하고 없었다. 그 결과, 요동 지방에서는 명나라의 병력이 비게 되었고, 이것을 기회로 옛 고구려의 영토를 회복하고 불구대천의 원수와도 같았던 명나라와 한 판의 멋진 승부를 붙어보고 싶었던 것이 최영 장군과 우왕의 속셈이었는지도 모른다. 이것이야말로 옛 고구려의 영토도 회복하고, '대원절의' 속의 그 하나님과도 같은 은혜—조선 시대에 명나라가 청나라에 패배했을 때, 이 땅의 어리석은 사대부들의 '대명절의'처럼, 이미 패망의 길에 접어든 원나라의 은혜—에 보답할 수 있는 일거양득의 절호의 찬스가 아니었던가? 따라서 우왕과 최영 장군은 우군도통사右軍都統使 이성계에게 5만의 병력을 주었고, 그것이 '위화도 회군'의 계기가 되어 주었던 것이다.

> 소국으로서 대국에 거역함이 첫째 불가요. 여름철의 출진이 둘째 불가요. 원정군이 출동하면 왜구가 그 허를 노릴 것이니 셋째 불가요. 지금은 장마가 들어 활의 아교가 녹아 활을 못쓰게 되며 장마철이라 질병이 걱정되니 또한 불가니라(7: 55).

이른바 이성계의 네 가지 '불가' 이유는 위화도 회군시에 조작된 것이라고도 하지만, 어쨌든 이성계는 이민족의 심장에 겨누었어야 했을 총과 칼을, 우왕과 최영 장군과 그리고 우리 한국인들에게다가 무차별적으로 난도질을 해대기 시작했던 것이다. 그대의 "공로가 크나 사대事大의 예에 어두워 독단으로 공요攻遼의 군사를 일으켜 천자에 득죄하고, 하마터면 나라를 망칠뻔 하였으니 전공前功이 대명大明에 대한 반역죄를 덮을 수는 없다"라는 최영 장군의 참형의 선고문이 바로 그것이다(7: 57). 그 결과, 조선의 태조 대왕은 어떻게 행동을 하고 명나라의 황제에게 또한 어떻게 사죄를 했단 말인가? 적어도 태조 이성계는 단군 이래로의 '영원한 제국의 꿈'은 아예 젖혀두고, 작은 나라, 작은 국가의 황제가 되어 하나님의 말씀과도 같은 '사대주의'를 조선조의 건국 이념으로 삼지 않았던가? 따라서 작은 나라의 무지한 신민이 '천자의 나라'(명나라)를 침범하려 했던 대역죄를 백배 사죄하고, 온갖 금은보화와 술과 음식과 조선의 미녀들을 명나라의 황제에게 바치고, 무조건의 충성과 찬양을 맹세하지 않았던가? 세자를 책봉하거나 왕위 계승권마저도 명나라의 황제에게 또한, 스스로, 자발적으로 갖다 바치고, 수많은 國事들을 '대명절의'라는 國是 앞에서 일관되게 처리하지 않았던가? 아아, 우리 한국인들의 이 짐승만도 못한 사대주의는 이처럼 뿌리가 깊은 것이고, 나는 그것을 제2장 「상승주의의 미학」에서 밝혀낸 바가 있다.

서양인들의 모험은 그들의 주체성과 타자성의 완성, 그리고 자아 영역의 확대와 세계 영역의 확대로 이어지지만, 우리 한국인들의 모험은 주체성의 상실과 함께, 끊임없이 자기 영역의 축소로 이어진다. "우리는 거룩한 단군의 자손이다. 아득한 옛날에 단군 왕검이 하늘에서 내려 오셔서 나라를 세워 다스리며 '널리 인간을 이롭게 하라'고 가르치셨다. 따라서 우리는 하나님의 자손이다. 이 세상에서 가장 굳세고 강한 민족이다"라는 건국 신화와 그 홍익 인간의 이념이 있건만(6: 74), 이 땅에서는 그 이름도 거룩하고 찬란하게 우왕, 공민왕, 최영, 이성계, 이순신, 세조대왕, 고종, 순종, 박정희, 전두환, 노태우, 이승만, 김영삼,

김대중, 이회창 등, '반 영웅주의'에 사로잡혀 있는 어중이 떠중이들만이 탄생하고, 또 탄생하고 있을 뿐인 것이다. 이 쓸쓸하고 우울한, 약소민족의 '사대주의'와 그 더러운 정쟁(아아, 사색당파의 그 유구한 문화유산)을 넘어서서 황지우의 「목마와 딸」을 읽어 보기로 하자.

> 우리 집으로 오는 길은 시장이 있고 그 길로 한 백미터쯤 위로 올라오면 호남 정육점이 있는데요, 거기서 오른쪽 생선가게 있는 샛길로 올라오면 신림탕이라고 공중 목욕탕이 있고요, 그 뒤 공터에 소금집과 기와공장이 있지요. 소금집은 루핑으로 지붕을 얹은 판자집인데요, 거기서 다시 연립주택이 있는 골목길로 쭉 타고 올라오면 여덟 번째 반슬라브 가옥이 바로 우리 집이지요. 이 집에서 나는 번역도 하고 르포도 쓰고 가끔 詩도 쓰면서 살지요. 마누라가 신경질 부리면 다섯 살 난 딸을 데리고 소금집 공터에 나와 놀지요. 공터의 큰 포플라나무 그늘에 앉아 노인들은 화투를 치고.
>
> 어떤 날은, 리어카에 목마 여섯 대를 달고 아이들에게 백 원씩 받고는 한 이십 분이고 삼십 분씩 태워 주는 할아버지가 그 그늘 아래로 오지요. 나는 환호하는 딸을 하얀 백말에 앉혀 주고 그 하얀 백말의 귀를 잡고 흔들어 주지요. 아, 나의 아름다운 딸은 내 눈 앞에서, 네 발을 묶은 용수철을 단방에 팍 끊고 튀어가는 듯하지요. 말갈기를 흩날리며 나의 아름다운 딸은 기와공장에서 불어오는 모래바람 속으로, 아, 노령 연해주 땅으로, 멀고 안 보이는 나라로 들어가 버린 듯하지요.

황지우의 시는 사실적이면서도 환상적인 동화적 색채로 그 아름다운 충격을 더해주고 있는 것 같다. 그의 시가 사실적이라는 점에서는 '우리 집'이 위치해 있는 동네의 풍경과 인물들의 사실적 묘사가 돋보이고, 그의 시가 환상적이라는 점에서는 새로운 세대를 상징하는 어린 딸이 "네 발을 묶은" 목마의 "용수철을 단방에 팍 끊고" "말갈기를 흩날리며", "아 노령 연해주 땅으로, 멀고 안 보이는 나라로" 날아가 버릴 듯한 동화적 공간이 돋보인다. 황지우의 「목마와 딸」의 아름다움은 시인의 하찮은 일상 생활과 그 일상 생활의 어려움을 호소하는 데 있지 않고, 그 하찮고 지루한 일상 생활을 벗어날 수 있는 모험의 세계를 찬양하고 있는 데 있다고 하지 않을 수가 없다. 호남 정육점, 생선가게, 신림탕, 소금집, 반슬라브 가옥들이 즐비한 서민들의 동네에서, 일정한 직업도 없이 "번역도 하고 르포도 쓰고 가끔 詩도 쓰면서" 살아가는 시인의 생활이 즐겁고 기쁠 까닭이 없는 것이다. 따라서 '마누라의 신경질'은 시인의 삶을 압박하는 생활 현실의 질병이 되고, 「목마와 딸」은 그 일상 생활에서 벗어날 수 있는 삶의 환희와 기쁨이 된다. 이때의 모험은 한 바가지의 신성한 청량제가 되고, 멋진 신세계와 지상낙원으로 인도해 주는 삶의 활력소가 되어준다. 모험만이 위대하고 또 위대하다. 모험만이 아름답고 또 아름답다. 황지우의 「목마와 딸」은 이성계의 '사대주의'와 '반 모험'과 '반 영웅주의'를 넘어서서, "아, 노령 연해주 땅으로, 멀고 안 보이는 나라로" 우리 한국인들을 인도해준다. 오늘도 우리들의 희망은 모험을 손짓하여 부르고, 그 모험가는 백전불패의 승전가를 부르며 진군을 하게 된다. 모든 문화적 영웅은 모험가이며, 그가 모든 인간 관계를 청산하고 시작한 모험의 크기가 그의 위대성을 증명해 준다. 리쿠르고스와 나폴레옹, 그들은 언제, 어느 때나 모든 것을 자기 자신이 판단하고 명명을 한 전제군주이자 훌륭한 입법자이다. 최영 장군과 이성계, 그들은 언제, 어느 때나 무사안일 속에다가 '사대주의 사상'을 심고, 스스로를 끊임없이 낮추며 비겁하게 살다가 간 한 마리의 노예들에 불과했다. 최영 장군을 저 한 마리의 기생충과도 같은 이성계에게 비교하는 것은 너무나도 지나치고 크나큰 결례일는지도 모르지만, 그에게는 '대원절의'와 그 '사대주의'를 넘어서서 '영원한 제국의 꿈'이 없었다고 해도 지나친 말이 아니다.

모든 시는 낙천주의를 양식화시킨 것이다. 시가 존재하는 한 우리 인간들의 삶은 향유되지 않으면 안 된다. 삶을 향유하는 데 있어서는 우리 인간들의 삶이 과연 살 만한 것인가, 아닌가라는 질문조차도 쓸데없는 시간 낭비에 지나지 않는다. 삶은 회의되고 질문되기 이전에 향유되지 않으면 안 된다. 이 대전제 앞에서만이, 우리 인간들의 삶을 향유할 수 없게 하는 그 모든 장애물들에 대한 성찰이 가능해 진다. 나의 낙천주의 사상은 우리 인간들의 삶의 본능을 옹호하는 긍정의 철학이며, 그것이 매우 부정적으로 인식되고 있는 것은 내가 채택하고 있는 방법이 신성모독적이기 때문일 것이다. 모든 전위적인 사상은 매우 불온하고 신성모독적인 어떤 것일 수밖에 없다. 미셸 푸코는 '인식론적 단절'을 역설한 바가 있고, 부르디외는 '이교도적 단절'을 역설한 바가 있다. 그러나 나의 비판 방법은 '부정을 위한 부정'이나 '비판을 위한 비판'이 아닌, 절대 긍정을 위한 모든 학문의 예비학으로서의 방법적인 비판이라고 해도 과언이 아니다.

모험이란 새로운 세계를 찾아나서는 우리 인간들의 '출발의 양식'이며, 그것은 낯익은 세계에서 낯선 세계로 나아가는 것을 뜻한다. 낯익은 세계는 일상적이고 관습적인 세계이며, 낯선 세계는 비일상적이고 비관습적인 세계이다. 또한 낯익은 세계가 더 이상의 외부적인 충격이나 신진대사의 촉진이 가능하지 않은 세계라면, 낯선 세계는 모든 것이 새롭고 신선하고, 새로운 인간과 멋진 신세계가 펼쳐지고 있는 세계라고 하지 않을 수가 없다. 낯선 세계는 매혹과 두려움의 세계이고, 낯익은 세계는 무의미와 권태뿐인 세계이다. 그러나 대부분의 일상적인 사람들은 낯익은 세계의 무사안일과 그 행복만을 즐기려고 할 뿐, 좀처럼 낯선 세계에로의 모험을 떠나려고 하지를 않는다. 왜냐하면 낯선 세계는 그만큼 두렵고, 그 방법적인 수단으로서 생사의 운명을 건 모험을 택하지 않으면 안 되기 때문이다. 이러한 대부분의 일상인들의 인식이 모든 모험을 부정적이게 만들고, 끝끝내는 그들의 낡은 사고방식이 새로운 세대의 출현과 멋진 신세계를 가로막는 '인식론적 장애물들'로 작용을 하게 된다. 우리 인간들의 삶을 향유하는 방법도 각 시대마다 다르고, 저마다의 타고난 성격과 취향 때문에, 모든 사람들이 다 같을 수는 없다. 따라서 우리 인간들의 삶의 본능을 옹호하기 위해서는 그 모든 장애물들과의 싸움이 필요하고, 그 방법이 신성모독적으로 극단적일 필요성이 바로 여기에 있는 것이다.

이제 우리 인간들이 사회적 동물이라는 사실을 부인할 수 있는 사람은 아무도 없을 것이다. 하지만 일찍이 영웅의 역사에 있어서 무리를 짓거나 타인들과 함께 살아가는 것보다 더 끔찍하고 불행한 일은 없었을 것이다. 이 세상의 사물의 이름이나 가치, 그리고 모든 도덕과 법과 제도에 대하여 자기 스스로 이름을 붙이고 명명할 수 있는 고귀하고 위대한 인간이 어떻게 저 무리를 짓는 가축떼와도 같은 인간일 수가 있겠으며, '찬탈자, 식인귀, 마침내 사로잡힌 사나운 야수'라는, 온갖 비난과 폭언을 듣긴 했지만, '나폴레옹 법전'을 통해서 '유럽연방'을 건설하려고 했던 나폴레옹이 어떻게 타인의 말과 사유 앞에서 노예적인 복종태도를 보일 수가 있었겠는가? 아주 자그만 사건이나 사소한 일에도 공동체의 의견을 묻고 그 의견에 복종한다는 것은 훌륭한 인간의 자기 손실이며, 모든 영웅주의에 대한 암적인 종양일 뿐이다. 그는 대부분의 시간을 호랑이나 곰처럼 단독자의 생활로 보내고, 그 고독하고 쓸쓸하고 우울한 시간을, 그러나 자기 자신의 이익이나 행복보다는 인류 전체의 문명과 문화의 발전에만 쏟아붓고, 마침내 그가 택한 모험은 우리 인간들의 '영원한 제국'을 건설하기 위한 구체적인 수단이 되어주고 있다고 해도 틀림이 없다. 이제 우리는 어떻게 모험을 시작할 것인가? 리쿠르고스와 나폴레옹이 오랜 학습과 연구의 과정을 거쳤듯이, '홀로서기'를 이룩한 인간—주체성을 이룩한 인간—은 '타자성의 완성(세계 영역의 확대=영원한 제국)을 위하여 그의 생사의 운명을 걸고 어떤 모험을 선택하지 않으면 안 된다. 모험은 끊임없이 위험하게 사는 것이며, 모든 문화적 영웅들의 생명이다. 또한 모험은 그 주체자의 붉디 붉은 피이며, 거대한 남근이고, 날이면 날마다 일용해야 될 양식이다. 내가 그토록 끊임없이 지혜, 용기, 성실을 주장한 바가 있지만, 따지고 보면 지혜가 모든 것이고, 나머지는 아무 것도 아닐는지도 모른다. 오랜 학습과 연구 과정을 통하여 지혜를 획득하게 되면 삶의 목표—그것이 '영원한 제국'이든지, '사상의 신전' 이든지 간에—는 저절로 주어지게 되고, 삶의 목표가 주어지게 되면 그것을 추구하는 수단으로서의 용기와 성실함 역시도 저절로 주어지게 된다. 아니, 어쩌면 지혜를 습득하는 과정에도 용기와 성실함이 필요하고, 지혜와 용기와 성실함은 이미 내가 역설한 바와 같이, 따로따로 분리할 수 없는 어떤 것('삼위일체')일는지도 모른다.

이제 우리는 어떻게 모험을 시작할 것인가? 그것은 두말할 것도 없이 삶의 목표를 정하고 자기 자신의 생사를 걸 만큼의 무거운 짐을 스스로, 자발적으로 짊어지기만 하면 된다. 자, 출발이다! 이 세상에서 가장 무거운 짐을 짊어지고 가기 위해서는 또한, 모든 인간 관계를 청산하지 않으면 안 된다. 아버지도, 어머니도, 아내도, 형님도, 동생도, 어린 자식들도, 친구들도, 민족도, 국가도, 도덕도, 법도, 질서도, 공산주의도, 자본주의도, 기독교도, 불교도, 힌두교도, 이슬람교도, 자이나교도, 회의론도, 도덕부정론도, 고전주의도, 낭만주의도, 현실주의도, 초현실주의도, 구조주의도, 탈 구조주의도, 그리고 그 모든 것들도, 모두가 다같이 '네 에미 씹'일 뿐이다. 더욱더 무거운 짐을 짊어지기 위해서 모든 인간 관계들을 청산하게 되면, 이제는 삶의 목표보다도 모험만이 더욱더 소중해 지고, 모험 자체가 삶의 목표가 되어주게 될는지도 모른다. 하늘도 넓어지고, 지평선도 넓어지고, 그 주체자의 가슴도 넓어진다. 넓어지는 지평선은 신성모독의 지평선이며, 낙천주의자의 지평선이다.

저 노예상에게서는 꽃냄새가 난다
허리를 구부려 그 독한 냄새를 맡는다
아, 기억난다 내 몸에서 노예의 냄새가 난다

꽃 속에 갇혀 사자가 울부짖고 있다 그때,
우리는, 사자가 활짝 피었구나, 라고 말한다
꽃은 활짝 핀 폐허,
우리는 그 속에서 잃어버린 왕관을 찾는다

이 꽃은 누구의 붉은 머리일까, 한 줄기 의혹처럼
불쑥 고개를 치켜드는 붉은 말들
그렇게 붉게 물들었다, 말까지도
빨갱이로,
물들여 말을 처형하기 위하여

동물원 창살 너머 꽃 한 송이
꽃에 먹이를 던진다
꽃에서
사자로 덥석, 비약하는 말
말은 얼마나 먹고 싶은 욕망인가
동물원 창살 너머 꽃 한 마리
— 송찬호, 「동물원 창살 너머 꽃 한 마리」 전문

유용주에게는 '우리 主 容珠'(「가장 큰 목수」)가 가장 무거운 짐이었고, 황지우에게는 「목마와 딸」의 '멀고 안 보이는 나라'가 가장 무거운 짐이었다. 리쿠르고스에게는 스파르타의 천년 왕국이 가장 무거운 짐이었고, 나폴레옹에게는 '유럽 연방'이 가장 무거운 짐이었다. 더욱이 부처는 생로병사에 시달리고 있는 민중들의 짐을 가장 무거운 짐으로 짊어진 바가 있었고, 예수는 가난하고 힘 없고 선량한 민중들의 짐을 가장 무거운 짐으로 짊어진 바가 있었다. 일엽편주와도 같은 배에 의지하여 아메리카의 신대륙을 발견했던 콜롬버스, 뉴턴의 역학 이론에 도전하여 시공간의 휘어짐을 증명하고 상대성 이론을 정립했던 아인시타인, 그 어느 누구도 다룰 수 없었던 '글리세린'이라는 물질에 도전하여 '다이나마이트'를 발명하고 '노벨상'을 제정했던 노벨, 절대 군주와도 같은 형이상학의 독단론에 도전하여 모든 학문의 예비학으로서 비판철학을 정립했던 칸트, 세계를 정복하고 전쟁이 없는 알렉산드리아 문화를 구축하려고 했던 알렉산더 대왕, 『악의 꽃』을 통하여 '시의 종교'를 안출해 냈던 보들레르, 『지옥에서 보낸 한철』을 통하여 '모음의 색깔'과 '광태의 모든 체계'를 증명하고 '見者 詩論'을 완성했던 랭보, 그들은 모두가 다같이 이 세상에서 가장 어렵고 무거운 짐을 짊어질 줄 알았던 모험의 대가들이기도 했던 것이다.

송찬호의 시적 상상력은 언어학적 상상력이며, 따라서 그의 가장 무거운 짐은 '언어의 짐'이 된다. 태초에 말씀이 있었고, 그 말씀에 따라서 이 세계와 이 우주가 창조되었다. 말은 곧, 신의 현존이었고, 하나의 말에는 하나의 사물이 정확하게 대응을 하고 있었다. 하지만 현대 언어학의 창시자인 소쉬르에 의하면 말과 대상, 즉 기표와 기의의 관계는 매우 자의적이며, 말과 사물 사이의 조화로운 관계(의미의 안정성)를 파탄에 빠뜨리게 된 것은 어디까지나 문자라고 지적을 한 바가 있었다. 왜냐하면 말은 그 주체자의 현존을 필요로 하지만, 문자는 저자의 현존을 필요로 하지 않기 때문이다. 따라서 기껏해야 이차적이며 장식적인 문자가 말을 오염시키고 타락시켰다는 것이 소쉬르의 주장이었던 셈이다. 데리다는 그의 「문자학에 관하여」라는 글에서 이러한 '말 중심주의'를 전면적으로 비판하고 문자는 말일 뿐만 아니라, 말이란 언제나 이미 씌어져 있는 문자라고 주장을 한 바가 있었다(8: 101). 나는 말이 오염되었다면 문자도 오염되었고, 문자가 오염되었다면 말도 오염되었다고 생각을 하고 있지만, 적어도 말과 글(문자)의 이분법적인 대립과 순수한 말(글)과 오염된 말(글)을 구분하려는 모든 인간들의 기도에는 놀라움과 실소를 금하지 않을 수가 없다. 말과 글은 그렇게 분리될 수 있는 것도 아니며, 순수한 말과 오염된 말이 따로 있는 것도 아니다. 순수한 말과 오염된 말은 그 주체자가 똑같은 말을 어떠한 자리에서, 어떻게 사용하고 있느냐에 따라서 그때 그때마다 구분할 수밖에 없는 것이다. 가령, 예컨대, 스승이 사용하고 있는 지혜롭다는 말과 소매치기 두목이 사용하고 있는 지혜롭다는 말은 매우 그 뜻이 틀릴 수밖에 없는 것이다. 전자는 그의 제자가 매우 공부를 잘한다는 뜻으로 그 말을 사용했을 수도 있고, 후자는 그의 부하가 남의 호주머니를 매우 잘 턴다는 뜻으로 그 말을 사용했을 수도 있다. 그리고, 이와 마찬가지로, 수도원의 성처녀에게는 순결이 매우 중요한 말일 수도 있지만, 사창가의 포주에게는 그 말처럼 더럽고 불결한 말도 없을 것이다. 따라서 현대 사회에서의 언어의 문제는 그 대상(기의)을 잃고 부단히 떠돌아 다니고 있는 기표의 문제이고, 그 기표의 존재는 분명히 언어의 암적인 종양이라고 하지 않을 수가 없다. 그 의미도 불분명하고 사랑과 믿음과 자유를 송두리째 앗아가는 한 떼의 말(기표)들이, 우리 인간들의 몸에서 빠져나와 제멋대로 떠돌아 다니며, 무차별적인 혼란만을 가중시키고 있다고 하지 않을 수가 없다.

송찬호는 그의 언어학적 상상력을 통해서 우리 인간들의 언어의 불모지대를 매우 힘겹게 건너가고 있지만, 그러나 그의 언어는 끊임없이 부유하며 떠돌고 있는 말들보다는 지난날의 탄압과 압제의 냄새가 짙게 배어 있다. 왜냐하면 그는 "노예상에게서" "꽃냄새"를 맡고 그 독한 냄새를 통해서 자기 자신의 몸에서도 "노예의 냄새"를 맡고 있기 때문이다. 또한 꽃 속에서 사자가 울부짖는 모습을 연상해 내기도 하고, 그 '사자의 우리'를 통해서 "꽃은 활짝 핀 폐허"라고 울부짖기도 한다. 이때의 "잃어버린 왕관을 찾는다"라는 시구는 지난날의 황금 시절을 돌이켜 보고 있는 말에 지나지 않지만, 이내 그 추억마저도 "말까지도/ 빨갱이로" 물들여 처형했다는 '반공 이데올로기'에 의해서 지워져 버리고 만다. 이제서야 비로소 "동물원 창살 너머 꽃 한송이/ 꽃에 먹이를 던진다/ 꽃에서/ 사자로 덥석, 비약하는 말/ 말은 얼마나 먹고 싶은 욕망인가/ 동물원 창살 너머 꽃 한 마리"라는 시구가 제대로 이해되기 시작한다. 다시 말하자면, 노예상이 꽃냄새를 피우면 나의 몸에서는 노예의 냄새가 나고, 꽃 속에서는 노예상과도 같은 사자가 울부짖게 된다. 이때의 꽃은 아름다운 폐허일 뿐, 지난날의 황금시절을 지시하지 않는다. 따라서 꽃의 붉은 머리를 바라보면 "한줄기 의혹처럼/ 불쑥 고개를 쳐드는 붉은 말들", "말까지도/ 빨갱이로/ 물들여 처형"했던 지난날의 반공 이데올로기가 떠오르고, 마침내는 동물원의 '사자 한 마리'도 '꽃'으로 덥석, 비약을 하게 되는 것이다. 어쨌든 송찬호의 언어(말)에는 지난날의 그처럼 가혹하고 혹독했던 탄압과 압제의 냄새가 짙게 배어 있다. 이제는 언어가 돈이고 명예이고 권력이다. 좀 더 과감하게 언어학적 차원에서 말해 본다면, 상부구조와 하부구조의 문제는 하나의 부수적인 문제에 지나지 않는다. 따라서 경제적 차원에서, 하부구조가 상부구조를 결정하는 것이 아니다. 왜냐하면 하부구조가 상부구조를 결정하기 이전에, 그 상부구조와 하부구조를 결정하는 것은 언제나 '언어'라는 '최종심급'이기 때문이다. 가진 자와 못 가진 자의 언어가 다르고, 배운 자와 못 배운 자의 언어가 다르다. 언어의 유무에 따라서 사회적인 출신성분의 계급이 갈라지고, 그리고, 또한 사회적인 명예와 부와 권력이 주어진다. 태초에 말씀이 있었고, 그 말씀을 소유하기 위해서는 그 무엇보다도 기나긴 학습 과정과 값비싼 대가를 치루지 않으면 안 된다.

언어는 절대로 가치중립적인 것이 아니며, 누구에게나 똑같이, 똑같은 의미로 작용을 하고 있는 것도 아니다. 수사학이 "부르조아 문화의 입문과정"이 된 것도 우연이 아니며, '조롱의 수사학'과 '검은 수사학'이 난무하게 된 것도 우연이 아니다(9: 20). 그리고 글의 주제나 논쟁의 충실함보다도 능변에 더 애착을 보이게 된 것도 우연이 아니며, 말들이 그 대상을 잃고, 이른 봄날의 황사현상처럼 떠돌아 다니게 된 것도 우연이 아니다. 언어를 소유하고 있으면 무죄가 되고, 그렇지 못하면 유죄가 된다. 왜냐하면 언어는 "교양 있는 자들을 더욱 교양 있게"(「옆에서 본 저 달은」) 만들어 주고 있기 때문이고, 또한 그것은 합법적인 폭력을 강제할 수 있는 힘을 갖고 있기 때문이다. 이밖에도 송찬호의 「술, 매혹될 수밖에 없는」, 「인공정원」, 「물방울 감옥」, 「말의 폐는 푸르다」, 「雪國」 등의 일련의 시들은 이러한 언어에 대한 깊은 성찰을 담고 있다고 해도 과언이 아니다. 얼마나 언어에 대한 성찰이 깊었으면, '노예상에게서 꽃냄새'를 맡을 수가 있었던 것이며, 또한 얼마나 언어에 대한 성찰이 깊었으면 '한송이 말—꽃'을 역동적인 '사자'의 모습으로 그 육체성을 부여할 수가 있었던 것일까? 오늘도 송찬호의 그 '말—사자'들이 노예상의 횡포 앞에서 순치되어 가기도 하고, 한송이 예쁜 꽃으로 피어나기도 한다. 말은 천변만화하는 요술쟁이이다. 말은 그 주체자의 의지에 따라서, 혹은 그 의지에 관계없이 천사의 말이 되어 주기도 하고, 악마의 말이 되어 주기도 한다. 왜냐하면 우리 인간들이 언어의 주체가 아니라, 언어가 우리 인간들의 주체가 되고 있기 때문이다. 레비스트로스의 '신화소'나 롤랑 바르트의 '언어체'라는 개념들은 바로 이러한 성찰의 결과를 매우 깊이 있게 드러내 보여주고 있다고 하지 않을 수가 없다.

송찬호는 말의 노예이며 그 사슬에서 벗어나고자 하는 노예이다. 말의 노예로 살아가기는 쉽지만, 그러나 그 사슬에서 벗어나기는 매우 어렵다. 송찬호는 그 어렵고 힘든 길을 사랑이 담긴 말, 믿음이 담긴 말, 언제, 어느 때나 그 주체자들의 자유로운 의사 표현이 가능한 말을 찾아내기 위하여, 자기 자신의 그 모든 것을 걸고 걸어가고 있는 것이다. 이러한 점에 있어서 그는 태초의 말의 기원을 찾아가고 있는 '말 중심주의자'이며, 현대 사회의 언어의 불모지대를 어느 누구보다도 씩씩하고 용감하게 헤쳐 나가고 있는 시인이라고 할 수가 있다. 시인의 상상력이 새로우면 그의 언어가 새롭게 되고, 그의 언어가 새로우면 그의 시세계가 생동하게 되는 것이다. 그가 속한 사회의 보편적 믿음과 "사육된 말"(「말의 폐는 푸르다」)들을 개처럼 물어뜯고, 우리들의 언어학적 구조가 사회 역사적 구조와 구조적으로 상동관계임을 밝혀내고 있으면서도, 때묻지 않고 순수한 언어의 기원을 찾아가는 그의 노력에 무한한 찬사와 함께 경의를 표하지 않을 수가 없다.

새벽은 밤을 꼬박 지샌 자에게만 온다.
낙타야,
모래박힌 눈으로
동트는 地平線을 보아라.
바람에 떠밀려 새 날이 온다.
일어나 또 가자.
사막은 뱃속에서 또 꾸르륵거리는구나.
지금 나에게는 칼도 經도 없다.

經이 길을 가르쳐 주진 않는다.

길은, 가면 뒤에 있다.

단 한 걸음도 생략할 수 없는 걸음으로

그러나 너와 나는 九萬里 靑天으로 걸어가고 있다.

— 황지우, 「503」 전문

송찬호가 우리 인간들에게 가장 무거운 '언어의 짐'을 짊어지고 그 불모지대의 사막을 건너가고 있다면, 황지우는 새로운 '經'을 찾아, 그 '經'이라는 가장 무거운 짐—「503」이라는 시에서—을 짊어지고 '九萬里 靑天'으로 걸어가고 있는 것처럼도 보인다. 낙타의 건강한 몸은 더욱더 무거운 짐을 짊어질 수가 있고, 또한 낙타의 타는 듯한 갈증을 잘 견디는 정신은 이 세상의 불모지대의 사막을 제일 잘 건너갈 수가 있다. 그러나 그 낙타는 아버지의 명령과 문화적 장벽에 복종하고 있는 낙타가 아니다. 그 낙타는 순종하는 척 하면서도 반항을 하고, 모든 것을 묵묵히 참고 견디는 척 하면서도 아버지를 살해한다. 황지우의 가장 무거운 짐이 '經'인 것은 '經'은 가면 뒤에 있고, "經이 길을 가르쳐 주진" 않지만, 그래도 머나먼 이상의 세계를 상징하는 '九萬里 靑天'을 향해서 묵묵히 걸어가게 해주고 있기 때문이다. 그는 두 눈에 보이지 않는 새로운 '經'을 짊어지고 가면서, 그 미래의 '經'을 창조해 내는 모험가일 수밖에 없다. 언제나 모험가는 창조자이며, 그는 그 창조자에 해당하는 산고와 고통을 겪지 않으면 안 된다. "새벽은 밤을 꼬박 지샌 자에게만 온다/ 낙타야/ 모래박힌 눈으로/ 동트는 地平線을 보아라."

이 세상에서 가장 무거운 짐을 짊어진 자들이여! 자, 출발이다!

하늘도 넓어지고, 지평선도 넓어지고, 그대들의 가슴도 넓어진다.

이 세상의 모든 신성모독자들이여, 낙천주의자들이여! 자, 출발이다!

새로운 세계, 새로운 지상낙원은 저 불모지대의 사막 너머에 있는지도 모른다.

천하의 大道를 걸어가면서

새 술은 새 부대에 담아야 한다는 말이 있듯이, 주체성을 확립하기 위해서도 존재론적 모험이 필요하고, 타자성을 완성하기 위해서도 존재론적 모험이 필요하다. 모험은 전적으로 이 세계와 우리 인간들의 불완전성에 기인한다. 행복한 사회를 상정하는 인간에게 불행한 현실은 참을 수가 없는 것이 되고, 언제나 자유를 희원하는 인간에게 도덕과 법과 제도는 더 이상 참을 수가 없는 것이 된다. 따라서 콜롬버스가 깨뜨린 것은 그가 속한 사회의 보편적 믿음과 문화적 장벽이었고, 엠페도클레스가 깨뜨린 것도 그가 속한 사회의 보편적 믿음과 문화적 장벽이었던 것이다. 그들은 그들이 속한 사회에 가장 잔인한 적의의 화살을 쏘아댐으로써 낙천주의자의 사명(신성모독자의 사명)을 완성할 수가 있었던 것이다. 모험은 생사를 넘어선 싸움이며, 모래 바람 속에서 앞이 보이지 않는 전진이다. 모험은 새로운 지상낙원을 찾아가는 과정이며, 불완전한 인간으로서 人神에 대한 방법적인 도전 정신인 것이다. 하지만 대부분의 인간들이, 이성계나 최영 장군, 아니, 근친상간의 추태를 미덕으로 착각하고 있는 우리 한국인들처럼, 모험에의 소명을 거부하고 모험 자체를 부정적이게 만들어 버린다. 그것은 "타성이나 힘에 겨운 일" 때문이기도 하고, 커다란 "문화적 장벽" 때문이기도 하다(10: 61). 만일, 송찬호나 황지우 시인 등이 정직하고 성실하게 자기 자신의 길을 걸어가지 못한다면, 그들의 재능이나 신성神性마저도 어느덧 마법의 괴물처럼 변해버리게 될는지도 모른다. 우리는 이러한 주인공들을 희극의 주인공이라고 부르지, 비극의 주인공이라고 부르지 않는다. 왜냐하면 비극의 주인공은 프로메테우스나 외디프스처럼 모든 인류의 영웅이지, 너무나도 편협한 민족 영웅이 아니기 때문이다.

나는 얼굴이 누런 동양인으로서 칸트의 『실천이성비판』을 읽다가 다음과 같은 맹자의 글을 발견하고 깜짝 놀라지 않을 수가 없었다.

> 천하의 광거廣居에 서고 천하의 정위正位에 서며 천하의 대도大道를 행한다. 뜻을 얻으면 백성과 더불어 그것을 실천하고 뜻을 얻지 못하면 홀로 그것을 실천한다. 부귀도 음淫할 수 없고 가난도 뜻을 전향하게 할 수 없으며 위무威武도 굴屈케 하지 못한다.
>
> — 孟子, 「滕文公 章句 下」에서

그러나 맹자의 이 글과 역자가 비교하고 있는 칸트의 글과는 아무런 상관도 없고, 다만 역자의 치기와 다소 자기 현학적인 태도와 관련이 있을 뿐이라고 나는 생각하고 있다. 나는 더욱이 맹자의 학문에는 관심이 없지만, 맹자의 이 말에는 어느새, 나도 모르게 입을 맞추고 말았었다. 천하에 광거에 서고 천하의 정위에 서며 천하의 대도를 행한다는 것이 어찌 소명에의 요청을 거절한 인간의 태도일 수가 있겠으며, 뜻을 얻으면 백성과 더불어 그것을 실천하고 그렇지 않으면 혼자서 그것을 실천한다라는 그의 기개가 어떻게 무사안일과 나태함을 택한 이 세상의 어중이 떠중이들의 태도일 수가 있겠는가? 더욱이 부도 음淫할 수 없게 하고 가난도 그 뜻을 전향할 수 없게 하며, 어떤 권력도 굴할 수 없게 한다라는 대목은 생사의 경계를 넘어선 神人의 경지라고 하지 않을 수가 없다. 일찍이 '최고의 선'과 '신들의 경지'가 에피쿠로스 학파의 궁극적인 목표이었듯이, 맹자는 낙천주의자—또, 내가 내 식으로 불러본다면—로서 이 세상을 넓고 아름답고 풍요롭게 바라볼 줄을 알고 있었던 것이다. 이 세상을 넓고 아름답고 풍요롭게 바라보면, 삶의 공포와 죽음의 공포가 없어지고 그 모든 것이 가능해 진다. 생살을 후벼 파는 듯한 고통도, 벌겋게 달은 쇠붙이로 살을 지지고 십자가에 못 박히는 고통도, 만일 우리가 그 고통에 의미를 부여할 수만 있다면, 우리 인간들은 얼마나 달콤하고 짜릿한 순교자의 쾌락을 맛볼 수가 있을 것이란 말인가!

영어와 영국인 자랑이자 모든 인류의 영광인 셰익스피어 역시도 우리 인간들의 낙천주의 사상을 제대로 알고 이해하고 있었던 것처럼도 보인다. 내가 내 식으로 좀 더 말해 본다면, 낙천주의자만이 천하의 대도를 걷고 모험의 대가가 될 수가 있는 것이다.

> **고온트** 하늘의 눈(太陽)이 찾아드는 곳은 다 현자에게는 좋은 항구요, 행복한 안식처다. 궁핍에 빠지거든 이렇게 생각하라… 즉 궁핍보다 더 좋은 것은 없다라고. 국왕이 너를 추방한 것이 아니다 네가 국왕을 추방한 것이라 생각해라. 불행은 참는 힘이 약하게 보이면 더욱 무섭게 덮친다. 이번 여행은 이 애비의 권고로 영예를 구하러 떠나는 것이지 추방이 아니라고 생각해라. 또는 이 잉글란드에는 열병이 퍼져 있어 그것을 피하기 위하여 공기 맑은 곳으로 전지를 간다고 생각해 봐라. 또는 네가 소중히 하는 것은 지금 찾아가는 목적지에 있지, 떠나는 곳에 있는 것이 아니라고 생각해 두렴. 지저귀는 새들은 음악가요, 발에 밟힌 풀은 골풀이 깔린 알현실이오, 꽃은 아름다운 귀부인이오, 내딛는 발걸음은 즐거운 무도나 춤이라고 생각하렴. 으르렁대는 비탄도 그것을 조롱하고 무시하는 사람을 물어 뜯지는 못한다(11: 124—5).

이 글은 「리처드 2세」의 한 장면이며, 이 세상의 아버지가 그의 아들에게 들려주는 가장 아름다운 말이라고 나는 생각한다. 아버지는 리처드 2세의 숙부이자 고온트 공작이며, 아들은 리처드 2세의 사촌이자 볼린브루크 공작이다. '사나이 대 사나이', 즉 모브레이와의 '오점 없는 명예'를 위해서 결투를 신청했지만, 소기의 목적을 달성하지 못하고 추방을 당한 볼린브루크(장래의 헨리 4세)에게 그의 아버지가 들려주는 말인 것이다. 그렇다. "불행은 참는 힘이 약하게 보이면 더욱더 무섭게 덮쳐오는" 법이다. 따라서, 국왕이 너를 추방한 것이 아니라 네가 국왕을 추방한 것이라고 생각을 해야 하고, 또한, 이번 여행은 아버지의 권고로 "영예를 구하러 떠나는 것이지 추방을 당한 것이 아니라고" 생각을 해야 한다. 만일, 그렇게 된다면, "지저귀는 새들은 음악가요, 발에 밟힌 풀은 골풀이 깔린 알현실이오, 꽃은 아름다운 귀부인이오, 내딛는 발걸음은 즐거운 무도나 춤"이라고 생각하게 될는지도 모른다. 즉 낙천주의자에게는 그 어떤 고통마저도 즐겁고 기쁘고, 그 모든 곳이 '아름다운 항구요, 행복한 안식처'가 아닐 수가 없는 것이다.

이미 여러 차례 말한 바가 있지만, 나는 이 『행복의 깊이』에서 '나는 신성모독을 범한다, 고로 존재한다'와 '세계는 나의 범죄의 표상이다, 고로 행복하다'라는 두 개의 명제를 동시에 밀고 나갈 것이다. 전자는 데카르트의 철학적 명제를 뒤집은 것이고, 후자는 쇼펜하우어의 철학적 명제를 뒤집은 것이다. 모든 인류의 역사는 신성모독의 역사이다. 신화의 시대, 기독교의 시대, 계몽주의의 시대, 사회주의의 시대, 탈현대의 시대 등이 바로 그것을 증명해 준다.

신화와 종교의 역사를 정리해 보면 다음과 같다.

1. 신화와 종교의 생성의 동기: 우리 인간들은 불완전한 인간임을 항상 쓰디쓰게 자각하고 있다. 어떤 때는 선한 것이 악이 되고, 어떤 때는 악한 것이 선이 된다. 그 쓰디쓴 자각의 결과, 완전한 신들을 상정하게 되고,

다양한 신화들을 창조하게 된다. 모든 신화란 우리 인간들의 상상력의 산물이지, 사실 그대로의 이야기가 아니다

2, 예배의 양상: 우리 인간들은 불완전한 인간으로서 완전한 신이 되고자 한다. 신이란 인격을 가진 살아 있는 실재가 된 집단이며, 신에 대한 예배는 그 사회에 대한 변장된 예배에 지나지 않는다. 신에 대한 예배는 그 사회의 보편적 믿음과 문화적 장벽에 더한 복종의 양상이며, 동시에 불순한 음모의 양상이기도 한 것이다.

3, 신화와 종교의 소멸의 양상: 어느덧 신에 대한 예배는 우리 인간들의 목표에 장애물이 되어 버린다. 왜냐하면 불완전한 인간이 창조한 신은 이미 전지전능한 신이 아니기 때문이다. 그는 상징적으로 아버지를 살해한다. 그리고 그 죄악을 정당화한다.

그리고, 또, 신성모독의 역사를 문학비평의 방법론으로 정리해 보면 다음과 같다.

1, 텍스트의 차원: 모든 텍스트의 역사는 신성모독의 역사이다.

2, 주체의 차원: 신성모독을 범한 자(글쓰기의 주체)는 단순한 사적 개인이 아니다. 그는 신성모독을 단독적으로 범한다는 점에서는 사적 개인이지만, 그가 이룩한 공적은 모든 인류의 소망에 값하고 있기 때문이다. 그는 우리 인간들의 보편적 원형이다.

3, 세계관의 차원: 모든 텍스트는 낙천주의를 양식화시킨 것이다.

나는 신화와 종교의 역사는 『한국문학비평의 혁명』의 제1장에서, 신성모독의 비평방법론은 『비판, 비판, 그리고 또 비판』을 비롯한 나의 모든 책에서 구체적으로 다루고, 또 그것을 증명해 보인 바가 있다.*

* 이 부분은 사족에 불과할 수도 있지만, 1993년, 내가 한국문학의 역사상 최초로 '사상과 이론의 차원'에서 문제를 제기해 본 대목이라는 점에서 사실 그대로 제시해 보는 것이며, 그리고 그 밑의 한국문학에 대한 비판은 다음과 같이 간략하게 제시해 보고자 한다.

나에게 있어서 천하의 넓은 곳이란 '愛知의 숲'이며, 또한 천하의 정위正位란 '愛知의 태도'이다. 그리고 마지막으로 천하의 대도大道란 앎과 행동을 극단적으로 일치시키고, 인류의 역사상 가장 찬란하고 화려한 최후의 '행복론'을 연출해 보고 싶은 것이다. 돈과 명예와 권력을 거절하게 되면 이 세상은 더욱더 넓고 아름답고 풍요롭게 보인다. 생과 사의 경계를 넘어서서 바라보면, 우리는 죽어갈 수가 있어서 권태롭지 않고, 또다시 태어날 수가 있어서 허무하지 않다. 권태롭지 않고 허무하지 않은 삶, 따라서 그 즐겁고 행복한 삶은 낙천주의자의 삶일 수밖에 없는 것이다. 모험만이 위대하고 또 위대하다. 너는 너 자신을 호랑이와 사자의 아가리에다가 통째로 던져 줄 용기가 있는가? 너는 너 자신을 살해할 준비와 함께, 네 아버지를 살해할 준비가 되어 있는가? 자기 자신을 가장 더럽고 추하고 잔인하게 죽일 준비가 되어 있는 사람이라면, 그러면 그대는 이 세상에서 가장 행복한 낙천주의자가 될 수가 있을 것이다.

쇼펜하우어가 역설한 바가 있듯이 지금까지 이해되어 온 모든 삶의 가치나 도덕은 바로 그 한계가 드러나는 지점에서, '삶에의 의지의 부정'으로 작용하기 시작하는 것이다. 한 문화가 발전하고 성장하려면, '성장에 의한 성장의 치료'라는 좀 더 세련되고 독창적인 삶의 지혜가 요구된다고 하지 않을 수가 없는 것이다. 모든 훌륭한 예술가들은 역사를 과감하게 단절시키고, 제 스스로 또다시 역사의 매듭을 이어준다. 모험은 있는 현실의 극단적인 부정이며, 그 현실의 진정한 긍정이다. 아무도 무에서 역사를 창조하지는 않는다. 가짜 시인이나 가짜 비평가들은 이러한 사실을 모르기도 하지만, 그것을 알면서도 실천을 하지 못한다. 앎이 육화되지 않은 지식이나 용기가 없는 지혜가 무슨 소용이 있겠는가? 앎이 육화되지 않은 지식에는 수많은 파리떼들이 몰려들게 되어 있고, 용기가 없는 지혜에는 수많은 구더기떼들이 반드시 우글거리게 되어 있다. 제가 빨아 먹고 파먹는 시체가 제 아버지의 시체인지도 모르고, 그들은 그것을 매우 행복하게 빨아먹고 파먹고 있는 것인지도 모른다. 좀 더 나쁘게 말한다면, 아버지를 우상화시키는 사업 자체가 진정으로 제 아버지를 살해하는 나쁜 사업인 것이다. 좀 더 유산을 많이 달라고 제 애비의 목에 유형구형의 칼을 들이대는 후레자식들—, 이것이 현대 사회의 '반 인륜적인 범죄'인 것이다. 이러한 타락과 쇠퇴의 징후가 한국 문단에도 나타나고 있고, 김현을 추종하는 몇몇 사람들에게도 나타나고 있다고 해도 과언이 아니다.

| 참고 문헌 |

1, 니체, 『선악을 넘어서』, 청하, 1982

2, 반경환, 『비판, 비판, 그리고 또 비판』, 새미, 2002

3, 플루타크, 『그리스의 영웅들』, 돋을새김, 2001

4, 권오석 엮음, 『나폴레옹』, 대일출판사, 2001

5, 막스 갈로, 『나폴레옹』 제5권, 문학동네, 1998

6, 김한룡 엮음, 『광개토대왕』, 대일출판사, 1993

7, ――――― , 『인물한국사』 제2권, 박우사, 1965

8, 자크 데리다, 『해체』(김보현 편역), 문예출판사, 1996

9, 롤랑 바르트, 『수사학』(김현 편역), 문학과지성사, 1980

10, 조셉 캠벨, 『세계의 영웅신화』, 대원사, 1981

11, 셰익스피어, 『셰익스피어 전집 4』, 휘문출판사, 1974

이런 점에 있어서 김현은 이중적으로 불행한 인간이다. 하나는 대형비평가로서 자기 이론을 정립하지 못한 것이며, 나머지 하나는 그의 제자들에게 스스로 힘차게 날아가는 방법을 가르쳐 주지 못한 것이다. 못난 스승에게는 못난 제자들만이 있을 뿐인 것이다. 『율리시즈』나 『백년 동안의 고독』에 비하면, 단 1회 1초에 K.O패를 당하는 권투 선수처럼 비참한 『한없이 낮은 숨결』의 이인성이 그러하고, 스승을 극복해 보겠다는 용기마저도 없는 정과리가 그러하다. 그들은 문학적 유산은 아버지에게서 조카에게로 간다는 금언마저도 잊어버리고 그처럼 천박한 황태자 노릇을 하고 있는 것인지도 모른다. 김현의 최후의 저서, 『말들의 풍경』은 그 줄기도 없고 가지도 없다. 왜 그처럼 야심만만한 주제를 가지고 자기 자신의 독창적인 이론으로 무장시키지 못했는지 모르겠다. 그 아픔은 문화적 후진국으로서의 우리 모두의 아픔이며, 곧 나의 기쁨이다. 이 기쁨만은 적어도 나 혼자서 탐닉하지는 않겠다. 우리 모두의 기쁨이며, 행복의 깊이인 것이다. 나는 한국문학의 이론적 혈로血路를 뚫기 위해서 이처럼 험한 말을 하고 있는 것인지도 모른다.

제5장 포효하는 삶

— 싸움에 대하여

'도덕적 선의 고지'를 점령하기 위하여

오늘날까지도 기독교인들은 선 다음에 악이 등장했다고 말하고, 대부분의 저주받은 시인들은 그 반대 방향에서, 악 다음에 선이 등장했다고 말한다. 기독교인들은 악마의 등장으로 지상낙원인 에덴동산이 파괴되었다는 사실을 강조하고, 대부분의 저주받은 시인들은 악의 개념이 정립된 이후에야만 선의 개념이 정립될 수가 있다고 말한다. 그러나 선과 악이란 그처럼 분리가 가능한 것도 아니고, 단계적인 어떤 것도 아니다. 분명히 말해 두지만, 나는 선과 악이란 동일한 것의 양면일 뿐이라고 믿어 의심하지 않고 있다. 가령, 예컨대, 냉전 체제 아래서는 '반공법'이 최고의 선이었지만, 이제는 '반공법' 자체가 남북통일의 최대의 걸림돌(악)이 되고 있는 것이다. 또한 예전에는 '간통죄'가 남성들의 발목을 잡고 여성들의 권리를 지켜주던 최고의 선(법)이었지만, 오늘날에는 오히려 그 법이 여성들의 발목을 잡는 걸림돌(악)이 되고 있는 것이다. 왜냐하면 옛날의 간통죄는 남성들의 불륜을 단죄하고 가정의 평화를 지켜주기도 했지만, 오늘날의 간통죄는 여성들의 불륜—수많은 여성들이 혼외정사를 즐기고 있다는 사실이 바로 그것이다—을 단죄하고, 단 한 푼의 위자료도 챙기지 못한 채, 합법적인 이혼 사유가 되어주고 있기 때문이다. 이제는 남성들이 간통죄를 옹호하고, 여성들이 그것의 폐지를 강력하게 주장하고 있는 실정이기도 한 것이다. 가난할 때에는 부자를 욕하고, 부자가 되었을 때는 가난한 자를 욕한다. 이처럼 선과 악은 동일한 것의 양면일 뿐이며, 그 선과 악의 판단은 시대, 환경, 위치, 상황에 따라서 그때 그때마다 매우 자의적으로 판단할 수밖에 없는 것이다. 이처럼 선과 악의 판단이 매우 불분명하고 자의적이기 때문에, 개인과 개인, 단체와 단체, 정당과 정당, 국가와 국가, 민족과 민족들 간의 분쟁이 끊임없이 일어나고 있는 것이며, 그 싸움 자체가 우리 인간들의 삶이 되고 역사가 되고 있는 것이다. 인류의 역사는 전쟁의 역사이며, 계급투쟁의 역사이고, 신성모독의 역사이다. 나는 그 어떤 역사적 진술조차도 우리 인간들의 '싸움'을 빼어놓고는 가능하지 않다고 생각한다. 왜냐하면 싸움을 기피한다는 것은 삶 자체를 기피한다는 것과도 똑같기 때문이다.

우리들의 敵은 늠름하지 않다
우리들의 敵은 카크 다글라스나 리챠드 위드마크 모양으로 사나웁지도 않다
그들은 조금도 사나운 惡漢이 아니다
그들은 善良하기까지도 하다
그들은 民主主義者를 假裝하고
자기들이 良民이라고도 하고
자기들이 善良이라고도 하고
자기들이 會社員이라고도 하고

電車를 타고 自動車를 타고
料理집엘 들어가고
술을 마시고 웃고 雜談하고
同情하고 眞摯한 얼굴을 하고
바쁘다고 서두르면서 일도 하고
原稿도 쓰고 치부도 하고
시골에도 있고 海邊가에도 있고
서울에도 있고 散步도 하고
映畫館에도 가고
愛嬌도 있다
그들은 말하자면 우리들의 곁에 있다

우리들의 戰線은 눈에 보이지 않는다
그것이 우리들의 싸움을 이다지도 어려운 것으로 만든다
우리들의 戰線은 당게르크도 놀만디도 延禧高地도 아니다
우리들의 戰線은 地圖冊 속에는 없다
그것은 우리들의 집안 안인 경우도 있고
우리들의 職場인 경우도 있고
우리들의 洞里인 경우도 있지만……
보이지는 않는다

우리들의 싸움의 모습은 焦土作戰이나
「건 힐의 血鬪」 모양으로 활발하지도 않고 보기좋은 것도 아니다
그러나 우리들은 언제나 싸우고 있다
아침에도 낮에도 밤에도 밥을 먹을 때에도
거리를 걸을 때도 歡談을 할 때도
장사를 할 때도 土木工事를 할 때도

여행을 할 때도 울 때도 웃을 때도
풋나물을 먹을 때도
市場에 가서 비린 생선냄새를 맡을 때도
배가 부를 때도 목이 마를 때도
戀愛를 할 때도 졸음이 올 때도 꿈속에서도
깨어나서도 또 깨어나서도 또 깨어나서도……
授業을 할 때도 退勤時에도
싸일렌소리에 時計를 맞출 때도 구두를 닦을 때도……
우리들의 싸움은 쉬지 않는다

우리들의 싸움은 하늘과 땅 사이에 가득차 있다
民主主義의 싸움이니까 싸우는 방법도 民主主義式으로 싸워야 한다
하늘에 그림자가 없듯이 民主主義의 싸움에도 그림자가 없다
하…… 그림자가 없다

하…… 그렇다……
하…… 그렇지……
아암 그렇구 말구…… 그렇지 그래……
응응…… 응…… 뭐?
아 그래…… 그래 그래.
— 김수영, 「하…… 그림자가 없다」 전문

니체는 그의 『도덕의 계보』에서, "우리의 선악善惡이란, 진실로 어디에서 유래하였는가라는 의문에 부딪치지 않을 수 없었다. 실은, 악의 기원의 문제는 이미 13살 소년 시절에도 나를 따라 다녔다. '가슴 속에 반은 어린이를, 반은 신을'(괴테의 『파우스트』 3781행) 품고 있었을 시절에 나는 이 문제를 두고 나의 최초의 문학적인 유치한 장난, 나의

최초의 철학적 습작에 전념하였다. 그리고 그때 제기한 문제의 해결에 대해서는, 당연한 일이었지만 나는 신에게 영예를 돌려 신을 악의 아버지로 생각했던 것이다. 나의 선천성 때문에 그렇게 했던 것일까? 저 새롭고 부도덕한, 혹은 적어도 비도덕적인 '선천성'과 그 '선천성'이 말하는, 아아! 그처럼 반反 칸트적이고 수수께끼 같은 '정언명령定言命令' 때문에 그랬단 말인가? (……) 다행히도 나는 일찍이 신학적 편견과 도덕적 편견을 가늠할 수 있었고, 또한 악의 기원을 이 세계의 배후에서 찾는 것도 그만 두었다"라고 말하고 있는데, 그 말처럼 어처구니가 없고 중대한 오류도 없는 것처럼 보인다(1: 23)*. 첫째는 신은 하나의 상징 개념이지, 실재의 개념이 아니기 때문에 신을 '악의 아버지'로 단정할 수가 없는 것이며, 둘째는 선과 악이 그처럼 대립적인 개념이 아닌 것이고, 셋째는 선과 악의 개념이 그처럼 분리가 가능하고 어떤 단계적인 선후의 문제로 등장하는 것이 아니라는 점일 것이다. 왜냐하면 신이 우리 인간들을 창조한 것이 아니라 우리 인간들이 신을 창조했기 때문이다. 선과 악은 동일한 것의 양면이며, 따라서 선의 기원이 악이고 악의 기원이 선인 것이다.

하지만 우리 인간들은 오랜 관습과 실제 사고의 편의상, 선과 악의 개념을 분리하고, '선은 좋은 것이고, 악은 나쁜 것이다'라는 가치판단에 암묵적인 동의를 표시해 왔다고 해도 과언이 아니다. 선은 좋은 것이고 악은 나쁜 것이다. 그렇다면 우리 인간들은 무엇을 선이라고 부르고, 또 무엇을 악이라고 부르고 있는 것일까? 이러한 질문은 도덕이나 법률 제정 이전의 근본적인 질문이며, 매우 중대한 질문이라고 하지 않을 수가 없다. 우리 인간들은 자기 자신의 욕망을 선이라고 부르고, 그 욕망에 반하는 모든 것을 악이라고 부른다. 내가 좋아하는 것, 필요로 하는 것, 그리고 선호하는 모든 것은 선이고, 내가 싫어하는 것, 필요하지 않은 것, 너무나도 흔하고 가치가 없는 것은 악이다. 욕

---

* (1: 23)은 1의 책 23면을 말한다.

망은 궁극적으로 자기 자신의 이익을 쫓아가는 것이며, 그 욕망의 대상들은 모두가 선이 된다. 마케도니아는 마케도니아의 이익을 쫓아가고, 페르시아는 페르시아의 이익을 쫓아간다. 너는 너의 이익을 쫓아가고 나는 나의 이익을 쫓아간다. 그리고, 그 이익, 즉 상호 간의 욕망이 충돌할 때, 우리는 생사를 넘어서서 사생결단의 싸움을 할 수밖에 없다. 하지만 김수영의 「하…… 그림자가 없다」에서처럼, 그 싸움의 양상들은 너무나도 다종다양하고, 그 싸움들이 반드시 피비린내를 풍기고, 총과 칼에 의한 전쟁으로만 귀결되지는 않는다.

우리들의 적은 늠름하지도 않고 "카크 다글라스나 리챠드 위드마크 모양으로 사나웁지도 않다." 그들은 조금도 '사나운 악한'이 아니고, 오히려 '선량하기까지' 하다. 그들은 민주주의자의 가면을 쓰고 다니며, 때때로 '양민', '선량', '회사원'으로 그 얼굴과 표정을 바꾸면서 살아간다. 또한 그들은 요리집엘 가고 술을 마시고, 웃고 잡담을 하고, 불쌍한 이웃들에게 동정의 손길을 보내고, 때때로 진지한 표정을 짓기도 한다. 우리들의 적은 늠름하거나 사나웁지는 않지만, 언제나 늘 우리들 곁에 있다. 그러나 "우리들의 전선은 눈에 보이지 않는다." 우리들의 전선은 '당게르크도 놀만디도 연희고지도' 아니고, 어떤 지도책 속에 존재하고 있는 것도 아니다. 그 전선은 '집안 안'이나 '직장', 그리고 우리들의 '동리'일 수도 있지만, 아무튼 그 전선은 우리들의 눈에 보이지 않는다. 그런데도 우리들의 싸움은 그 모든 것을 검은 재로 만들어 버리는 '초토작전'일 뿐이고, 그 싸움은 또한 「건 힐의 혈투」 모양으로 활발하지도 않고 보기 좋은 것도 아니다. 그러나 우리들은 언제나 늘 싸우고 있다. "아침에도 낮에도 밤에도 밥을 먹을 때에도/ 거리를 걸을 때도 歡談을 할 때도/ 장사를 할 때도 土木工事를 할 때도/ 여행을 할 때도 울 때도 웃을 때도/ 풋나물을 먹을 때도/ 市場에 가서 비린 생선냄새를 맡을 때도/ 배가 부를 때도 목이 마를 때도/ 戀愛를 할 때도 졸음이 올 때도 꿈속에서도/ 깨어나서도 또 깨어나서도 또 깨어나서도....../ 授業을 할 때도 退勤時에도/ 싸일렌소리에 時計를 맞출 때도 구두를 닦을 때도....../ 우리들의 싸움은 쉬지 않는다."

인간과 인간의 만남은 그 주체자의 지식과 지식이 첨예하게 맞부딪치는 상호 교전의 관계이며, 우리 인간들의 사소한 논쟁과 웃음과 농담과 정담 등에서도 그들의 전략과 전술이 첨예하게 맞부딪치는 것을 우리는 아주 쉽게 발견할 수가 있다. 그 단적인 예가 셰익스피어가 묘사하고 있는 포올스태프와 헨리 왕자의 관계이다. 헨리 왕자는 民政의 밑바닥을 살펴보기 위해 잠시 방탕한 생활에 젖어보기도 하지만, "시간이 술이고, 분초가 통닭이고, 시계문자판이 매음옥 간판"인 포올스태프—그는 영국 클레멘트 법학원 출신이다—는 헨리 왕자와의 관계를 악용하여 온갖 나쁜 짓을 다 한다. 그리고, 어느덧, 헨리 왕자가 '헨리5세'로 등극하게 되었을 때, 포올스태프는 "잉글란드의 법률은 나의 수중에 있다"라고 날뛰었지만, 그러나 헨리5세는 그를 '플리트 감옥'에 수감시켜 버린다. 이밖에도 아버지와 아들, 아내와 남편, 형제와 형제, 스승과 제자, 친구와 친구들의 관계에도, 저마다의 전략과 전술이 첨예하게 맞부딪치게 되고, 그들의 아름다운 덕담과 정교하고 화려한 논리, 그리고 온갖 음담과 험담과 쌍욕과 농담과 비아냥의 말들까지도 그 전략과 전술의 자장 안에서, 우리 들의 인간 관계를 긴장의 관계로 몰아넣는다. 대부분의 일상 생활에서는 총과 칼에 의한 무력보다는 그들의 말(지식)을 무기로 삼아 다투게 되고, 그 싸움을 토대로 하여, 자기 자신의 존재론적 기반과 그 영역을 확대해 나가게 된다.

우리 인간들의 욕망 앞에서 법이란 하나의 장애물이며, 그것은 만인의 이익보다는 강자의 이익(욕망)을 수호하는 어떤 도구에 지나지 않는다. 항상 법률의 준수를 강조하는 것은 지배계급의 인사들이며, 그들은 반동적 인물들, 즉 피지배계급의 인사들에 의하여 그 모든 것을 잃게 될까봐, 자나깨나 마음을 놓지 못한다. 아무튼 인간은 자기 자신의 욕망을 좇아서 살고, 욕망은 그의 삶의 역동적인 에너지가 된다. 그리고 인간의 욕망에 의해서 집착이 생겨나고 그 집착에 의해서 만악의 근원인 권모술수가 지혜로서 창출된다. 지혜는 사기치는 기술이며, 그 기술은 학교라는 '대교육제도'에 의해서 가장 강력한 힘으로 퍼져 나가게 된다. 최고급의 지혜란 아주 화려하고 정교하며, 또한 그만큼 복합적이고 중층적이다. 첫째는 사기를 당하는 자가 그것을 모르면서도 그 행위의 주체자가 되고 있는 것이며, 둘째는 그 사기를 이해하고 알고 있으면서도 어쩔 수 없이 그 사기를 당해야만 하는 것이 바로 그것이다. 가령, 예컨대, 마이크로소프트사의 인터넷 통신망이 그것인데, 오늘날 인터넷의 이용자 수가 천문학적으로 늘어났는데도, 오히려, 거꾸로, 그 사용료는 전혀 줄어들지(引下하지) 않고 있는 것이다. IBM 컴퓨터나 맥도날드 햄버거, 그리고 코카콜라와도 같은 다국적 기업들은 다국적 자본가들의 욕망을 극대화시켜 나가면서, 타인들과 제3세계인들의 욕망을 짓밟아 버리고 있다고 해도 과언이 아니다. 그들은 그들의 사기치는 기술을 지혜로 설명하고, 한 걸음 더 나아가, 고급문화로 높이 높이 끌어 올린다. 바로 이때에, 칸트의 도덕법칙은 시골목사의 헛된 망상에 지나지 않게 된다.

나는 여기서 선의 기원은 자기 자신의 욕망(이익)이며, 악의 기원은 타인의 욕망(이익)이라고 정의하고자 한다. 나와 너의 관계를 떠나서 그 모든 것을 객관적으로 바라보면, 선의 기원은 악이고 악의 기원은 선이지만, 그 분쟁의 당사자로서 바라보면 선은 자기 자신의 욕망이고, 악은 타인의 욕망이다. 이 말은 니체의 '도덕의 개념'을 또다시 전면적으로 뒤집어 버린 것이고, 그만큼 도전적이고 혁명적인 말이기도 한 것이다. 니체는 그의 『도덕의 계보』에서 그 선악의 개념을

> 귀족적 인간은 '좋은'이라는 기본 개념을 우선 자기 자신에게서 자발적으로 생각해내어, 거기에서 비로소 스스로를 위하여 '나쁜'이라는 관념을 만들어 낸다. 귀족적 인간의 이 '나쁜'과 한없는 증오의 도가니 속에서 생겨난 저 '나쁜'을 대비해 보면, 전자가 하나의 부산물이며 보색임에 반해서 후자는 원형이며, 시원이며, 노예도덕에 있어서 특징적인 행위이다(1: 47).

라고, '주인(귀족) 대 노예(천민)'라는 계급적 관점에서 설명하고 있지만, 그 계급적인 관점은 자기 자신의 욕망을 충족시킨 자와 그렇지 못한 자들의 무리가 형성되었을 때만이 가능한 어떤 것에 불과하다. 따라서 니체의 주인과 노예의 개념은 선과 악의 개념 규정 이후에 탄생된 말에 지나지 않으며, 그 선과 악의 개념 규정은 우리 인간들의 욕망에 의해서 결정될 수밖에 없었던 것이기도 하다. 태초에는 인간 위에 인간이 없었고, 모든 인간들이 평등할 수밖에 없었던 것이다. 그러나 자기 자신의 욕망의 충족 여부에 따라 주인과 노예의 계급이 생겨나고, 폭력적인 서열제도가 생겨나게 되었다고 하지 않을 수가 없다. 니체의 선악의 개념은 어디까지나 개인의 욕망에 그 기원을 두지 않고, 계급의 욕망에 그 기원을 두고 있는 근본적인 오류에 불과하며, 따라서 그는 선악의 기원이 무엇인지도 제대로 알고 이해할 수가 없었던 것이다. 다만 그의 도덕 개념은 계급적 관점에서 "모든 귀족 도덕이 자기 자신에 대한 의기양양한 긍정에서 발전되는 반면에, 노예도덕은 처음부터 외부적인 것, 다른 것, 자기 자신이 아닌 것을 부정" 함으로써 이루어진다는 그야말로 가장 날카롭고 예리한 성찰의 결과일 뿐, 그는 선악의 기원과 그 개념들을 정리할 수가 없었던 것이다(1: 43). 모든 싸움은 자기 자신의 욕망을 쫓아가고, 그 욕망을 최고의 선으로 합리화시키기 위한 싸움이다. 사상, 이념, 고급문화, 영원한 제국, 이 모든 것들은 그 싸움들을 미화하고 합리화시킨 것에 불과하다.

모든 싸움의 근본목적은 도덕적으로 선의 고지를 점령하기 위한 것이며, 정치 경제적으로는 더 넓은 국토와 더 많은 부를 얻기 위한 싸움이다. 도덕적 선의 고지는 사실 그대로의 옳고 그름의 문제가 아니며, 그것은 어디까지나 강자의 입장에서 도덕적 선을 규정하고 그 규정에 따라서 타인들과 이웃 국가들을 복종시킬 수 있는 힘에 지나지 않는다. 정복자는 이웃 민족국가의 영토를 빼앗고 그 원주민들을 노예로 거느리게 되고, 피정복자는 자기 영토를 빼앗기고 이민족을 하나님과도 같은 주인으로 섬기지 않으면 안 된다. 힘이 있으면 그것은 선이 되고, 힘이 없으면 그것은 악이 된다. 이것이 모든 유기체들의 생존이라는 게임의 법칙인 것이다. 힘을 잃고 약화된 민족은 반드시 소멸하게 되어 있는 반면, 힘에 힘을 더하고 강력해진 민족은 그 물리적인 힘의 토대 위에서 그것을 은폐한 채, 고급문화인으로서의 미소를 띠고, 제법 부드럽고 온화한 표정으로 자유와 평등과 사랑을 이야기하면서 살아갈 수가 있다. 모든 싸움은 '도덕적 선의 고지'를 점령하기 위한 싸움이며, 고귀하고 위대한 인간이 대부분의 인간들을 지배해야 된다는 것이 그 싸움의 전제 조건이라고 하지 않을 수가 없다.

강자의 미소와 약자의 분노

내가 가장 사랑하고 있는 문화적 영웅 중의 한 사람은 고대 그리스의 알렉산더 대왕이라고 할 수가 있다. 그는 기원전 356년에 태어나 323년에 그의 생애를 마감한 인물이었지만, 그가 그 짧은 기간 동안에, 이룩한 업적은 인류의 역사에 있어서 가장 위대하다고 할 수가 있다. 알렉산더 대왕의 어머니는 그에 대한 태몽으로 '번개의 불덩이'가 사방으로 널리 펴져 나가는 꿈을 꾸었고, 그의 아버지는 왕비의 몸에서 '사자의 모양이 그려지는 꿈'을 꾸었다고 한다. 따라서 그는 사자의 기상을 지닌 용감하고 슬기로운 영웅으로 잉태되었고, 그 결과, 그가 태어났을 때는 세 가지 기쁜 소식이 겹쳐지게 되었다고 한다. 첫째는 마케도니아 군이 일리리아 군과 싸워서 대승리를 거두었다는 것이고, 둘째는 필리포스 왕의 말들이 올림피아의 전차 경주에서 우승을 했다는 것이며, 셋째는 이 세상에서 가장 위대하고 뛰어난 알렉산더 대왕이 탄생을 했다는 것이다. 그의 아버지 필리포스 왕은 "너에게는 마케도니아가 좁을지도 모르겠다. 내가 이루지 못한 꿈을 너는 이룰 수가 있겠구나. 알렉산더, 너는 세계의 왕이 되거라"라고 중얼거리면서, 제일급의 철학자인 아리스토텔레스를 그의 스승으로 모셔왔다고 한다. 알렉산더 대왕은 이 훌륭한 스승 밑에서 도덕과 정치는 물론이고, 문학, 역사, 철학, 예술, 지리, 천문, 과학, 의학 등을 배우고, 장차 이 세계를 지배할 수 있는 대왕으로서의 모든 학문적 기초와 그 덕목을 배우게 되었던 것이다. 특히 그는 호머의 『일리어드』와 『오딧세우스』를 늘 갖고 다니며, 그의 호신용 단검과 함께, 언제나 머리맡에 두었다고 한다. 교육자로서의 필리포스 왕도 뛰어난 인물이고, 아리스토텔레스도 뛰어난 인물이다. 알렉산더 대왕은 아버지로부터는 훌륭한 스승을 소개받았던 것이고, 그의 스승으로부터는 진정한 인생의 의미를 배울 수가 있었던 것이다. 따라서 그는 그의 아버지 못지않게 그의 스승인 아리스토텔레스를 존경하고 숭배를 하게 되었다고 한다. 훌륭한 스승 밑에 못난 제자가 없고, 훌륭한 제자 앞에 못난 스승은 있을 수가 없다.

알렉산더 대왕은 그의 아버지 필리포스 왕이 암살을 당하자, 약관의 20세의 나이로 마케도니아의 왕으로 등극을 하게 되고, 화살 한 대 날리지 않고 '데살리아의 반란'을 평정한 것은 물론, '카로네아 전투'에서 아테네와 테베가 중심이 된 그리스 도시 국가의 연합군을 크게 물리치고 대승리를 거두게 되었다. 알렉산더 대왕이 기원전 336년, 약관의 20세의 나이로 왕위에 올랐을 때, 그는 다음과 같이 말했다고 한다.

> 모두들 들으시오. 나는 마케도니아를 세계 제일의 나라로 만들 것이오. 나라의 근본은 국민이오. 내 명예를 걸고 나는 국민이 바라는 일이라면 모두 이루어 줄 것이오. 또한 나는 이제 전국의 감옥에 갇혀 있는 죄수들을 모두 석방할 것이오. 나의 뜻을 저버리지 말고 선량한 국민이 되어, 조국 마케도니아를 위해 충성을 다하길 바라오. 그리고 부왕에게 물려받은 재산의 절반을 가난한 국민들에게, 나머지 절반은 공을 세운 모든 대신들과 장군들에게 골고루 나누어 주겠소. 이것은 관리들의 부정부패를 막고자 함이며, 동시에 큰 공에 대한 보답이오. 부왕께서 돌아가신 것을 알고 그리스 도시 국가들이 또다시 전쟁을 일으키려 할 것이 분명하니, 군사력을 기르기에 힘쓰고 무기도 갖추도록 하시오(2: 97).

알렉산더 대왕의 사나이답고 대범하고 호탕한 성격은 그의 첫 담화에 그 무엇보다도 가장 잘 나타나고 있다. 그는 왕위에 오르자마자, 유럽과 아시아와 아프리카는 물론, '세계정복운동의 꿈'을 분명히 제시하고, 그의 모든 재산들을 마케도니아의 국민들에게 나누어 주었던 것이다. 그의 꿈과 목표는 마케도니아의 국민들을 세계 제일의 국민들로 인도해 가겠다는 것을 뜻하고, 모든 죄수들을 석방한 것은 전 국민의 화합을 뜻하며, 그의 모든 재산을 나누어 준 것은 부의 공정한 분배와 함께, 모든 관리들의 부정부패의 척결을 뜻한다. "대왕이시여, 모든 재산을 다 나누어 주시면 대왕 폐하께는 아무 것도 남는 것이 없지 않습니까"라는 신하의 질문에, 알렉산더 대왕은 사나이답고 대범하고 호탕하게 웃으면서, "내 꿈은 세계 통일이오. 먼저 그리스를 통일한 후, 페르시아를 비롯한 아시아와 아프리카를 평정할 것이오. 세계가 모두 내 것인데, 어찌 내가 가진 것이 없소"(2: 98)라고 말할 수 있는 자가 어떻게 이 세상에서 가장 위대하고 뛰어난 인물이 아닐 수가 있겠는가? 그는 그리스를 평정하자마자, 그리스 연합군의 총사령관이 되어, 보병 3만 명과 기병 5천 명이라는 매우 적은 숫자의 병력으로 페르시아의 원정길에 오르게 된다. 그리고 그는 헬레스폰투스 해협과 그라니쿠스강을 단숨에 건너가 페르시아왕 다리우스의 백만대군을 물리치고, 페르시아와 소아시아와 이집트를 또한 단숨에 정복하게 된다. 뿐만 아니라, 마침내 인도 정벌에 나선 그는 수많은 어려움과 위험을 무릅쓰고 세계를 정복하게 된다. 플루타크『영웅전』은 그리스인의 입장에서 알렉산더 대왕을 지나치게 미화시킨 부분도 없지 않지만, 알렉산더 대왕의 진정한 면목은 그의 세계정복운동이 '전쟁이 없는 평화의 나라'를 구축하기 위한 것이었다는 사실에 있다고 해도 과언이 아니다. 전쟁의 명분은 언제, 어느 때나 다양하고, 그 명분이 없어서 세계정복운동을 하지 못하는 법은 없다. 그는 모든 전쟁터마다 수많은 학자와 기술자와 예술가와 의사와 점성술사들을 데리고 다니며, 그 나라의 전통과 풍습을 연구하게 하고, 실제로 자기 자신이 동방풍의 옷을 입고, 그 나라의 전통과 풍습을 보존할 수 있게 해주었다. 다른 한편, 그는 그 나라의 원주민들에게 그리스어를 가르치고 마케도니아의 전통과 풍습을 가르쳐 주었다고도 한다. 이러한 동서 문화의 결합은 알렉산더 대왕의 학문적 깊이와 그 문화 의식을 가장 극명하게 드러내 보여주고 있는 것이며, 그 결과, "먼 나라 이집트 바닷가의 한 섬 파로스, 물결치는 그곳"에, 자기 자신의 이름을 따서, '알렉산드리아'라는 문화의 도시를 건설하게 된다.

짐은 지상의 많은 사람들 위에 군림하게 된 이 승리를 기념하기 위해, 지금까지 어느 누구도 엄두를 내지 못한 놀라운 기념물을 세우려 한다. 그것은 거대한 도시이다. 그 도시에는 짐의 이름을 기리기 위해 알렉산드리아라고 이름붙일 것이다. 그 도시를, 이집트의 나일강물이 지중해에 흘러드는 지점에 건설하여 전 세계의 모든 나라의 수도로 삼으리라!"(2: 37)

그러나 알렉산더 대왕은 기원전 323년에 그의 꿈을 이루지 못한 채, 무서운 열병에 걸려, 서른 세 살이라는 매우 젊은 나이에 그의 생애를 마감하게 된다. 그리고 '알렉산드리아'는 알렉산더 대왕이 죽은 뒤, 그의 부하였던 클레오메네스에 의해 완성되었고, 서기 390년의 기독교의 폭도들과 그후의 아랍의 이슬람교도들에 의해 불살라지고 파괴될 때까지, 약 850년 간이나 세계의 행정, 무역, 상업의 중심지가 되었다고 한다. 명실공히 세계 최고 수준의 대학과 도서관의 기능까지 갖춘 '무세이온mouseion'은 서방과학의 중심지가 되었고, '뮤즈의 궁전'이라는 뜻의 그 말은 오늘날 '뮤지엄museum'의 어원이 되어주기도 했던 것이다. 알렉산더 대왕은 '전쟁이 없는 평화의 나라', 즉 거대한 문화의 제국을 꿈꾸었던 것이고, 그 꿈을 위해 모든 쾌락을 억제하고, 그토록 무섭고 성실하게 자기 자신을 갈고 닦았던 것이다.

알렉산드로스처럼 운이 좋아서
누군가가 보고 싶어지면
그가 바로 저쪽에서 걸어오고
바다를 건너려 하면
사나웠던 바다가 내 앞에서 잔잔해 진다.
— 메난데르

저 샛별이 바다에 몸을 씻고
그 숭고한 얼굴을 하늘에 쳐들어 밤 안개를 거둘 때

비너스는 유독 이 별을 사랑하노니
— 베르길리우스

그 어느 누구도 다룰 수 없었던 야생마 부케팔로스를 이 세상에서 가장 뛰어난 명마로 길들였던 알렉산더 대왕, 모든 재물과 그 쾌락을 거절하고 지혜, 용기, 성실만을 추구했던 알렉산더 대왕, 아버지 필리포스 왕의 승전 소식에 "부왕께서 이 세상을 다 정복해 버리면 내가 할 일은 없는 것이 아닌가"라고 탄식했던 알렉산더 대왕, 자기 자신이 남들보다 더 뛰어나야 하는데 그가 배운 모든 것을 책으로 묶어냈다고 아리스토텔레스 선생님께 화를 냈던 알렉산더 대왕, 필리포스 왕의 방탕과 엽색행각에 과감하고 의연하게 맞섰던 알렉산더 대왕, 어떤 권력 앞에서도 그 기개를 꺾지 않고 한줄기 햇볕을 더 소중하게 생각했던 철학자 디오게네스를 그의 스승으로 모시고 싶어했던 알렉산더 대왕, 페르시아로 출정 전, '나의 재산은 희망이다'라고 말하면서, 또다시 그의 모든 재산을 나누어 주었던 알렉산더 대왕, '살아서는 파트로클로스를, 죽어서는 호머를 친구'로 두었던 그리스 최고의 명장 아킬레스를 부러워했던 알렉산더 대왕, 고르디우스의 매듭을 단칼에 풀어버린 알렉산더 대왕, '다리우스 왕에게 매수되어 대왕을 독살하려 한다'는 편지를 받고서도 그 궁중의사 필리포스의 약사발을 들이마신 알렉산더 대왕, 페르시아 병사들을 10만 명 이상이나 죽이고서도, 다리우스 왕의 가족들은 왕족의 예우로서 정중하게 대해 주었던 알렉산더 대왕, 한밤중의 기습작전보다는 '나는 승리를 훔치지 않는다'라는 말과 함께, 매우 적은 병력으로 페르시아의 백만대군을 물리치는 알렉산더 대왕, 그리스 도시 국가들 중, 시범케이스로 테베의 도시를 쑥대밭으로 만들어 버린 알렉산더 대왕, 평화조약을 맺고도 기습작전으로 인도의 민병대를 무자비하게 살해해 버린 알렉산더 대왕,

크세르크세스의 궁전을 불태우고 다리우스 왕의 보석함에 호머의 시집을 넣어 두었던 알렉산더 대왕, 술에 취해 친구인 클리투스를 살해하고 그 양심의 가책 때문에 어쩔 수 없이 눈물을 흘렸던 알렉산더 대왕, 마침내 인도의 일부를 정복하고 페르시아로 돌아와 무서운 열병에 걸려 죽는 알렉산더 대왕—.

나는 '알렉산드리아'는 모든 인류의 최초의 수도이며, 영원한 문화의 제국이라고 생각하고 있다. 영원한 전제군주이자 정복자이며 정치철학자였던 알렉산더가 아니었다라면 어느 누가 감히 '전쟁이 없는 평화의 나라'와 영원한 문화의 제국을 꿈꿀 수가 있었겠는가? 알렉산더 대왕의 '포효하는 삶'은 '알렉산드리아'라는 문화의 제국을 건설하기 위한 싸움이며, 그는 그 싸움의 목표를 달성하기 위하여 수많은 이민족들을 단칼에 베어버리고 '전쟁이 없는 평화의 나라'를 그 명분으로 내세울 수가 있었던 것이다. 알렉산드리아라는 문화의 도시는 그의 가장 무거운 짐, 즉 '도덕적 선의 고지'이고, 그것은 그의 자기 영역의 확대와 세계 영역의 확대의 궁극적인 목표가 된다. 그는 그 호전적이고 전투적인 정신마저도 '문화의 제국'이라는 도덕적 선으로 미화시키고, 제법 부드럽고 온화한 표정으로 '인류의 평화'에 대하여 이야기를 할 수가 있었던 것이다. 전쟁은 모든 명분마저도 신성하게 만들고, 승자의 미소는 김기택의 「호랑이」처럼 언제나 넉넉하고 여유가 있으며, 그 모든 것에 대하여 관용적일 수밖에 없다. 이것이 바로 고급문화인의 표정인 것이다.

푹신한 털 위에서 뒹굴며 노는 크고 작은 먹이들
넓은 잎사귀를 흔들며 넘실거리는 밀림
그러나 멀지 않아 텅 빈 위장은 졸린 눈에서 광채를 발산시키리라
다리는 무거운 몸을 일으켜 어슬렁어슬렁 걷기 시작하리라

느린 걸음은 잔잔한 털 속에 굵은 뼈의 움직임을 가린 채
한 번에 모아야 할 힘의 짧은 위치를 가늠하리라
빠른 다리와 예민한 더듬이를 뻣뻣하고 둔하게 만들
힘은 오로지 한 순간만 필요하다
앙칼진 마지막 안간힘을 순한 먹이로 만드는 일은
무거운 몸을 한 줄 가벼운 곡선으로 만드는 동작으로 족하다
굶주린 눈초리와 발빠른 먹이들의 뾰족한 귀가
바스락거리는 풀잎마다 팽팽하게 맞닿아 있는
무더운 한낮 평화롭고 조용한 정글
— 김기택, 「호랑이」에서

호랑이는 사자와 함께, 백수의 제왕이며, 그 호전적이고 전투적인 정신이 육화되어 있는 동물이다. 그의 지혜는 모든 동물들의 총명함을 뛰어넘고, 그의 용기는 그의 날카로운 이빨과 발톱에 각인되어 있으며, 그의 성실함은 한 마리의 토끼를 잡는 데에도 최선의 노력을 다하게 된다. 호랑이는 모든 대상을 사용가치와 삶의 향유라는 관점에서만 바라보고, 언제나 평화와 휴식을 사랑한다. 또한 그는 배가 부를 때에는 "푹신한 털 위에서 뒹굴며 노는 크고 작은 먹이들"이라는 시구에서처럼, 단 한 마리의 토끼도 건드리지 않지만, 그러나 배가 고플 때에는 "앙칼진 마지막 안간힘을 순한 먹이로 만드는 일은/ 무거운 몸을 한 줄 가벼운 곡선으로 만드는 동작만으로도 족"하다고 하지 않을 수가 없다. 호랑이의 미소는 강자의 미소이며 고급문화인의 미소이다. 아아, 이처럼 정복자, 약탈자, 살인마만이 '도덕적 선의 고지'를 점령할 수가 있고, 고급문화인으로서 그 모든 것을 지배하고 이 세상의 삶을 향유할 수가 있다고 해도 과언이 아니다.

오늘날 '에너지 보존법칙'은 자연과학자들만이 아니라, 모든 지식인

들이 다 알고 있는 것이지만, 그 법칙에 따르면 에너지는 소멸할 수도 없고, 새로 태어날 수도 없다고 한다. 에너지는 질량이고 질량은 에너지이다. 따라서 無에서 有가 생겨날 수도 없고 有가 無로 소멸될 수도 없다. 나는 힌두교와 불교의 윤회사상이 이 '에너지 보존법칙의 기원'에 맞닿아 있다고 믿고 있으며, 모든 유기체들은 그 개체의 생성과 소멸을 거듭하고 있을 뿐, 전체의 에너지와 그 질량은 변함이 없을 것이라고 또한 믿어 의심하지 않고 있다. 우리 인간들에게는 '공격본능'과 '방어본능'이라는 두 가지 본능이 있으며, 공격본능은 자기의 영역과 세계의 영역을 확대하고, 방어본능은 외부의 적을 맞이하여 자기 자신의 생명과 그 영역을 지키는 데 사용하게 된다. 공격본능이 강화되면 그가 속한 민족이나 국가나 개인은 끊임없이 세계의 영역을 확대하고 그 승리의 찬가를 부를 수가 있지만, 그 공격본능이 퇴화되고 방어본능만이 있는 민족이나 국가나 개인은 끊임없이 몰락과 쇠퇴의 길을 걸어가게 된다. 오늘날 제국주의자들은 대내적으로는 민주주의를 하고, 대외적으로는 식민주의를 선호한다. 민주주의는 그들이 속한 국가의 구성원들에게 만인 평등과 언제나 국가의 주권이 그들에게 있다는 믿음을 상기시켜주고, 그리고 그 국민들의 단결과 민심의 결집을 이끌어 내는 힘으로 작용을 하게 된다. 다른 한편, 그들의 제국주의는 그 일체화된 국력을 기초로 하여, 제3세계를 정치, 경제, 사회, 문화 등 모든 분야에서 무차별적으로 짓밟아 버리는 힘으로 작용하게 되고, 그들의 제국주의적인 마수를 보지 못하게 하는 이데올로기의 장치들—민주주의와 만인 평등이라는 이데올로기가 바로 그것이다—을 암암리에 설치하게 된다. 이 이데올로기적인 장치들, 즉 민주주의와 만인 평등사상은 그들의 제국주의적인 마수를 보지 못하게 하는 '오인의 메카니즘'으로 작용을 하고 있다고 해도 지나친 말이 아니다. 따라서 제3세계의 국민들은 민주주의와 만인 평등사상이 무엇인지도 모른 채 그것을 수용하게 되고, 거꾸로 제국주의자들의 입김이나 그들의 하수인에 불과한 독재자들에게 짓밟히게 된다. 제국주의자들은 오늘날의 미국이나 유럽처럼, 대내적으로는 민주주의로 그들의 방어본능을 강화시키고, 대외적으로는 제국주의로 그들의 공격본능을 강화시켜 나간다. 이 공격본능과 방어본능이 제대로 균형 있게 작용을 하고 있는 국가나 그 국민은 주체성의 확립이 타자성의 완성으로 이어지고, 자기 영역의 확대가 세계영역의 확대로 이어진다. 그들은 어떠한 어려움도 헤쳐 나갈 수 있는 기사도적인 모험정신과 성자의 영웅주의가 육화된 사람들이라고 하지 않을 수가 없다.

그러나 공격본능이 퇴화되고 방어본능만이 있는 국가나 그 국민은 치명적인 부패와 혼란과 가치관의 상실로 인하여, '집 지키는 개'처럼 무차별적인 사색당파와도 같은 정쟁의 소용돌이 속에 휘말리게 된다. 오늘날 제3세계인들의 몰주체성과 자기 영역의 축소가 바로 그것을 증명해 준다. 그렇다면 과연 그들의 공격본능이 퇴화되거나 소멸되었다는 말인가? 아니다. 그것은 '에너지 보존법칙'에 위배되는 말이며, 밖으로 발산되지 못하는 본능은 안으로 내면화되어 서림의 「이서국은 술취한, 칼춤을 추고」와도 같은 삶을 살아가게 된다. 그들은 저 불구대천의 원수와도 같고 무자비한 정복자와 약탈자와 살인마와도 같은 이민족에게는 그 힘을 행사하지 못하고, 자기가 속한 국가와 정당과 직장과 사회와 가족들을 물어 뜯는 데, 그 천재적인 힘(공격본능)을 사용하게 된다. 이처럼 공격본능과 방어본능이 제대로 균형 있게 작용을 하고 있으면 고급문화인이 되고, 그렇지 않으면 제3세계의 야만인들에 지나지 않게 된다.

우리 한국인들은 고급문화인이 아니고, 제3세계의 야만인에 불과하다.

연작시 하나 더 쓰려고
이서국 수도 백곡에 조심스레 들어갔다
시간의 이빨에 찢어발겨진 土城 밑에
조용히 주차시키고 갤로퍼 막 내리는 순간,
토성처럼 허물어진 검붉은 농부가
대뜸 갈지자로 다가와 얼굴에다
썩어 문드러진 어둠을 훅훅 토해내었다
어둠에 눌려 회오리치는 들판 바라보다, 느닷없이
허공에다 헛손질 해댔다
씨이팔, 교수고 시인이고 다아 필요읍따!
우루과인지 나발인지
개새끼들, 다아 가라!

1994년 1월, 이서국은
김영찬씨 메마른 손끝에서
술취한 칼춤을 추고 있었다
— 서림, 「이서국은 술취한, 칼춤을 추고」에서

서림의 「이서국은 술취한, 칼춤을 추고」에서의 '이서국'은 경상북도 청도의 고대 부족국가의 지명이며, 시인의 고향이기도 하다. 그는 '이서국'의 역사와 문화에 대한 애착을 남달리 갖고 있으며, 그것에 대한 연작시를 씀으로써, 과거와 현재와의 대화를 꾀하고, 한 걸음 더 나아가, '대한민국의 미래'와 그 희망을 모색해 보고 싶었던 것인지도 모른다. 하지만 그 '이서국'이 대부분의 우리 한국인들의 기억과 의식 속에서 사라져가 버렸듯이, 오늘날의 청도 역시도 '찢어발겨진 토성'처럼, 그 존재의 기반을 상실하고 있는 것이다. 그가 이서국에 대한 연작시를 하나 더 쓰려고 '갤로퍼'에서 내렸을 때, 그가 마주쳤던 것은 따뜻한 옛고향의 인정이 아니라, "씨이팔, 교수고 시인이고 다아 필요읍따!/ 우르과인지 나발인지/ 개새끼들 다아 가라!"는 김영찬 씨의 배타적이면서도 그만큼의 단말마적인 절규일 뿐이었던 것이다. 우르과이는 GATT 체제의 문제점을 해결하고, 이 체제를 다자간 무역기구로 발전시킨 곳이며, 그 협상안에 따르면, 국제경쟁력이 없는 우리 한국의 농업 기반은 모조리 붕괴될 수밖에 없다. 따라서 농촌공동체의 생존 기반이 "시간의 이빨에 찢어발겨진 土城"처럼, 무너져 가고 있는 현실에서, "씨이팔, 교수고 시인이고 다아 필요읍따!/ 우르과인지 나발인지/ 개새끼들 다아 가라!"는 김영찬 씨의 단말마적인 절규는 너무나도 당연하다고 하지 않을 수가 없다.

그러나 나는 지금 이 자리에서 서림의 '이서국'에 대해서 논하고 있는 것도 아니며, 더더군다나 오늘날의 농촌공동체의 현실을 이야기해 보자는 것도 아니다. 내가 「이서국은 술취한, 칼춤을 추고」에서 주목하고 싶은 것은, 우리 한국인들의 공격본능이 내면화되어, 내재적으로는 무사안일 속의 사색당파를 낳고, 외재적으로는 무조건의 충성과 찬양으로 이어지는 事大主義를 낳는다는 사실일 뿐인 것이다. WTO(세계무역기구) 체제 아래서, 서구의 선진국들은 무차별적인 시장 개방 압력으로 그들의 공격본능을 드러내고, 제3세계의 후진국들은 그들의 공격본능 앞에 낮게 낮게 엎드린 채, 노예적인 복종태도로써 그들의 말을 수용할 수밖에 없다. 그리고 한 걸음 더 나아가, 서구의 선진국들의 자본 앞에서 무조건의 충성과 찬양을 해대고, 자국의 국민들에게는 그것을 은폐한 채, '쌀시장만은 대통령직을 걸고서라도 막아 보겠다', '금융시장만은 결코 안 된다' '교육시장만은 결코 안 된다'라고, 마치 천하 제일의 애국자들인 양, 끝끝내 지키지도 못할 약속을 해댄다. 그러면서도 그들은 서구의 선진국 앞에서는 마냥 숨겨두었던 공격본능의 발톱을 꺼내들고, 온갖 부정부패로 제 동족들의 피를 빨아먹기 시작한다. "전임자리 얻으려" "먹어보지도 못한 갈비짝 3개 돌렸다/ 만원짜리 넥타이 사면서도 마누라한테 애걸복걸하다가/ 4만원짜리로 3개 상납했다", "제 살을 파서 상납하는 자를 노래하라/ 제 목을 쳐서 제사 지내는 자를 노래하라/ 이 모든 것을 노래하는 자를 노래하라"라는 서림의 「현실 감각」이 그것이다.

나는 제4장, 「넓어지는 지평선」에서 "그렇다면 우리 한국인들에게 있어서 모험이란 무엇이며, 그들은 어떠한 목표를 갖고 그들의 모험을 시작했단 말인가? 또한 그들의 주체성의 확립이 타자성의 완성으로 이어지고, 그들의 자아 영역의 확대는 세계 영역의 확대로, 그리고 궁극적으로는 모든 인류의 심금을 울릴 수 있는 문화적 영웅들을 탄생시켰단 말인가? 그러나 지극히 애석하게도 미리부터 말해 본다면, 우리 한국인들의 모험은 무사안일 속의 '반 모험'이고, 다른 한편, 우리 한국인들의 영웅주의는 끊임없는 자기 영역의 축소와 함께, 몰주체성에 사로잡혀 있는 '반 영웅주의'에 지나지 않는다. 따라서 '반 모험'과 '반 영웅주의'는 무목표, 무의지, 무책임이라는 '三無政策'과 함께, 내재적으로는 무사안일 속의 사색당파를 낳고, 외재적으로는 끊임없는 충성과 무조건의 찬양으로 이어지는 사대주의를 낳는다"라고 역설한 바가 있지만, 우리 한국인들의 무조건의 충성과 찬양은 그들의 방어본능이고, 안으로 안으로 무사안일 속의 사색당파는 그들의 공격본능이라고 하지 않을 수가 없다. 서구인들의 전략과 전술은 '백전백승'의 신화로 이어지지만, 우리 한국인들의 전략과 전술은 '백전백패'의 치욕으로 이어지게 된다. 그 치욕 속에서는 강자의 미소는 찾아볼 수가 없고, 약자의 분노만이 박남철의 「獅子」처럼 자라나게 된다.

내 앞발에 박힌
이 깊숙한 가시를

핥다가 나는 이따금
부릅뜬 눈을 들어, 핥
야 이 개애새끼들아아

내 머리, 오 이 구름 같은 불

내 머리 내 이 머리에 온통 뒤덮힌
이 저주받은 이 성난 갈기, 핥

야 이 개애자식들아아아
— 박남철, 「獅子—모교의 교정에서」 전문

알렉산더 대왕의 포효하는 삶은 '문화제국의 건설'이었고, 부처의 포효하는 삶은 브라만 계급의 가치관을 전복하고 민중들을 구원하는 것이 그 목표이었다. 리쿠르고스의 포효하는 삶은 그의 법령으로 스파르타의 '영원한 제국'을 건설하는 것이었고, 나폴레옹의 포효하는 삶은 '나폴레옹의 법전'을 통하여 '유럽 연방'을 건설하는 것이 그 목표이었다. 그들은 스스로, 자발적으로, 그 무거운 짐(목표)을 짊어지고, 그 모든 인식론적 장애물들과의 인류의 역사상, 가장 아름답고 웅대하며, 피비린내 나는 '혈투'를 벌여야만 되었던 것이다. 그러나 우리 한국인들의 '事大主義' 속에는 무목표, 무의지, 무책임이라는 '三無政策'만이 들어 있을 뿐, 이 세상에서 가장 아름답고 웅장한 '삶'—포효하는 삶—은 그 어디에서도 찾아볼 수가 없다. 만일, 그렇다면 박남철의 '사자'의 앞발에 깊숙이 가시를 박은 자들은 어떤 자들이며, 그들의 최종적인 목표는 무엇이란 말인가라고 물어볼 수도 있을 것이다. 나는 박남철의 '사자'의 앞발에 박힌 '가시'는 서구의 제국주의자들에 의한 것이며, 다른 한편, 그들에 대한 '사대주의' 속에서 최고의 이익—국가의 이익이 아닌, 자기 자신들의 사적인 이익—을 창출해 내고 있는 이 땅의 지배 계급의 인사들에 의한 것이라고 생각하고 있다. 제국주의(공격본능)가 없는 민주주의(방어본능)는 모래 사막 속의 신기루에 불과하고, 민주주의(방어본능)가 없는 제국주의(공격본능)는 속 빈 강정에 지나지 않는다. 따라서, 이 세상에서 가장 화려하고 찬란한 '제국의 꿈'을 펼치지 못하고 있는 우리 한국인들은 그 날카롭고 예리한 '공격본능'을 '사대주의'라는 함정에 빠져서 거세시키고 있는 것이고, 다른 한편, 백수의 왕처럼 자라나는 새로운 세대가 그처럼 무섭고 두려운 이 땅의 지배 계급의 인사들은 무조건의 충성과 찬양이라는 사대주의와 그 長幼有序의 예법으로, 이처럼 사자의 '공격본능'을 거세시키고 있는 것인지도 모른다. 자기 자신도 모르게 자기 자신의 앞발에 깊숙이 박힌 '가시'를 핥는 '사자'는 이미 거세된 사자이며, 종이 그림 속의 사자에 지나지 않는다. "내 머리, 오 이 구름같은 불", "야 이 개애새끼들아아"라고 제 아무리 거칠고 사납게 울부짖어 보았자, 그 어느 누구도 들어 줄 사람이 없으며, 또 자기 자신의 "저주받은" "성난 갈기"를 제 아무리 핥아보았자, 그 앞발에 깊숙이 박힌 가시가 빠질 리가 없는 것이다. '백전백승'의 전략과 전술을 구사하고 있는 서구인들은 '도덕적 선의 고지'를 점령하고 고급문화인의 미소를 지을 수가 있지만, '백전백패'의 전략과 전술을 구사하고 있는 우리 한국인들은 '제3세계인'이라는 '도덕적 악의 고지'를 점령하고, 기껏해야 박남철의 「獅子」처럼 그 저주받은 운명을 울부짖고 있다고 해도 과언이 아니다. '무목표', '무의지', '무책임', 이 '三無政策' 앞에서 우리 한국인들의 최종적인 목표는 기껏해야 이처럼 저주받은 사자(약자)의 분노일는지도 모른다.

부처는 우리 인간들의 네 가지 고통을 발견하였는데, 생로병사生老病死가 바로 그것을 말해 준다. 삶과 죽음, 병듦과 늙음이 모두 그에게는 고통스러웠던 것이며, 이밖에도 그는 원증회怨憎會, 애별리愛別離, 소구부득所求不得의 세 가지 고통을 첨가하였다고도 한다. 원수는 만나서 괴롭고, 사랑하는 사람과는 헤어져서 괴롭고, 욕망하는 것은 얻지 못해서 괴롭다는 것이 그의 위대한 성찰이었던 셈이다. 무욕망, 무집착, 탁발걸식과 출가수행은 그가 역설하고 있는 가장 행복한 삶의 양식이며, 그의 실천 철학이 된다. 그러나 부처의 철학은 지극히 애석하게도 이 세상의 삶과 유리된 그것에 지나지 않는다. 왜냐하면 생로병사가 고통의 원인이 될 수도 있지만, 우리가 이 세상을 즐겁게 웃거나 슬프게 울면서 살아가고 있는 것은 그 '고통'이라는 삶의 징검다리와 그 인식론적 장애물들이 있기 때문이다. 삶 자체는 기쁘기만 한 것도 아니고, 슬프기만 한 것도 아니다. 예컨대 원수를 만나면 괴롭겠지만, 그러나 그 원수와의 싸움(시련 극복)이 없다면 우리 인간들의 학문, 지혜, 문화, 예술, 정치, 경제, 사회가 어떻게 발전할 수가 있겠으며, 미리부터 이별의 슬픔이 두려워서 그 사랑을 포기한다면, 인간이라는 종의 보존과 우리 인간들의 삶이 어떻게 가능할 수가 있단 말인가? 부처의 '번뇌의 화염을 지혜로써 불어 끄라'는 가르침은—그 한줄기 서광과도 같은 명언임에도 불구하고—이 세상의 삶과 자기 자신의 생명, 그리고 물질적 욕망에 집착하고 있는 우리 인간들의 욕망을 씻어주는 정화기능으로서의 그것이지, 그러한 생명 부정에의 철학으로서는 우리 인간들의 생명과 이 세상의 삶에 대한 어떠한 윤기와 활력도 불어넣어 줄 수가 없는 것이다.

동양의 사유는 정적인 사유이며, 고통과 싸우지를 않고 고통을 기피하는 사유이다. 고멸苦滅을 위한 '중도행법中道行法'을 '팔정도八正道'라고 부른다. '正見', '正思惟', '正語', '正業', '正命', '正精進', '正念', '正定'이 그것인데(4: 60), 그러나 그 '八正道' 속에는 무엇을 올바르게 보고, 올바르게 사유하는 것인지, 또 무엇이 '올바른 언어', '올바른 직업', '올바른 생명', '올바른 정진', '올바른 정념', '올바른 정정'인지는 구체적으로 그 사례를 들어서 제시해 놓은 것이 없다. 이것이 선문답적인 동양의 신비주의이며 그 정적인 사유의 실체인 것이다. 무욕망, 무집착, 탁발걸식과 출가수행만을 하면 모든 고통이 해소되고 행복한 삶이 이루어질 것 같지만, 그러나 그것은 우리 인간들의 천재성과 창의성을 갉아먹는 것에 불과하고, 이 세상에서의 가장 아름답고 행복한 삶을 전면적으로 거부하는 생명부정에의 의지에 지나지 않는다. 이처럼 삶에 대한 가장 중요한 장애물 중의 하나가 부처의 사상이기도 하지만, 다른 한편, 그는 그 사상을 통해서 우리 인간들의 욕망을 비워내고, 최고의 도덕적 선인 열반과 해탈의 길을 활짝 열어놓았던 것이다. 만일, 그렇다면 부처는 왜 그처럼 무거운 짐(중생제도 즉, 열반과 해탈의 길)을 짊어졌던 것이며, 그는 그 목표를 달성하기 위하여 어떠한 싸움을 싸워왔단 말인가? 주지하다시피 부처는 생로병사, 원증회, 애별리, 소구부득에 시달리고 있는 민중들의 삶을 발견했던 것이고, 따라서 그 민중들의 삶을 짓밟고 수많은 억압과 탄압을 자행하고 있는 브라만 계급의 가치관을 새롭게 인식하고 깨닫지 않을 수가 없었던 것이라고 해도 과언이 아니다.

힌두교는 근본적으로 세속 종교이며, 인도의 카스트 제도를 창출해 낸 지배계급의 종교이다. 그 근본사상은 모든 유기체들의 생성과 소멸을 설명해 주고 있는 윤회사상이며, 그 윤회사상으로 인하여, 이 21세기까지도 지극히 비인간적이며 야만적인 카스트 제도가 유지되고 있는 것인지도 모른다. 인도의 카스트 제도는 네 계급으로 구성되어 있는데, 브라만계급(사제계급), 귀족계급(코샤트리아), 평민계급(바이샤), 노예계급(수드라) 등이 바로 그것이다. 브라만 계급은 모든 제사와 교육을 독점하고 있는 '인도문화의 담당자들'이며, 그들은 세속적인 왕을 선출하고 임명할 수도 있는 권한을 갖고 있었다고 한다. 따라서 이 세계의 모든 것이 브라만 계급의 재산이며, 브라만 계급은 그들의 사형죄마저도 단순 추방으로 그치고 만다고 한다. 브라만 계급은 자기 계급 이외에 3명의 아내를 더 취할 수 있으며, 브라만 계급을 조금만 위협하거나 모욕을 가해도 백년 지옥을 가게 된다고 한다. 그리고 이처럼 불평등한 제도에 기초한 브라만 계급이 수천 년 동안이나 그 특전과 특권을 유지할 수가 있었던 비결은 모든 것이 가고 모든 것이 되돌아 온다는 윤회사상이며, 그 사상에 대한 믿음이 노예계급에게 자기 자신들의 인간 이하의 비참한 생활마저도 참고 견딜 수 있게 해주었던 것인지도 모른다. 이에 반하여, 부처는 그가 비록, 네팔의 정반왕淨飯王의 장남이기는 하지만, 생로병사에 시달리고 있는 민중들의 삶을 발견하고, 그것을 극복할 수 있는 열반과 해탈의 길을 제시한 데서 그 위대성을 찾아볼 수가 있는 것이다. 만물이 유전하고 모든 것이 가고 모든 것이 되돌아 온다는 불교의 윤회사상은 힌두교(지배계급의 종교)의 윤회사상을 계승한 것이며, 부처의 카스트 제도의 부정은 브라만 계급의 가치관을 전면적으로 거부하고 뒤집어 엎어 버린 것이라고 하지 않을 수가 없다. 부처, 혹은 불교의 윤회사상은 김향 시인의

완성되지 못한 한 죽음이
무덤 안에서 익고 있다
바람과 햇빛과 간간히 찾아와 뿌리고 가는
가족들의 눈물이 생장을 돕는다

간위산처럼 두 손이 묶인 죽음은
'우뚝 멈추어 움직이지 않는다'
썩고 문드러지는 악취와 도취 속에서
뚝뚝 단물 흘리며 죽음은 무르익는다

마침내 봉분, 무화된 자리
살붙지 않은 말간 실핏줄
돈독하게 내비친다
— 김향, 「마침내 봉분, 무화된 자리」 전문

라는, 「마침내 봉분, 무화된 자리」에도 나타나고 있으며, 오늘날 한국 현대시의 한 경향(禪詩的인 경향)을 이루고 있다고 하지 않을 수가 없다. 김명원 시인이 "죽음 역시 삶처럼 성장을 한다. 시간의 속성 안에서 숙성熟成하고 완성을 꿈꾼다. 무덤이라는 또 하나의 삶의 공간 안에서 완전히 썩기를 열망하며, 바람과 햇빛과 가족들의 눈물로 완전한 죽음을 향해 무르익어 간다. 완벽한 생의 대단원, 죽음은 마침내 없어짐으로써 완결된다. 죽음이 사라지고 남겨진 "무화된 자리"라는 것은 얼마나 아득함인가. 불가에서 목도되는 '없음'이야 말로 존재의 비정한 절정이 아니던가. 죽음이 무르익음으로써 죽음이 무화되었다면 이미 이는 열반에 든 것이다. 법열의 진정한 깨우침으로써 생명력이 획득되었기 때문에 "살붙지 않은 말간 실핏줄"이라는 명징함이 드러났으리라. "실핏줄"의 투명하고도 붉은 빛이 "돈독하게 내비"쳐져 죽음은 다시 새 생명의 잉태라는 설법의 아우라가 형성된다. 죽음으로써, 깨끗한 사라짐으로써 다시금 실핏줄의 생명이 시작되는 절대적 무화의 자리, 이 얼마나 따뜻한 불교적 사유의 언저리인가"라고, 그의 「존재의 발원을 향한 시적 상상」에서 썼을 때, 나는 그 글 이외에

「마침내 봉분, 무화된 자리」를 더 이상 분석하고 설명할 필요성을 느끼지 못한다(5). 이처럼 윤회사상은 심오하면서도 그 깊이가 있고, 우리 인간들의 최고급의 지혜(사상)로서 그 정점에 있다고 하지 않을 수가 없는 것이다.

정치는 모든 사람의 안락과 이익을 도모하는 것이며, 더욱더 솔직하게 말한다면, 정치는 국민에 대한 국왕의 채무를 반환하는 일에 지나지 않는다. 아쇼카왕은 언제나 그 국민들의 은혜를 생각하며, 그 채무의 반환으로써 모든 국민들을 그의 친족처럼 대했다고 한다. 하지만 부처가 그 민중의 눈으로 다른 국왕들을 바라보았을 때, 국왕은 국가와 동일시되고 있었으며, 국왕이라는 자는 그 전제적인 힘에 의지함으로써 모든 국민들 위에 군림하고 있는 자에 지나지 않았다. 따라서, 부처는 가능하면 국왕의 절대 권력이 미치지 못하는 곳에 그의 신도들을 은거시킬 수밖에 없었던 것이고, 남녀 평등주의와 만인 평등주의를 온몸으로 실천해 보였던 것이다. 불교도들의 서열은 출가수행 연수와 그 법력의 크기에 따라서 정해졌고, 도 그들은 어디까지나 철두철미하게 오늘날의 민주주의와 공화정치 제도를 실시하고 그것을 정착시켜 나갔던 것이다. "세상에 이름과 성으로 연결되어 있는 것은 단지 언어에 지나지 않는다. 혈통, 재산, 가문을 자랑해서는 안 되며, 바라문도 덕행이 높아야만 비로소 존경을 받을 가치가 있다."(4: 65) 힌두교는 카스트 제도 위에 군림하고 있는 지배계급의 종교이고, 불교는 그 카스트 제도를 부정하고 있는 노예계급의 종교이다. 부처가 그 노예계급의 입장에서, 힌두교와 브라만 계급의 모든 가치관들을 전복시켰을 때, 과연 그는 어떠한 처지에 몰렸었고, 그 결과, 그는 그의 최종적인 승리를 장담할 수가 있었던 것일까? 부처의 入山俗離는 박해받은 자의 표지이며, 그는 현실적으로는 백전백패의 전략과 전술을 통해서 지배계급의 모든 가치관들을 거부하고 전복시킬 수밖에 없었던 것이다. 유대교와 기독교의 싸움이 그러했듯이, 힌두교와 불교의 싸움 역시도 주인(지배계급)과 노예(피지배계급) 간의 계급 투쟁의 역사 속에서 그 싸움의 성격을 정리하고 설명할 수가 있다. 나는 일찍이 「외디프스 신화의 수용 양상과 재해석」이라는 글에서 그 계급 투쟁의 본질적인 국면을 다음과 같이 정리하고 설명을 한 바가 있다.

> 모든 주인의 도덕이 자기 자신에 대해서 의기양양한 긍정에서 비롯된 반면, 모든 노예의 도덕은 처음부터 외부적인 것, 다른 것, 자기 자신이 아닌 것을 부정함으로써 이루어진다. 주인은 "나는 선하다, 그러므로 너는 나쁘다"라고 말하지만, 노예는 "너는 나쁘다, 그러므로 나는 선하다"라고 말한다(6: 200). 왜냐하면 주인은 타인의 의견을 경청함이 없이 그의 행복과 선을 긍정하며, 있는 그대로의 자신에 즐거워할 수가 있지만, 노예는 그 자신의 가치를 긍정하기에는 너무도 약하며, 그는 주인에 의해서 지배적인 방법으로 설정된 가치들을 전복시키지 않으면 안 되기 때문이다. 이러한 주인과 노예의 변증법은 니체의 『도덕의 계보』에서도 채권자와 채무자의 관계로 좀 더 폭넓게 변주되고 있다고 하지 않을 수가 없다. 주인(아버지)은 채권자이고, 노예(아들)는 채무자이다. 하지만 주인과 노예의 관계는 단순한 채권자와 채무자의 관계만도 아닌데, 그것은 주인의 의도대로 변제가 가능한 어떤 것이 아니기 때문이다. 주인은 오로지 자신의 '희생과 업적 덕택'으로 노예의 삶이 가능한 것이라고 확신하고 있지만, 노예의 입장에서 그것은 '괴물과 같이 무섭고 거대한 차원으로까지' 확대되고 있는 것이라고 하지 않을 수가 없다. 주인은 채권자의 입장에서 노예의 '법률적 의무'를 강요하는 신의 자리로 올라 서려고 하고, 노예는 채무자의 입장에서 주인의 명령을 거역함으로써 그 자신의 삶을 살아가고자 한다. 주인의 희생과 업적이 절대적이고 강력할 때는 그 주인에 대한 성화, 축제, 찬가, 의례 등의 복종의 형식이 융성하게 되지만, 주인의 유덕이 한계를 드러낼 때는 "종족 창시자의 정신에 두려움을 감소시키

고, 또한 그 창시자의 영민한 통찰력과 그 힘을 경시하게" 된다(1: 97). 마르크스의 '계급투쟁의 역사'라는 말이 시사해 주고 있듯이, 권력은 삶의 본능의 옹호이며, 무자비한 폭력, 혹은 투쟁의 전략을 낳게 하는 대상이라고 하지 않을 수가 없다(7: 219).

힌두교와 불교의 싸움은 이처럼 계급투쟁의 역사 속에서 설명할 수가 있는 것이며, 인류의 역사상, 가장 처절하고 피비린내 나는 싸움이었는지도 모른다. 부처는 그 어렵고 힘든 싸움에서 일방적으로 패배하고 '입산속리'의 길을 걸어갈 수밖에 없었지만, 오늘날은 민주주의의 시대이며, 노예계급의 찬가가 울려 퍼지고 있는 시대라고 할 수가 있다. 즉, 사회적 천민들이 모든 귀족계급들을 몰아내고, 부처의 '백전백패의 전술'이 '나무아미타불의 기적'처럼, '백전백승의 전술'로 변모된 것이다. 이 브라만 계급과의 가장 아름답고 웅대하며 피비린내 나는 '혈투'를 벌였던 것이 부처의 위대성이며, 그가 오늘날 그 시련을 극복하고 모든 인류의 스승으로서 폭넓게 사랑을 받고 있는 까닭이 바로 여기에 있는 것이다. 그러나 부처 역시도 그의 조국인 인도에서는 그 영향력이 1% 미만에 불과하며, 대부분의 인도 사람들은 불교마저도 힌두교의 한 분파 정도로만 알고 있다고 한다. 부처와 보살을 믿고 귀의하면 더 많은 부와 행복을 얻을 수가 있겠지만, 그러나 그것보다는 '아버지를 만나면 아버지를 죽이고, 부처를 만나면 부처를 죽일 수 있는 자'만이 그 최종적인 승리를 얻을 수가 있는 것인지도 모른다. 내가 가장 사랑하고 존경하는 인물은 부처와 예수와도 같은 영원한 이단자들—나는 부처와 예수의 신봉자가 아니다. 나는 어디까지나 '최초'이며 '최후의 존재'로서 단 하나뿐인 그들을 존경하고 있을 뿐이다—이고, 나는 그들의 최종적인 승리를 찬양하기 위해서 이 「포효하는 삶」을 쓰고 있다고 해도 지나친 말이 아니다.

임마누엘 칸트는 지난 천년 동안 마르크스의 뒤를 이어서, 두 번째로, 그 사상적 업적을 남긴 인물로 회자되곤 한다. 그의 『순수이성비판』과 『실천이성비판』, 그리고 『판단력비판』은 중세의 암흑기를 헤쳐나와 모든 학문의 예비학인 '비판철학'을 정립한 불후의 고전들로 손꼽히고 있으며, 인류의 역사가 종식되지 않는 한 영원히 그 빛을 발할 것이라고 나는 믿어 의심하지 않고 있다. 그렇다면 칸트의 도전적이고 야심만만했던 과제들은 무엇이었으며, 그의 '포효하는 삶'은 그 과제들과의 싸움을 통해서 무엇을 획득하게 되었던 것일까? 주지하다시피, 그는 '종교와 철학', '사제와 철학자'들의 구분이 없어지고, 기껏해야 신학자들의 시녀 노릇을 하던 철학자의 입장에서, 그 암울한 역경을 딛고 다음과 같이 그 비판의 칼날을 들이댄 바가 있었다.

> 현대는 바로 비판의 시대이며 모든 것이 비판을 받지 않을 수 없다. 그러나 종교는 그 신성에 의하여, 그리고 입법은 그 존엄에 의하여 비판을 벗어나려고 한다. 그러나 그렇게 되면 종교이든 입법이든 자기 자신에 대한 의혹을 당연히 초래할 것이며, 또한 이성이 그의 공명 정대한 비판을 견디어 낸 것에만 허용하는 진정한 존경을 요구할 수가 없게 되는 것이다(8: 9).

중세의 암흑기란 고대 그리스 이후, 기독교가 지배했던 시기를 뜻하며, 기독교의 교리에 반하는 그 어떤 것도 진리로 통용될 수가 없었던 시기를 뜻한다. 하지만 코페르니쿠스의 '지동설'과 조르다노 브루노의 화형, 갈릴레오의 종교재판, 데카르트의 인간 이성의 발견, 스피노자의 '범신론'과 라이프니츠의 '단자론' 등의 르네상스 시대와 영국의 로크, 프랑스의 볼테르, 몽테스키외, 디드로 등의 계몽주의 시대를 거쳐서, 임마누엘 칸트는 계몽주의 사상의 완성자로서 그 대미를 장식하게 되었던 것이다. 자연과학이란 인간의 경험에 의하여 성립된 학문이고, 형이상학이란 전적으로 인간의 경험을 무시하고 그 개념에 의해서만 성립된 학문이다. 따라서 칸트는 모든 학문의 여왕으로 군림을 하고 있었던 형이상학을 향하여 "요컨대 사변적 이성(경험을 초월한 사변적 이성)으로부터 인식하려는 지나친 생각을 제거하지 않는 한, 나는 '신', '자유', '영원한 삶'을 나의 이성의 실천적 사용을 위해 상정할 수밖에 없었다"라고, 그 비판철학의 칼날을 들이대게 되었고(8: 27), 그것으로 인하여 형이상학이 죽지는 않았지만, 매우 치명적인 중상을 입게 되었던 것이다. 감성의 형식은 시간과 공간이며, 오성의 형식은 범주이다. 감성은 '인식의 감수성'에 기초하고, 오성은 '사고의 자발성'에 기초한다. 칸트가 규정하고 명명한 네 개의 범주—'오성의 기능'에 대한—가 있는데, '양의 범주'와 '질의 범주'와 '관계의 범주'와 '양상의 범주'가 바로 그것이다. 양의 범주에는 '전칭全稱판단', '특칭特稱판단', '단칭單稱판단'이, 질의 범주에는 '긍정판단', '부정판단', '무한판단'이 있고, 관계의 범주에는 '정언定言판단', '가언假言판단', '선언選言판단'이, 양상의 범주에는 '개연蓋然판단', '실연實然판단', '필연必然판단'이 있다. 그러나 과연 '어떻게 선험적 종합판단이 가능한가?' 칸트의 말에 따르면 그것은 경험에 의거하지 않고 진리임이 분명한 판단이며, 그 단적인 예가 '모든 사건은 원인을 갖는다'는 말이 될 것이다. 나는 칸트의 『순수이성비판』에서 가장 빛나는 대목은 감성과 오성의 형식을 규정하고 그 범주표를 작성함으로써 '형이상학의 독단론'에 마침표를 찍었다는 점에 있다고 믿고 있으며, 또한 그것은 영국의 경험론과 대륙의 합리론을 변증법적으로 지양하고, 독일철학(관념철학)의 기초를 마련한 데 있다고 믿어 의심하지 않고 있다.

칸트는 그의 『실천이성비판』에서 "자유는 도덕의 존재 근거이며 도덕은 자유의 인식 근거"—이 말은 내가 제2장 「상승주의의 미학」에서 가장 날카롭고 예리하게 비판을 가한 바가 있지만—라는 전제 아래,

우리 인간들의 선악을 규정하고 또 그것을 논하고 있다(9: 2). "선악의 개념은 도덕(법) 이전에 규정되지 않고, 오직 도덕법 이후에, 또 도덕법을 통해서 규정되어야 한다"라는 말이 그것이다(9: 69). 나는 이미 앞에서, 도덕법 이전의 선악의 개념을 새롭게 제시한 바가 있지만, 도덕법 이후의 선악에 대한 개념 규정은 칸트의 말에 전적으로 동의를 하지 않을 수가 없다. 우리 인간들은 사회적 동물로서 도덕법을 제정하지 않을 수가 없고, 그 도덕법이 정면으로 공격을 당하거나 훼손을 당하게 되면 그 체제를 유지해 나갈 수가 없는 것이다. 도덕법은 '무엇을 하라, 하지 말라'의 '정언명령'으로 되어 있고, 그 도덕법에는 반드시 책임과 의무와 강제성이 깃들어 있을 수밖에 없다. 왜냐하면 모든 것을 제 뜻대로 할 수 있는 것이 자기 행복의 원리라면, 그 행복의 원리와 도덕성 사이에는 매우 심각한 충돌이 일어날 수밖에 없는 것이며, 개인의 행복보다는 공동체 사회의 행복을 수호하는 것이 도덕법의 궁극적인 목적이기 때문이다.

하지만 칸트는 도덕법은 '선 의지'가 그 동기라고 단언하고, 또 그것의 책임과 의무와 강제성을 말하기보다는 우리 인간들의 개개인의 자유의 의지를 강조한다. 요컨대 도덕왕국의 입법적 국민으로서, '네 스스로 보편적 입법원리로써 행위하라'—"너의 준칙이 항상 보편적 법칙의 수립이라는 원리로써 타당할 수 있도록 행위하라"(9: 33)라는 문장을 나는 내 나름대로 이렇게 표현하고자 한다—는 것이 그의 도덕철학의 근본명제인 셈이다. 헤겔이 그의 도덕철학으로써 '국민 도의'를 절대시했다면 도덕군자로서의 칸트는 '윤리적 휴머니즘'을 중요시했다고 하지 않을 수가 없다. "인간은 도덕의 주체요, 도덕법은 인간의 자유가 가지는 자율로 인해서 신성한 것이다"(9: 97)라는 칸트의 '윤리적 휴머니즘'은

이게 누구의 숲인지 나는 알 것도 같다.
하기야 그의 집은 마을에 있지만—
눈 덮인 그의 숲을 보느라고
내가 여기 멈춰서 있는 걸 그는 모를 것이다.

내 조랑말은 농가 하나 안 보이는 곳에
일년 중 가장 어두운 밤
숲과 얼어붙은 호수 사이에
이렇게 멈춰서 있는 걸 이상히 여길 것이다.

무슨 착오라도 일으킨 게 아니냐는 듯
말은 목방울을 흔들어 본다.
방울 소리 외에는 솔솔부는 바람과
솜처럼 부드럽게 눈 내리는 소리 뿐.

숲은 어둡고 깊고 아름답다.
그러나 나는 지켜야 할 약속이 있다.
잠 자기 전에 몇 십리를 더 가야 한다.
잠 자기 전에 몇 십리를 더 가야 한다.

라는, 로버트 프로스트의 「눈 내리는 밤 숲가에 멈춰서서」에서 그 절정을 이루고 있는 것도 같다. 시인은 눈 내리는 밤 숲가에 멈춰서서, 그 아름다운 풍경 자체가 되고 싶어 하면서도, 그러나 그는 도덕왕국의 입법적인 국민으로서 그 신성한 사명감을 부단히 의식하고 있다고 해도 과언이 아니다. "숲은 어둡고 깊고 아름답다/ 그러나 나는 지켜야 할 약속이 있다/ 잠 자기 전에 몇 십리를 더 가야 한다/ 잠 자기 전에 몇 십리를 더 가야 한다". 자기 자신의 행복의 원리와 도덕법이 일치할 때, 우리는 칸트처럼 '윤리적 휴머니즘'을 강조하고, 로버트 프로스트의 시세계에 무한한 감동과 찬사를 보낼 수도 있다. 하지만 임마누엘 칸트는 도덕적 선만을 강조하고 있지, 그 도덕적 선을 떠나서 부도덕의 미학을 이해하지는 못하고 있다. "자기 책망, 자기 질책, 즉 후회"는 도덕적 심정이 낳은 괴로운 감정이 아니라, 자기 자신의 잘못이 낳은 괴로운 감정이다(9: 109). 성공과 실패—그것이 비록, 하찮은 도둑질일지라도—, 승리와 패배—그것이 비록, 더러운 政爭일지라도—에서, 후자의 입장(실패와 패배)에 선 사람들은 대부분이 자기 자신의 바보같은 잘못을 탓하고 있지, 그 부도덕성을 탓하지는 않는다. 그리고 또한, 인간에 대한 "존경이 도덕적 근거 이외에는 다른 근거를 가질 수 없는 것도" 아니다(9: 90). 예컨대 강자의 힘과 그의 승리, 그리고 대도둑이나 대악당들(히틀러, 스탈린, 그리고 마피아의 두목 같은 자들)에 대한 수많은 인간들의 추종을 생각해볼 때, 그것은 어디까지나 선악을 넘어선 것에 대한 존경이지, 도덕적 존경이 아닌 것이다.

칸트가 그의 『실천이성비판』에서, 그의 도덕철학을 정립하고자 했다면, 그의 마지막 비판서인 『판단력 비판』에서는 그의 미학을 완성했다고 할 수가 있다. 자연의 개념에 대한 입법은 오성에 의해서 수행되고, 자유의 개념에 대한 입법은 이성에 의해서 수행된다. 오성은 인식 능력과 관계가 있고, 이성은 욕구 능력과 관계가 있다. 전자는 이론적이며(『순수이성비판』이 그것이다), 후자는 실천적이다(『실천이성비판』이 그것이다). 오성과 이성 사이에는 판단력이 작용을 하고, 언제나 특수한 것을 보편적(객관적)으로 일반화시키는 것을 우리는 '판단력'이라고 부른다. 지면 관계상, 칸트의 『판단력비판』을 아주 간단하게 설명해 본다면, 그는 그 책에서 '순수미'와 '고착미', 혹은 '취미판단'과 '도덕판단'을 대비하고, 그 대비를 통하여, 그의 미학을 정립하고 있다는 점일 것이다. 취미판단은 그 대상에 관심이 없는 판단이며, 도덕판단은 그 목적에 종속되어 있는 판단이다. '목적 없는 합목적성'은 순수미이며, '목적 있는 합목적성'은 고착미이다. 순수미는 '목적 없는 합목적성'으로 도덕적 선과는 관계가 없지만, 고착미는 일정한 목적에 종속되어 있는 만큼, 도덕적 선과 관계가 있다. 따라서 모든 예술작품은 순수미를 지향하고 있으며, 그것은 언제, 어느 때나 모든 사람들에게 즐거움과 기쁨을 가져다가 주게 된다. 이처럼, 예술이 모든 사람들에게 무관심하게 즐거움과 기쁨을 가져다가 준다는 것이 칸트 미학의 가장 핵심적인 전언이기도 하지만, 그러나 그것만큼 중대한 오류도 또 없을 것이다. 예술은 수많은 저명 인사들을 만들어 내고, 그들에게 돈과 명예와 권력을 안겨준다. 또한 예술은 대 교육제도 속에 편입되어 삼류 작가들의 사소한 업적들마저도 신비화시키고, 티없이 맑고 순수한 학생들마저도 그 예술가들의 아류로 만들어 버린다. 예술은 더없이 커다란 상품 시장을 갖고 있고, 언제, 어느 때나 가장 뛰어난 예술가들의 지혜와 그 기법으로 새로운 대상들과 그 아름다운 세계를 창조하도록 수많은 사람들을 유혹하고 있다. 이처럼 새로운 대상과 그 현상들을 명명하고, 가치평가하고, 그리고 대교육제도와 상품시장을 통해서 수많은 사람들을 유혹하고 있는 예술이 어떻게 취미판단, 즉 목적 없는 합목적성의 소산일 수가 있겠으며, 그 순수미를 또한, 고착미가 아니라고 단정할 수 있는 근거가 어떻게 있을 수가 있단 말인가? 순수미와 고착미, 그리고 취미판단과 도덕판단을 인위적으로 분할하고, 예술의 이름으로 고착미와 도덕판단을 단죄한 오류는 아마도 칸트의 오류 중에서도 가장 중대한 오류라고 하지 않을 수가 없다. 순수미가 고착미이고, 고착미가 순수미이다. 취미판단이 도덕판단이고, 도덕판단이 취미판단이다. 아주 극단적으로 말해서, 예술의 유용성과 그 사회적 기능은 '목적 있는 합목적성의 정점'이라고 하지 않을 수가 없다.

아무튼 칸트는 그의 '비판철학'을 통하여, "오성의 격률"과 "이성의 격률", 그리고 "판단력의 격률"을 무모순의 원리로써 체계적이고 일관성 있게 정립할 수가 있었다(10: 171). 그것은 그의 '포효하는 삶'의 소산이며, 계몽주의 사상의 완성이다. 그가 가장 처절하고 피비린내 나는 싸움을 싸울 수밖에 없었던 것은 어떠한 비판마저도 허용하지 않고 있었던 '형이상학의 독단론'이지만, 그러나 그는 그 '비판철학'의 칼날을 들고 수많은 귀신에 사로잡혀 있는 동시대의 모든 것들을 무차별적으로 베어버리지 않을 수가 없었던 것이다. 그 싸움은 부처와 예수처럼, 또는 알렉산더 대왕처럼 가장 처절하고 피비린내 나는 싸움이면서도, 가장 아름답고 웅대한 싸움이기도 했던 것이다. 오오, 수많은 시련과 그 시련들 속에서도 더욱더 아름답고 웅대해질 수 있는 포효하는 삶이여! 오오! '포효하는 삶'은 이 세상을 더욱더 아름답고 넓고 풍요롭게 바라볼 줄 아는 낙천주의자들의 삶(싸움)의 양식인 것이다.

가장 사악한 싸움의 예들: '플라톤/ 트라시마코프', '뉴턴/ 라이프니츠', '유종호/ 엘리어트', '김윤식/ 가라타니 고진'

미셸 푸코는 역사라는 공공의 경기장에서 지식을 계속 움직이게 하는 것은 '권력에의 의지'라고 말하고, 권력과 지식의 상관 관계를 밝혀놓은 바가 있다. 권력이 억압하고 탄압하는 것만이 아니라 지식을 생산해 낸다는 것은 니체의 뒤를 이어서, 푸코의 가장 중요한 업적이긴 하지만, 그러나 그의 권력에의 의지는 무정부주의적이고 염세주의적인 색채 속에서 그 싹을 틔워보지도 못한다. 그는 권력을 지배와 복종이라는 닫힌 체계로 보며, 그 권력의 책략이나 이중효과를 역설하기에 여념이 없다. 권력은 그 닫힌 체계로써 최고의 통치자뿐만이 아니라, 모든 사람들을 억압하기 때문에 나쁘고, 따라서 다양한 투쟁 전략 속에서 항상 역전이 가능한 지점을 만들어 준다고 그는 역설한다. 그러나 푸코가 그처럼 공공연히 역설하고 있는 것은 이전투구와도 같은 권력일 뿐, 그 권력의 절대적이고 긍정적인 기능은 아니다. 권력은 우리 인간들의 삶의 본능의 옹호라고 나는 그 어느 누구보다도 가장 자신 있게 말할 수가 있다. 무리를 짓고, 또, 무리를 지을 수밖에 없는 사회적 동물들이 그들의 위대한 지도자를 통해서 공동체 사회를 구성하고 모든 사회적 제도와 법률은 물론, 합법적인 위계 질서를 갖게 된다는 것은 너무나도 자명한 일이다. 권력은 외부의 침입자나 자연의 재앙, 그리고 폭력, 사기, 강도, 강간, 살해 등으로부터 우리 인간들을 보호해 주기도 하고, 또, 가난한 자나 상처입은 자, 그리고 깊고 깊은 좌절과 절망에 빠져 있는 자들에게 한줄기의 서광과도 같은 미래의 희망을 던져주기도 한다. 더욱이 권력은 더 넓은 국토와 더 많은 부를 축적할 수 있게 해주기도 하고, 그 영원한 제국을 통하여 수많은 학자와 예술가와 그밖의 모든 인간들에게 영광의 무대를 마련해 주기도 한다. 학교, 군대, 정당, 단체, 직장, 가정, 회사 등, 이 모든 것들은 그 권력의 토대 위에서만 꽃 피어난다고 해도 지나친 말이 아니다.

오늘날 민주주의자들은 고귀하고 위대한 것을 한없이 깎아내리고 우리 인간들의 삶을 생기없게 만들고 있지만, 권력을 부정한다는 것은 삶을 부정한다는 것에 지나지 않으며, 그것은 극단적으로 말해서, '생명부정에의 의지'에 지나지 않는다. 지배하는 자, 명령하는 자, 그리고 모든 고귀하고 위대한 인간들을 부정하고 있다는 점에서, 마르크스, 프로이트, 보드리야르, 미셸 푸코, 들뢰즈/ 가타리, 데리다, 부르디외 등은 인간 쓰레기와도 같은 지배자 혐오주의자들이며, 현대 민주주의의 광신자들에 지나지 않는다. 요컨대 권력은 삶의 본능의 옹호이며, 수많은 권력 투쟁과 다양한 투쟁 전략이 끊임없이 생성—전개되고 있다는 것은 '인간 사회'라는 유기체가 대우 싱싱하게 살아 있다는 증거가 아닐 수가 없는 것이다. 이미 앞에서 역설한 바가 있지만, "정복자는 이웃 민족국가의 영토를 빼앗고 그 원주민들을 노예로 거느리게 되고, 피정복자는 자기 영토를 빼앗기고 이민족을 하나님과도 같은 주인으로 섬기지 않으면 안 된다. 힘이 있으면 그것은 선이 되고, 힘이 없으면 그것은 악이 된다. 이것이 모든 유기체들의 생존이라는 게임의 법칙인 것이다. 힘을 잃고 약화된 민족은 반드시 소멸하게 되어 있는 반면, 힘에 힘을 더하고 강력해진 민족은 그 물리적인 힘의 토대 위에서 그것을 은폐한 채, 고급문화인으로서의 미소를 띠고, 제법 부드럽고 온화한 표정으로 자유와 평등과 사랑을 이야기하면서 살아갈 수가 있다. 모든 싸움은 '도덕적 선의 고지'를 점령하기 위한 싸움이며, 고귀하고 위대한 인간이 대부분의 인간들을 지배해야 된다는 것이 그 싸움의 전제 조건이라고 하지 않을 수가 없다." 사상, 이념, 고급문화, 영원한 제국, 이 모든 것들은 그 권력자들의 '포효하는 삶'이 미화하고 합리화시킨 것에 불과하다.

철학예술가로서 나는 이 세상의 삶을 향유하는 데 그 무엇보다도 관심이 있고, 또, 그것은 낙천주의자로서의 나의 행복론으로 나타난 바가 있다. 따라서 나의 비판은 '비판을 위한 비판'이나 '부정을 위한 부정'이 아니라, 절대 긍정을 위한 비판이다. 나는 가능하면 가장 어렵고 힘들고, 그 어느 누구도 하지 않으려는 것, 그러나 누군가가 꼭 해야만 하는 일에 관심을 보여왔고, 그것으로 인하여 염세주의, 기독교, 불교, 공산주의, 현대 민주주의, 그리고 그 어중이 떠중이들과는 상반되는 길을 걸어왔던 셈이다. 현대 민주주의 사회에서 그 어중이 떠중이들을 적으로 삼는다는 것은 자기 스스로 '만인 대 일인의 싸움'을 자청하게 된 것이며, 단 한 명의 원군이나 우군도 없이 가장 강력한 적들과의 싸움을 시작하게 되었다는 것을 뜻한다. 나는 '만인 대 일인의 싸움'을 걸 만큼 충분히 강하고, 생사의 문제를 헐리우드의 전쟁 영화처럼 가볍게 여길 줄도 알고 있다. 싸움은 인간을 비정하고 잔인하게 만들고, 또한 그것은 인간을 자기 중심적으로 사고하게 만든다. 싸움은 싸움의 목적을 분명하게 만들고, 그 싸움의 결과가 승리일 때는 최고의 희열을, 그렇지 않을 때는 목숨까지도 빼앗기게 되는 비참한 상실감을 미리부터 맛보게 한다. 어떤 싸움이든 그것의 궁극적인 목표는 승리이며, 그 승리의 축배는 돈, 명예, 권력, 그밖의 모든 것을 의미한다.

나는 천성적으로 호전적이고 전투적이지만, 나는 나의 싸움에 관한 실천 원칙을 갖고 있다. 나의 싸움은 '만인 대 일인의 싸움'이며, 이제까지의 그 싸움이 만인들의 횡포에 견디지 못한 일인의 싸움에 불과했다면, 나는 그 '원한 맺힌 저주 감정' 없이 만인들의 어리석음을 문제삼고, 그들 모두가 자기 자신들도 모르게, 나의 적이 될 수밖에 없도록 몰아 부쳤던 것이 그 특징적이다. 나의 욕망은 상승 욕망이며, 그 상승 욕망은 니체의 권력 욕망이나 프로이트의 성적 욕망을 하위 개념으로, 혹은 종속 개념으로 거느리게 되었다. 보다 나은 인간, 보다 완전한 인간, 그 신적인 인간이 나의 궁극적인 목표이며, 우리 인간들의 궁극적인 목표라고 내가 믿고 있기 때문이다. 이 세상의 어중이 떠중이들, 즉, 저 평범하고 보잘것없는 우리 학자들은 신문과 대중매체, 넋 잃은 독자와 그 옹호자들에 둘러싸여 매우 보잘것없고 아주 작은 승리에 도취되어 있기가 십상이지만, 나의 승리는 가장 처절하고 비참한 패배에 둘러싸여 그 승리의 의미도 퇴색해 버리고, 이내 그 몸 둘 곳을 몰라 한다. 그러나 그것은 어디까지나 외면적인 양상일 뿐, 그 깊은 곳에서는 언젠가는 새로운 태양처럼 떠오르게 될 에너지로 충만해 있는 것이다. 높이 높이 날아오른 새가 잘 보이지 않듯이, 깊이 깊이 내면으로 스며든 나의 승리가 이 세상의 어중이 떠중이들에게 보일 리가 없는 것이다. 나는 오늘도 '만인 대 일인의 싸움'을 수행하고 있으며, 그 궁극적인 목표는 낙천주의자의 신전의 건축이라고 해도 과언이 아니다. 사상은 그 어떤 것보다 고귀한 명예이며, 삶의 완성이며, 보다 완전한 인간의 표지이다.

이제까지는 싸움의 궁극적인 목표와 그 의미를 천착하고, 또 그것을 가장 위대한 인간들의 '포효하는 삶'에서 살펴보았다면, 나는 지금부터 가장 사악한 싸움의 예들을 살펴보고자 한다. 가장 사악한 싸움이란 정정당당하게 싸우지를 않고, 타인들의 뒤통수를 치거나 너무나도 뻔뻔스럽고 파렴치하게 타인들의 업적을 가로채 간 '대사기꾼들의 싸움'을 말한다. 플라톤과 뉴턴을 전적으로 몰아 부칠 수는 없지만, 나는 어쨌든 그들을 어느 일면에서는 그들의 업적이 매우 사소해 보일 만큼의 '대사기꾼들'이었다고 생각하고 있다. 이 대한민국은 대사기꾼들의 공화국이고, 김현, 김윤식, 유종호도 예외적인 인물들이 아니다. 나는 플라톤과 뉴턴의 뒤를 이어서, 김윤식과 유종호의 천하 제일의 면모들—천하 제일의 바보 같은 짓과 대사기꾼의 면모들—을 우리 한국인들에게 매우 자랑스럽게 보여주고자 한다.

플라톤의 『국가』는 그의 철학적 이상주의의 가장 위대한 성취이며, 인류의 역사가 존속하는 한, 영원히 그 빛을 잃지 않을 '불후의 고전'으로 손꼽히고 있다고 할 수가 있다. 그는 '愛知者'로서, 이 세상에서 가장 위대한 최고 계급, 즉 철학자들이 통치하는 국가를 꿈꾸었고, 그 통치 철학이 근대 사회주의와도 같은 '이상 국가'의 형태로 그 모습을 드러나게 되었다고 할 수가 있다. 플라톤은 도덕군자로서 '선의 이데아'를 주창했고, 모든 변화를 죄악시했다. 또한 그는 도덕군자로서 학문을 사랑했고 모든 무지함을 단죄했다. 왜냐하면 신은 '선의 이데아'로서 영원히 그 존재가 변할 수가 없기 때문이며, 우리 인간들이 죄를 짓는다는 것은 그들이 너무나도 무지했기 때문이다. 이데아idea란 '본질—형상'이며, 그것은 영원히 변할 수가 없다. 또한 우리 인간들은 절대로 사악한 존재가 아니며, 그들의 무지함만을 제거한다면, 언제, 어느 때나 선량한 존재로 되돌아 올 수가 있는 것이다. 따라서 '선의 이데아'는 그의 윤리학의 근본 명제이며, 그의 '이상 국가'는 궁극적으로 그의 도덕 철학의 구현체라고 하지 않을 수가 없다.

나는 플라톤의 『국가』에서 가장 치명적인 결함은 그가 '도덕적 선'이라는 환상에 사로잡혀서, 이 세상을 더욱더 아름답고 풍요롭게 노래하고 있는 호머와도 같은 대서사시인들을 도조리 추방해 버렸다는 사실에 있다고 생각한다. 그는 이상 국가의 건설자로서, 신들의 권력 투쟁이나 사악한 모습을 묘사해서는 안 된다고 말하고, 신들의 전제적인 횡포와 자유 자재로운 변신의 모습을 묘사해서도 안 된다고 말한다. 그는 언제, 어느 때나 지옥을 두렵거나 무섭게 묘사해서도 안 된다고 말하고, 『오딧세우스』에 등장하는 아킬레스처럼, 이 세상의 삶만을 희원하는 모습을 묘사해서도 안 된다고 말한다. 따라서 그는 지옥의 지명들을 삭제할 것을 명령하고, 시인들은 허위의 편에 서 있는 사악한 인물들이며, 그들의 슬픈 노래는 '비굳한 노예'나 '아녀자들'에게 넘겨주어야만 된다고 역설하고 있는 것이다. 뿐만 아니라, 한 걸음 더 나아가서, 그는 우리 인간들의 웃음을 가장 극단적으로 폄하하고, 언제, 어느 때나 거짓말을 할 권리는 국가의 통치자에게만 있으며, 그밖의 모든 사람들은 일벌백계로 처벌하지 않으면 안 된다고 역설하고 있는 것이다. 플라톤이 그의 스승인 소크라테스와 함께 건설한 이상 국가는 그러나 그와는 정반대로, '도덕적 선'으로 무장한 전제국가이며, 그들이 창조해낸 미래의 인간들은 피도, 눈물도, 웃음도, 울음도 없는 기계 인간들에 불과하다고 나는 생각하고 있다. 소크라테스라는 인물은 '머리도 플라톤이고 꼬리도 플라톤'에 지나지 않는다. 이것이 '도덕적 선이라는 고지'에서 모든 것을 제멋대로 변주해낸 플라톤의 대사기극의 전모인 것이다. 나는 플라톤이 그의 『대화』와 『국가』에서 가상의 인물이나 자기 자신을 등장시키지 않고, 소크라테스라는 그의 스승을 실제 인물로 등장시킨 것 자체가 엄청나게 잘못되었다고 생각한다. 그는 스승의 이름과 그 명예 뒤에 숨어서, 해야 될 말과 해야 되지 않아야 할 말들을 독단적으로 규정하고, 진실과 허위, 선과 악 등을 제멋대로 뒤섞어 버린 채, 소크라테스라는 대스승을 그의 꼭두각시로 전락시켰다는 것은 학문의 양심으로는 도저히 있을 수가 없는 '대사기극'이자 파렴치한 범죄 행위라고 해도 과언이 아니다.

플라톤의 『국가』의 제1장 「의로운 사람들」에서 트라시마코프는 '선악의 이분법'에 사로잡혀서 호머를 단죄하고 있는 소크라테스에게,

> **트라시마코프** 그런데 지배계급에 속한 사람들은 각자 자기들에게 유리하게 법률을 제정하오. 다시 말하면, 민주정체의 경우에는 민중을 중심으로 한 법률을 제정하고 전제정체에서는 전제군주를 중심으로 한 법률을 제정하고 귀족정체에서는 귀족을 중심으로 한 법률을 제정하오. 그들은 그러한 법률을 제정한 연후에 자기네의 이득이 되는 것은 피지배자들에게도 옳은 것이라고 선언하고, 이것을 어기면 법률을 위반한 자, 또는 정의에 어긋난 범죄자로서 처단한단 말이오. 이와 같이 지배자의 이득을 위하는 정의의 원리가 어느 나라에서나 같다는 것은 바로 이러한 것을 의미하오. 그런데 지배계급이란 요컨대 권력을 갖고 있는 자들을 의미하기 때문에 강자의 이익이 되는 일은 어디서나 정의로 통한다는 결론을 내리게 되오(11: 32—33).

라고 쏘아 부쳐대자, 소크라테스는 그 말에 대경실색을 하면서,

> **소크라테스** 뛰어난 사람들이 통치자의 지위에 앉는 것은 결코 돈이나 명예 때문이 아니네. 나라를 다스리기 위해 보수를 내세운다는 것은 돈에 고용되는 것과 다름이 없기 때문에 좋아하지 않네. 그렇다고 해서 직권을 이용하여 자기의 이름을 더럽힌다는 것은 도둑이 되는 것이므로 그들은 이를 원치

않네. 그리고 그들은 명예를 원하는 사람도 아니네.

(……)

가령 어떤 나라가 뛰어난 사람들로만 구성되어 있다면 거기서는 통치자의 자리에서 벗어나려고 하지 않고, 도리어 서로 그 자리에 앉으려고 경쟁을 할 걸세. 마치 오늘날 권력을 갖고 치열한 경쟁을 하는 것처럼 말이네. 그러므로 진정한 통치자란 자기의 이익을 위해서가 아니고 피지배자의 이익을 도모하는 데 있다는 것이 밝혀진 것으로 아네(11: 47).

라고 정면으로 반격을 가한다. 나는 '정의가 강자의 이익'이라는 트라시마코프의 말에 입을 맞추고, '정의는 타인(피지배자)의 이익'이라는 소크라테스의 말을 경멸한다. 그러나 이 말은 매우 중요하고, 또 그만큼 위험한 말인 만큼, 일정한 전제 조건을 제시하지 않으면 안 된다. 나는 이미 법률 제정 이전의 선악의 개념을 이렇게 말한 바가 있다. '도덕적 선의 고지는 사실 그대로의 옳고 그름의 문제가 아니며, 그것은 어디까지나 강자의 입장에서 도덕적 선을 규정하고 그 규정에 따라서 타인들과 이웃 국가들을 복종시킬 수 있는 힘에 지나지 않는다'라고—. 이러한 선악의 입장에서 바라보면, 트라시마코프의 '정의는 강자의 이익'이라는 말이 맞지만, 법률의 제정 이후, 즉 도덕적 선의 고지에서 바라보면, '정의는 타인의 이익'이라는 소크라테스의 말이 어느 정도는 들어 맞는다. 그들은 다같이 평행선을 그리며 나아가고 있는 듯도 하지만, 어느 지점에서는 마치, 마주보며 달리는 기관차들처럼 정면충돌을 하게 된다. 트라시마코프는 지배자와 의사와 선장은 자기 자신의 이익을 위하여 일을 한다고 말하고, 소크라테스는 오직 그들은 자기 자신의 이익보다는 타인의 이익을 위해서 봉사할 뿐이라고 말한다. 제1장 「의로운 사람들」은 그 충돌 현장의 비극적인 참상이자 그 복구의 현장이라고 할 수가 있다.

하지만 그들은 다같이 선악이라는 이분법의 도식에 빠져 있다. 트라시마코프는 '性惡說'의 주창자이며, 그의 말에 따르면 정의는 강자의 이익이 되고 불의는 강자의 손실이 된다. 하지만 소크라테스는 '性善說'의 주창자이며, 그의 말에 따르면, 정의는 약자의 이익이 되고, 불의는 약자의 손실이 된다. 따라서 그들은 다같이 선과 악이 서로의 기원이 되어주고 있다는 사실과, 또 때로는 그 선악을 넘어서서 행동해야 된다는 사실을 이해하지 못하고 있는 것이다. '정의가 강자의 이익'이라는 말이 매우 타당한 말이기는 하지만, 그러나 그렇다고 해서 반드시 그것이 옳은 것만은 아니다. 왜냐하면 강자의 이익 자체가 사회적으로 환원되는 부분도 있고, 타인의 이익을 위해서 봉사한다는 것 자체가 자기 자신의 이익이 되어주고 있기 때문이다. 이와 마찬가지로, 아니 그 반대 방향에서, '정의가 타인의 이익'이라는 소크라테스의 말도 마찬가지이다. 왜냐하면 타인의 이익 자체가 지배자의 이익이 될 수도 있고, 지배자의 이익 자체가 타인의 이익이 될 수도 있기 때문이다. 인간은 선할 때도 있고, 또 때로는 악할 때도 있다. 선과 악은 우리 인간들의 양면일 뿐인 것이다. 트라시마코프와 소크라테스는 둘 다 똑같이 정반대의 입장에서, 전자는 '성악설'로, 후자는 '성선설'로, 영원히 화해할 수 없는 두 적수로서 맞서 있지 않으면 안 된다고 나는 생각한다. 그러나 지극히 애석하게도, 플라톤의 『국가』에서는 트라시마코프가 "선량한 사람은 행복한 자요, 불량한 사람은 불행한 자가 아니겠는가"라는 소크라테스의 궤변에 굴복하고, 이내 자기 자신의 도덕 철학을 거두어 들이게 되고 만다(11: 61). 어느덧 도덕적 선으로 무장을 한 전제군주가 그 싸늘한 이상 국가에서, 저 로버트나 기계 인간처럼 승전의 나팔 소리를 울려퍼지게 하고 있는 것이다. 나는 트라시마코프와도 같은 소피스트들의 비애를 영원히 패배한 자들의 비애—사상의 무대에서 패배한 자들의 비애—로 읽을 수밖에 없지만, 이 플라톤의 대사기극만은 결코 용서를 할 수가 없다. 그는 선악의 개념이나 그 기원을 이해하지 못하고 있는 자에 지나지 않았으며, 인류 전체의 철학의 역사에서 가장 파렴치한 대사기꾼이었다고 하지 않을 수가 없다.

주지하다시피 1642년은 갈릴레오 갈릴레이가 사망을 하고 아이작 뉴턴이 태어난 해라고 우리는 기억하고 있다. 갈릴레오 갈릴레이가 근대 과학의 형성에 그 어느 누구보다도 크나큰 영향을 끼쳤다면, 아이작 뉴턴은 근대 물리학의 선구자로서 '만우인력의 법칙'(중력의 법칙)을 발견한 사람이라고 하지 않을 수가 없다. 항성과 항성들이 서로 가까워지거나 더욱더 멀리 떨어지지 않는 것은 그 중력의 법칙이 작용을 하고 있기 때문이다. 모든 항성들은 저마다의 중력의 힘을 지니고 있었고, 그 중력의 힘은 언제나 인력의 힘으로 작용을 하고 있었던 것이다. 아이작 뉴턴은 운동의 세 가지 법칙을 발견했는데,

> 1) 모든 물체는 그 상태를 변화시키도록 작용하는 힘에 의해 강제되지 않는 한, 정지 혹은 등속 직선 운동의 상태를 계속한다;
> 2) 운동량의 변화는 힘의 작용에 비례하고, 이 힘이 작용하는 것과 같은 직선 방향으로 이루어진다;
> 3) 작용은 항상 반작용과 같다. 즉, 두 물체의 작용은 항상 그 크기가 같고, 방향이 반대이다(손가락으로 돌을 누르면 돌의 방향으로부터 힘을 받아 손가락이 눌려진다). 바로 이곳에 '만유인력의 법칙'이 있다(3: 124).

라는 것이 바로 그것을 설명해 준다. 이 우주는 제멋대로 형성된 것이 아니라, 거기에는 언제나 자연의 법칙이 작용을 하고 있었던 것이다. 물론 그 주역이 중력이었고, 그것의 발견자는 아이작 뉴턴일 뿐이었던 것이다.

아이작 뉴턴의 저서, 『자연 철학의 수학적 원리』(일명 『프린키피아』)

는 전체 물리학의 역사에 있어서 가장 큰 영향력을 행사한 책이었고, 그리고 그는 그 업적을 통해서 최초로 작위를 받은 과학자가 된 것은 물론, 영국왕립협회 회장으로 선임될 수가 있었다고 한다. 스티븐 호킹의 『시간의 역사』에 의하면, 만년—학자로서의 만년—의 그는 대부분의 시간을 두 가지 격렬한 분쟁에 휘말려 보낼 수밖에 없었다고 한다. 첫 번째는 왕립천문대장 존 플램스티드와의 충돌이었는데, 왜냐하면 뉴턴이 『프린키피아』를 출간한 이후, 그가 뜻밖에도 모든 자료 요청들을 거절해 버렸기 때문이었다. 이에 몹시 화가 난 뉴턴은 자기 자신을 왕립천문대의 이사로 등재하고, 플램스티드와의 불구대천의 원수지간이었던 에드먼드 핼리에게 그의 연구 자료들을 강제로 빼앗아서 모조리 출간하도록 지시를 했다고 한다. 하지만 플램스티드는 그 책의 배포를 금지하는 소송에서 승소를 했고, 그 결과, 아이작 뉴턴은 『프린키피아』의 새로운 모든 판에서 플램스티드에 대한 언급을 모조리 삭제하는 방법으로 그에게 복수를 가했다고 한다. 그리고 그 두 번째로는 독일의 철학자 라이프니츠와의 '미적분'의 정립을 둘러싸고 벌어진 분쟁이었는데, 그것은 그들이 다같이 독자적인 방법으로 근대 물리학의 기초가 되는 미적분을 정립했기 때문이었다. 대부분의 학자들은 오늘날까지도 뉴턴이 라이프니츠보다 몇 해 앞서서 미적분을 발견했다고 믿고 있지만, 실제로는 라이프니츠가 뉴턴보다 훨씬 먼저 자신의 연구 결과를 발표했다고 한다. 그 싸움은 오늘날에는 도저히 상상할 수도 없는 정보통신망의 미비 때문에 벌어졌던 싸움이었고, 그 결과, '지적 소유권'—최초의 발견자—을 둘러싼 싸움으로 비화될 수밖에 없었던 것이기도 했다.

스티븐 호킹은 아이작 뉴턴과 라이프니츠와의 그 싸움의 결과를 다음과 같이 설명하고 있다.

오늘날 우리는 대개 뉴턴이 라이프니츠보다 몇 해 앞서서 미적분법을 발견했다고 알고 있지만, 실제로 그는 자신의 연구 결과를 라이프니츠보다 훨씬 늦게 발표했다. 과학자들은 두 편으로 나뉘어서 누가 먼저인지를 둘러싸고 격렬한 다툼을 벌였다. 그러나 뉴턴을 옹호한 대부분의 논문들이 뉴턴 자신에 의해서 쓰여진 것이라는—친구들의 명의만 빌려서 발표되었다!—사실은 주목할 만하다. 두 사람 사이의 싸움이 격렬해지자, 라이프니츠는 왕립협회에 이 분쟁을 해결해 줄 것을 호소하는 실수를 저질렀다. 당시 뉴턴이 의장으로 있던 왕립협회는 조사를 위한 '공정한' 위원회를 조직했지만, 그 위원회는 한 명도 빼지 않고 뉴턴의 친구들로 구성되었다! 그러나 거기서 그친 것이 아니었다. 그후 뉴턴은 자신이 직접 위원회의 보고서를 작성해서 왕립협회의 이름으로 발간하게 했으며, 공식적으로 라이프니츠를 표절행위로 고발했다. 그래도 성이 차지 않은 뉴턴은 이번에는 왕립협회의 정기간행물에 그 보고서에 대한 평을 익명으로 게재했다. 기록에 따르면 라이프니츠가 세상을 떠난 후 뉴턴은 자신이 '라이프니츠를 비탄에 잠기게 한 일'에 지극히 만족스러웠다고 선언했다고 한다(12: 238—9).

오늘날 뉴턴의 '역학 이론'은 아인시타인의 '상대성 이론'에 비하면 매우 낡은 것이 되고 말았지만, 그러나 그의 '만유인력의 법칙'은 아직도 불변의 진리로서 살아 남아 있다고 할 수가 있다. 그러나 그처럼 훌륭하고 위대했던 세계적인 대물리학자가 어떻게 그처럼 '人面獸心'의 탈을 쓸 수가 있었던 것일까를 생각해볼 때마다, 우리는 온몸에 닭살이 돋아나는 오한을 느끼지 않을 수가 없다. 어떻게 그는 타인의 연구 결과를 강탈한다는 생각을 했던 것이고, 또한 어떻게 『프린키피아』에서 플램스티드의 이름을 삭제할 수가 있었던 것일까? 그는 어떻게 라이프니츠의 이론적 성과에 경의를 표하지 않고, 오히려, 거꾸로, 라이프니츠를 '표절행위자'로 고발할 수가 있었던 것이며, 또한 어떻게 라이프니츠가 이 세상을 떠난 이후, '라이프니츠를 비탄에 잠기게 한 일'이 가장 만족스러웠다고 할 수가 있었던 것일까? '인면수심'은 그의 진짜 두 얼굴의 모습이고, 바로 그 '賊反荷杖의 예법'을 지시해 주고 있다고 해도 틀린 말이 아니다. 그는 자기 자신의 얼굴에 야수의 가면을 뒤집어 씌웠던 것이고, 너무나도 뻔뻔스럽고 파렴치하게 타인들의 연구 성과를 강탈해 가거나 도둑질을 해나갔던 것이다. 이제는 이론 물리학자로서의 아이작 뉴턴의 위대성이 사라져 가고, 대사기꾼의 얼굴만이 떠오른다. 따라서 그는 케임브리지 대학과 학자의 생활에서 자연히 이탈하게 되었고, 궁극적으로는 '왕립조폐국장'으로서, 수많은 위조지폐범들을 모조리 교수대에 보내는 데 그 천재적인 수완을 발휘하게 되었다고 한다. 플라톤과 뉴턴, 그들은 인류의 역사에 있어서 가장 위대한 대학자들임에는 틀림이 없지만, 다른 한편, 그들은 그 이론적 성과가 퇴색할 만큼, 너무나도 뻔뻔스럽고 파렴치한 대사기꾼들이었다고 하지 않을 수가 없는 것이다.

나는 이미 앞에서 인간의 지혜는 사기치는 기술이라고 선언한 바가 있는데, 그러나 그 지혜가 곧바로 '범죄 행위'로 단죄되어야만 한다고 말한 것은 아니다. 가령, 예컨대 알렉산더 대왕의 문화제국의 건설, 부처의 극락세계, 예수의 이상적인 천국, 나폴레옹의 유럽 연방의 건설, 그리고 리쿠르고스의 스파르타의 영원한 제국이 그들의 지혜의 산물이고, 그들은 그 목표를 위해서 수많은 이민족들을 무차별적으로 살해하고 개 같이 학대를 하지 않으면 안 되었던 것이다. 그러나 대부분의 인류가 보다 우월한 종을 위하여 자기 자신을 희생하고 역사의 뒤안길로 사라져 가는 것이 자연의 이치라면, 고귀하고 위대한 인간들의 지혜는 이 세상의 문명과 문화의 발전에 기여하고, 궁극적으로는 '인간이라는 종의 건강'에 기여를 하게 된다. 따라서 이때의 지혜는 '고등사기술'이며, 그것은 학교라는 대교육제도에 의해서 무한히 학습되고, 연구—개발되지 않으면 안 되는 어떤 것이다. 그 지혜는 마르크스, 프로이트, 칸트, 헤겔, 니체, 쇼펜하우어, 뉴턴, 아인시타인의 이론적 성과처럼, 우리가 그 지적 소유권을 주장하지 않더라도 어느 누가 훔쳐갈 수도 없고, 또 근본적으로 복제가 가능하지도 않다.

그러나 우리 한국인들은 스스로 자발적으로 자기 자신의 이론과 사상의 정립을 위하여 최선의 노력을 다 하기는커녕, '근친상간의 추태'를 '우리 한국인들의 미덕'으로 끌어올리고, 서구의 제일급의 지식인들의 이론적—사상적 성과를 베껴먹기에 여념이 없다. 표절 행위란 타인들의 연구 성과를 가로채 가는 더럽고 추악한 범죄 행위이며, 모든 저자들의 창작 의욕을 떨어뜨리는 지식인 사회의 암적인 종양—대사기꾼들과도 같은 암적인 종양—들이다. '한국 국문학의 대부', '한국 영문학의 선구자', '불세출의 대형비평가', '우리 시대의 현자', '한국 인문학의 거장' 등, 이 세상에서 더 이상의 화려한 수사와 상찬의 말들이 필요 없을 것 같은 김현, 김윤식, 유종호, 백낙청, 김우창 등이 모두가 다같이 글 도둑질의 대가들이라고 한다면, 우리는 그들에게 '글 도둑질의 대가'라는 훈장을 수여하고, 학문의 이름으로 이 땅에서 영원히 추방을 해야 되지 않겠는가? 김현, 김윤식, 유종호, 백낙청, 김우창 중, 나는 그 중에서도 김윤식과 유종호의 대사기꾼적인 면모와 그 파렴치한 범죄 행위의 전모를 아주 간단하고 명료하게 살펴보고자 한다.

김윤식은 그의 『한국 근대 소설사 연구』에서,

> 첫 단계는 서양의 중세적 사고에서 인간 발견에 이른 방법론. 반 덴 베르크의 견해에 기대면, 서양에서 처음으로 풍경이 풍경으로 그려진 것은 레오나르도 다빈치의 '모나리자'이다. 거기에는 풍경으로부터 소외당한 최초의 인간과, 인간적인 것에서 소외당한 최초의 풍경이 있다. 그 풍경이 인간적인 것에서 독립되어 독자적 세계, 이른바 풍경의 세계를 성취한 것, 그것이 근대

성이고, 풍경에서 독립된 인간이 인물화의 세계를 이룩한 것, 그것이 근대성이다. 그러기에 '모나리자'라는 인물의 미소가 무엇을 표현하고 있는가를 물어서는 안 된다. 거기에서 이른바 '내면성'의 표현을 보아서는 안 된다. 사정은 그 정반대이다. '모나리자'에는 개념으로서의 얼굴이 아니고 맨 얼굴이 비로소 나타나 있는 것이다. 따라서 그 맨 얼굴은 '의미하는 것'(시니피에)으로서의 내면적인 무엇을 지시하고 있지 않다. '내면'이 거기에 표현된 것이 아니고 돌연 노출된 맨 얼굴이 '내면'을 의미하기 시작한 것이다. 이러한 뒤집힘은 풍경이 현상에서 해방된 '순수한 풍경'으로서 존재한 것과 동시이자 동일한 것이다. T. S. 엘리어트가 단테의 상상력이 시각적인 성질의 것이라고 주장한 것에서 보듯, 중세적인 세계에 산 단테는 형상 속에서 살고, 형상이라는 안경으로 풍경을 보았던 것이다. '모나리자'에 와서 마침내 형상에서 해방된 순수한 풍경이 가능하였다. 다빈치가 과학자이듯 내면성의 발견은 과학과 동일한 것이었다. 데카르트가 내면을 발견한 것이 근대적임은 이와 같은 뒤집힘에서 말미암는다(13).

라고, 레오나르도 다빈치의 「모나리자」를 통하여 '근대적 인간'의 '내면의 발견'을 역설하고 있지만, 그것은 가라타니 고진(柄谷行人)의,

반 덴 베르크의 생각에 따르면 서구에서 최초로 풍경이 풍경으로 그려진 것은 레오나르도 다빈치의 「모나리자」부터이며 그곳에는 풍경으로부터 소외된 최초의 인간과 인간적인 것으로부터 소외된 최초의 풍경이 존재한다. 그렇지만 모나리자라는 인물의 미소는 무엇을 표현하고 있는가라고 물어서는 안 된다. 거기에 '내면성'의 표현을 보아서는 안 된다. 아마 사태는 그 역일 것이다. 「모나리자」에는 개념으로서의 얼굴이 아니라 맨 얼굴이 처음으로 표현되었다. 그렇기 때문에 그 맨 얼굴은 '의미하는 것'으로서 내면적인 무엇인가를 지시하지 않고는 못 배기는 것이다. '내면'이 거기에 표현된 것이 아니라 갑자기 노출된 맨 얼굴이 '내면'을 의미하기 시작한 것이다. 그리고 그와 같은

전도는 풍경이 형상으로부터 해방되고 '순수한 풍경'으로서 존재하기 시작한 것과 동시에 일어난 일이며 사실상 같은 것이기도 하다.

다빈치가 과학자였다는 것은 말할 필요도 없다. 그러나 화가이면서 과학자라는 사실은 전혀 모순되지 않는다. 왜냐하면 내면성과 근대 과학은 서로 깊이 연결되어 있기 때문이다. 예를 들면, 데카르트가 말하는 '연장'(사유 대상)이란 '인간적인 것으로부터 소외된 풍경'과 같은 것이다. 그것은 중세의 질적으로 의미 부여된 형상적 공간과는 관계 없는 것이다. 그리고 그가 말하는 '코기토'는 그러한 풍경 안에서만 존재한다(14)

라는 「내면의 발견」을 이처럼 통째로 베껴먹은 것에 지나지 않는다. 우리는 여기서 가라타니 고진이 그처럼 대단한 인물인가라고 물어볼 수도 있을 것이다. 그러나 가라타니 고진의 글은 반 덴 베르크와 레비 스트로스, 그리고 데카르트와 엘리어트의 사유 속에 녹아 있는 글에 불과하며, 그들의 사유를 빌어다가 '일본 근대문학의 기원'을 설명하고 있는 글에 지나지 않는다. "서구에서 최초로 풍경이 풍경으로 그려진 것은 레오나르도 다빈치의 「모나리자」부터이며 그곳에는 풍경으로부터 소외된 최초의 인간과 인간적인 것으로부터 소외된 최초의 풍경이 존재한다"와 모나리자의 맨 얼굴에서, "내면이 거기에 표현된 것이 아니라, 갑자기 노출된 맨 얼굴이 '내면'을 의미하기 시작한 것이다"라는 말이 바로 그것이다. 가라타니 고진도 '일본 근대문학의 기원'을 독자적으로 설명을 할 수가 없어서 서구인들의 사유를 빌려왔고, 김윤식도 '한국 근대문학의 기원'을 독자적으로 설명할 수가 없어서 가라타니 고진의 사유를 빌려왔다. 피상적으로 따지고 보면, 가라타니 고진이나 김윤식이 동일한 인물의 다른 두 모습 같지만, 그러나 거기에는 하늘과 땅 차이만큼이나 엄청나게 큰 학문적 깊이와 그 윤리 의식의 문제가 내포되어 있을 수밖에 없는 것이다. 좀 더 분명하게 말해 본다면, 가라타니 고진이나 김윤식이 다같이 타인들의 말과 사유를 빌려 온 것 같지만, 전자는 그 지적 소유권의 존중과 그것에 대한 정중한 예의를 표시하고 있는 반면에, 후자는 서구의 사상가들도 아닌, 가라타니 고진의 글을 통째로 훔쳐 왔다고 해도 과언이 아니다. 가라타니 고진은 메이저 회사에 고급로열티를 지불하고 있는 중소기업의 사장에 불과하고, 김윤식은 그 중소기업의 단순 조립품들(싸구려 단순 조립품들)을 너무나도 뻔뻔스럽게 훔쳐내온 파렴치한 잡범에 지나지 않는다. 서양인들의 지혜는 고등사기술로서, 그것은 학교라는 '대교육제도'에 의하여 전수되어야 하지만, 우리 한국인들의 지혜는 '한국이라는 야만의 나라' 이외에는 통용될 리가 없는 파렴치한 잡범들의 한탕주의에 불과하다. 이처럼 글 도둑질—표절 행위가 무차별적으로 난무하고 있는 사회에서는, '세계정복운동'의 기수로서의 문화적 영웅의 탄생은커녕, 우리 한국인들의 백만 두뇌는 가장 확실하게 못 쓰게 된다. 김현, 김윤식, 유종호, 백낙청, 김우창 등이여! 그리고 이 땅의 사이비 학자와 비평가들이여! 나의 이 말이 무엇을 뜻하고 있는가를 그대들은 진심으로 하늘 아래 무릎을 꿇고 되씹어 보고, 또 되씹어 보기를 바란다.

유종호는 김윤식보다는 좀 더 세련되어 있고, 그는 그처럼 뻔뻔스럽고 파렴치한 잡범처럼 보이지는 않는다. 그러나 그의 「시인과 모국어」라는 글을 읽어보면, 지적 소유권자가 가라타니 고진이 아닌, 엘리어트라는 사실만이 다를 뿐, 그 글 도둑질의 수준은 너무나도 똑같다고 하지 않을 수가 없다.

> 그러나 모국어 없는 시인은 시인일 수 없다. 한 사람이 시인이 되는 것은 모국어 속에서 모국어와 함께이다. 외국어 속에서 시인은 시인이기를 그친다. 엄밀하게 말해서 번역시는 시가 아니다. 서사사니 극시에서처럼 플롯이나 작

품인물의 조형에 문학적 성취를 부분적으로 의존하고 있는 경우에 번역을 초월해서 살아남는 국면은 소홀치 않다. 그러나 번역을 초월해서 남아 날 수 없는 언어의 국면에 무겁게 의존하고 있는 서정시나 단시의 경우 변역된 시는 시의 戱畫로 떨어지기가 첩경이다(15: .146)

이 비슷한 기능은 다른 문학 장르나 예술 장르도 수행하게 마련이지만 시가 각별히 민족적 성격을 띄게 된다는 것은 앞에서도 되풀이 확인한 바 있다. 라틴어가 공동언어였던 서양에 있어서도 시가 일찍감치 민족의 방언을 문학적 활용의 매체로 채용했다는 것은 우연히 아니니다. 그리고 시가 민족어를 모체로 해서 그 본령을 발휘한 것은 감정과 정서의 표현에서였다. 따라서 '부족의 방언'의 세련을 지향하는 시는 민족의 감정의 세련에 기여하는 역할을 떠맡게 마련이다. 이야말로 시가 가지고 있는 가장 중요한 사회적 기능의 하나일 것이다(15: 157).
— 유종호, 「시인과 모국어」에서

그러나 우리들은 모두 번역한 소설을 읽는 것이 번역한 시를 읽는 것보다는 상실하는 것이 훨씬 적다고 하는 것을 느끼고 있는 것이다. 그런데 어떤 종류의 과학적인 저술에 있어서는 번역함으로써 질적으로 전연 상실하는 것이 없는 일도 있다. 시가 산문보다 지방적인 특질이 한층 더 많다고 하는 것은 유럽 언어의 역사에서도 찾아볼 수 있는 일이다. 중세기를 통해서 2, 3백년 전에 이르기까지 라틴어는 철학과 신학과 과학의 용어이었다. 각 민족들이 자체의 언어를 문학적으로 사용하려는 충동은 시와 함께 시작되었다. 그런데 우리들이 시가 원래 감정과 정서의 표현이어야 하고, 또 사상이 보편적인 것에 비하여 감정과 정서가 특수한 것이라고 하는 것을 깨달을 때, 이것은 참으로 당연한 일인 것이다. 외국어를 통하서 생각한다고 하는 것은 외국어를 통해서 느낀다고 하는 것보다는 용이한 일인 것이다. 그러므로 시보다 완고한 민족적인 예술은 없는 것이다. 한 민족에게서 그 언어를 강제로 빼앗

아버리고 억지로 다른 언어를 가르칠 수는 있을 것이다. 그러나 그 민족에게 새 언어로 느끼기까지 하도록 가르치지 않는 한 본래의 언어를 완전히 근절해 버릴 수는 없는 것이다. 그 언어는 곧 감정의 전달체인 시를 통해서 다시 나타나게 되는 것이다. 나는 방금 '새 언어로 느낀다'고 하는 말을 했는 데 그것은 '느낀 것을 새 언어로 표현한다'고 하는 말보다 이상의 무엇을 의미하는 것이다. 상이한 언어로 표현한 사상은 동일한 사상이 될 수 있을는지 모르나 상이한 언어로서 표현한 감정이나 정서는 동일한 감정이나 정서가 될 수 없는 것이다(16: 178—9).

— T. S. 엘리어트, 「시의 사회적 기능」에서

어느 한 사람이 시인이 되는 것은 모국어 속에서 모국어와 함께이다. 왜냐하면 외국어로 사유하기는 쉽지만, 외국어로 느낀다는 것은 그처럼 쉽지가 않기 때문이다. 한 편의 시는 그 시인의 감정과 정서의 특수한 표현이다. 따라서 상이한 언어로 표현한 사상은 동일한 사상이 될 수 있을지 모르나 상이한 언어로 표현한 감정이나 정서는 동일한 감정이나 정서가 될 수는 없는 것이다. 이것이 T. S. 엘리어트의 「시의 사회적 기능」의 핵심적인 주제인데, 유종호는 「시인과 모국어」—그의 가장 뛰어난 글—에서 이처럼 엘리어트의 핵심적인 주제를 어떠한 따옴표도 없이 그야말로 통째로 베껴먹고 있는 것이다. 유종호의 「시인과 모국어」는 '머리도 엘리어트이고 꼬리도 엘리어트'라고 해도 틀린 말이 아니다. 유종호의 글 도둑질은 사상적—이론적 출구가 막혀버린 자의 어쩔 수 없는 표절 행위이며, 타인의 연구 성과를 송두리째 가로채 가는 추악한 범죄 행위일 뿐이다. 그러나 그 글 도둑질—범죄 행위는 더욱더 넓고 넓은 세계를 향하여 울려 퍼져 나가지 못하고, 기껏해야 이 땅의 우리 한국인들—나이 어린 학생들, 그의 제자들, 수많은 문학 독자들, 그리고 또 수많은 학부모들—의 피나 빨아먹는 사악한 범죄 행위에 지나지 않는다. 따라서, 우리 한국문학의 고질적인 병폐 중의 하나는 자기 자신의 목소리로 말하고 자기 자신의 사상과 문학 이론을 전개해야 할 대목에서는 반드시 서양이라는 타자의 목소리로 대체하고 있다는 점일 것이다. 하나의 주제를 깊이 있게 천착하고 그것을 독창적인 사상과 문학 이론으로 전개할 수 있는 힘이 없는 한, 한국문학비평은 그만큼 공허하고 맹목적일 수밖에 없는 것이다.

우리 중진 비평가들, 아니 대한민국의 모든 학자들—, 우리 한국인들은 이 너무나도 뻔뻔스럽고 파렴치한 대사기꾼들을 도대체 어떻게 일망타진할 수가 있을 것인가? 문화선진국이라면 그들은 이미 학문의 이름으로 사형이나 중죄—저작권 침해에 따른 법적 책임은 물론, 대학교수직을 비롯한 모든 공직에서의 영구추방—로 다스려졌을 것이지만, 글 도둑질과 대사기꾼들의 공화국인 이 대한민국에서의 그들의 명예와 명성은 마르크스와 프로이트와 니체와 칸트의 얼굴마저도 짓밟아 버리고, 수많은 은하계와 또다른 은하계로까지 울려 퍼져 나가고 있다고 하지 않을 수가 없다. 2001년에, '한국교수 3명 공동집필 논문' '외국표절 국제망신'을 어쩔 수 없이 보도한 『중앙일보』(2001년 11월 19일자)마저도 그 글 도둑놈들—대사기꾼들의 명예와 명성 앞에서 '박모', '홍모', '백모'로 그 실명을 거론하지 않고 있는데, 김현, 김윤식, 유종호, 백낙청, 김우창 등의 문화권력은 알프스와 로키 산맥과 안데스 산맥, 그리고 궁극적으로는 히말라야 산맥을 뛰어 넘어서 '天帝의 玉座'로까지 뻗쳐 나가고 있다고 하지 않을 수가 없다.

김현, 김윤식, 유종호, 백낙청, 김우창이여, 그러나 나는 지극히 유감스럽게, 이 대한민국보다도 미국, 영국, 독일, 프랑스, 이탈리아 등에서처럼, 그 교육제도가 발달되어 있는 나라들처럼 부러운 나라도 없다. 따지고 보면 지구가 둥글듯이 자기가 서 있는 곳이 세계의 중심인데, 그 중심이 '서울대학교'와 '서울특별시'라고 믿고 있는 이 땅의 대학교수들처럼 못난 학자도 없다. 마르크스와 프로이트와 니체와 칸트가 언제, 어느 때 서울대학교 교수와 서울특별시민인 적이 있었고, 또 그들은 그들의 조국에서만 세계적인 대사상가이고, 아시아나 남미나 아프리카에서는 세계적인 삼류로 전락한 적이 있었단 말인가? 김현, 김윤식, 유종호, 백낙청, 김우창 그리고 정과리여, 그대들은 모조리 서울대학교 출신이거나 서울특별시민이기는 하지만, 그대들은 너무나도 유치하고 뻔뻔스럽게 그대들이 그토록 반대하고 있는 마르크스주의자(아아 그 공산주의자)가 될 때도 있다는 사실을 명심하여 주기를 바란다. 왜냐하면 그대들은 모두가 한결같이 '인간의 사회적 지위가 그 의식을 결정한다'고 믿고 있기 때문이다. 좀 더 부연 설명해 본다면, 그대들은 서울대학교를 비롯한 그밖의 명문대학교와 서울특별시민일 때만이 세계적인 대사상가—아아, 세계적인 글 도둑질의 대사상가—가 될 수 있는 것이지, 만약 그대들이 강원도나 충청도의 주민들이라면, 너무나도 하찮은 삼류 시민과 삼류 학자들에 지나지 않을 것이기 때문이다.

그러나 나는 그대들에게 다음과도 같은 나의 허장성세와 객쩍은 만담의 헛소리들을 들려주고도 싶다. 만일, 내가 그대들처럼 서울대학교와 그밖의 명문대학교의 교수라면, 지금 당장 강원도나 충청도, 혹은 전라도나 제주도의 시골 대학교로 전근을 자청하고, 다음날 곧바로 이 땅의 유력 일간지에다가 그것도 자비로 다음과 같은 광고를 내보내겠다. '존경하는 대한민국 국민 여러분, 이 반경환이는 낙천주의 사상의 창시자인 만큼—세계적인 대사상가인 만큼—여러분의 자녀들을 세계 최고의 석학의 길로 인도해 줄 수가 있을 것입니다. 마르크스, 프로이트, 니체, 칸트가 언제, 어느 때 서울대학교 교수인 적이 있었고, 그들이 또 어느 특정 명문대학교에 그토록 연연한 적이 있었던가요? 학문 연구는 훌륭한 스승을 만나는 데서 출발하는 것이지, 특정 명문대학교가 그것을 보장해 주고 있는 것은 아닙니다. 존경하는 대한민국 국민 여러분, 여러분들은 여러분의 자녀들을 안심하고 이 반경환이에게 맡겨도 될 것입니다. 이 반경환이는 우리 한국인들의 백만 두뇌를 양성할 수 있는 가장 확실한 '천재 생산의 교수법'을 스스로 터득해서 지니고 있습니다'라고—. 아아, 너무나도 뻔뻔스럽고 파렴치한 글 도둑질의 대사상가들—, 김현, 김윤식, 유종호, 백낙청, 김우창 군들이여! 어떤가? 이만하면 나의 지혜는 고등사기술의 극치를 넘어서서 가장 화려하고 웅장하게 세계정복운동을 할 만하지 않은가?

불이 났다
너구리와 늙은 곰이
세상에다 날불을 지폈다
기름 속에서 지글거리는 살코기를, 물고 뜯는
저 짐승들
피투성이 낭자한, 세상에서
가장 재미 있는 싸움구경이 났다
행여 그 고기 연해지면 어쩌나, 구경꾼들
이쪽저쪽 바람을 일으킨다
아, 세상에
사실이지 난 이러고 싶지 않았는데
네가 나에게 맞불을 지른거야
아집 하나
그 단단하던 집 하나가, 훨훨
타오르다 무너져 버리는
세상에서,
가장 원초적인 싸움구경이 났다

— 정가일, 「싸움구경」 전문

플라톤과 뉴턴은 문화선진국의 세계적인 대학자들로서 가장 사악한 싸움을 싸울 수밖에 없었고, 김윤식과 유종호는 문화적 후진국의 세계적인 삼류들로서 가장 사악한 싸움을 싸울 수밖에 없었다. 따라서 그들은 그들의 적들과 그 싸움의 승패를 떠나서 정정당당하게 싸우지를 않고, 그들의 뒤통수를 치거나 그들의 업적을 송두리째 가로채 간 대사기꾼들이었다고 하지 않을 수가 없다. 그들은 적의 건강, 적의 이로움, 그리고 전쟁의 목적과 그 의미를 제대로 이해하지도 못하고 있는 '얼치기 앎'의 소유자들이며, 눈 앞의 사소한 승리를 위해서, 싸움의 근본적인 목적과 그 중요성을 훼손시켜버린 자들에 지나지 않는다. 우리가 그들을 이 세상이라는 '싸움의 장'에서 영원히 추방해 버리지 않는다면, 우리 '인간이라는 종'이 끊임없이 약화될는지도 모른다. 도덕군자로서의 칸트마저도 그의 『판단력 비판』에서 전쟁의 중요성을 역설하고 "장구한 평화는 한갓 상인 기질만을 왕성케 하고 그와 아울러 천박한 이기심과 비겁과 문약을 만연시켜, 국민의 심적 자세를 저열하게 만든다"고 역설한 바가 있다(10: 131).

싸움만이 위대하고 또 위대하다. 싸움은 그 주체자를 한없이 영리하게 만들어 주고 그의 전략과 전술로 하여금 고급문화를 꽃 피어나게 한다. 싸움은 자기 영역의 확대와 세계 영역을 확대하게 만들어 주고, 궁극적으로는 영원한 제국을 건설하게 해준다. 침략, 약탈, 파괴, 언제나 늘 그것을 가능케 하는 것이 인간의 지혜이며, 우리는 그 지혜를 딛고 서서, 용기와 성실성을 극대화시켜 나가게 된다. "너구리와 늙은 곰이/ 세상에다 날불을" 지피듯이, 지글지글 익어가는 살코기를 물어뜯기 위해서, 오늘도 이 세상에서 "가장 재미 있는 싸움구경"이 일어나지 않으면 안 된다. 서로가 서로의 아집(사상과 이념)을 곧추세우고, 사생결단의 "피투성이 싸움"을 벌여가지 않는다면, 우리 인간들의 전쟁(삶)의 역사는 곧바로 소멸되고 말 것인지도 모른다. 나의 이 '포효하는 삶'은 우리 인간들의 싸움의 찬가이며, 그 싸움의 양식에 바쳐진 장이라고 하지 않을 수가 없다.

아아 '포효하는 삶'이여, 싸움만이 위대하고 또 위대하다.

| 참고 문헌 |

1, 니체, 『도덕의 계보』, 청하, 1982

2, 플루타르코스, 『플루타크 영웅전』, 계림출판사, 2000

3, 아서 S. 그레고르, 『21세기 과학, 어떻게 오는가』, 우리문화사, 1999

4, 中村 元, 『인도사상사』, 서광사, 1983

5, 김명원, 「존재의 발원을 향한 시적 상상」, 『애지』, 2002년 가을호

6, 벵상 데꽁부, 『동일자와 타자』, 인간사랑, 1990

7, 반경환, 『비판, 비판, 그리고 또 비판』, 새미, 2002

8, 임마누엘 칸트, 『순수이성비판』, 일신서적출판사, 1991

9, ———————, 『실천이성비판』, 박영사, 1997

10, ———————, 『판단력비판』, 박영사, 1998

11, 플라톤, 『플라톤의 국가론』, 집문당, 1995

12, 스티븐 호킹, 『시간의 역사』, 까치글방, 1998

13, 김윤식, 『근대 소설사 연구』, 을유문화사, 1986

14, 가라타니 고진, 『일본 근대문학의 기원』, 민음사, 1997

15, 유종호, 『사회 역사적 상상력』, 민음사, 1987

16, T. S. 엘리어트, 『엘리어트』, 문학과지성사, 1986

제6장 신생의 넋

알프레드 노벨과 피에르 퀴리부인에 대하여

알프레드 노벨은 1833년 스웨덴의 스톡홀름에서 발명가 임마누엘 노벨의 셋째 아들로 태어났다. 알프레드 노벨은 영국의 셸리를 무척이나 좋아했던 문학 소년이었지만, 임마누엘 노벨의 권유에 따라서 '무기발명가'의 길을 걸어가게 된다. 그의 아버지 임마누엘 노벨은 '크림 전쟁'에서 러시아가 패배를 할 때까지 세계 최대의 무기 공장을 경영한 바가 있지만, '크림 전쟁'에서 러시아가 패배를 하게 되자 그 공장의 문을 닫고 파산을 할 수밖에 없었다. 알프레드 노벨은 그의 두 형과 함께, 러시아에 남아서 '새로운 폭발 이론'을 연구했는데, 니트로글리세린에 대한 연구가 바로 그것이었다. 니트로글리세린은 진한 초산과 진한 유산의 혼합물에 글리세린을 조금씩 첨가해서 생기는 황색 액체였지만, 그것은 대단히 위험한 물질—열을 가하거나 자그마한 충격에도 무섭게 폭발하는—일 수밖에 없었다. 이윽고 그의 조국 스웨덴으로 돌아온 알프레드 노벨은 니트로글리세린의 기폭장치(뇌관)에 대한 특허를 출원하게 되었고, 니트로글리세린이라는 화약 제품을 생산하게 되었다. 하지만 그 화약 제품의 안전성에 커다란 문제—헬레네보르크 공장에서의 최초의 폭발사건을 비롯하여, 뉴욕과 크뤼멜 공장에서 잇달아 대형 폭발사건이 일어났던 것이 그것이다—가 생겨났고, 세계 각국의 정부가 니트로글리세린의 제조와 소유를 금지하게 되는 위기를 맞이하기도 하였다.

그러나 지극히 다행스럽게도 광산 사업이나 토목 공사에는 니트로글리세린이 없어서는 안 되게 되어 있었고, 따라서 알프레드 노벨은 니트로글리세린의 안전성을 확보하기 위해 골몰하던 중, 새로운 흡수제를 통하여 니트로글리세린이라는 '액체'를 '고체'로 만들어야겠다는 생각을 하게 되었다. 그래서 알프레드 노벨은 니트로글리세린을 '규조토'라는 다공성의 모래에 흡수시켜서 한 덩어리의 폭발물을 만들어 냈는데, 그것이 곧바로 다이너마이트였다. 이 다이너마이트는 안전성에도, 그 폭발력에도 대단히 큰 성공을 거두게 되었고, 또 그것은 광산, 도로, 터널, 운하 등의 토목 공사용으로 날개가 돋친듯이 팔려 나가게 되었다. 이밖에도 노벨은 '발리스타이트'라는 '무연 화약'을 만들었는데, 왜냐하면 다이너마이트는 수뢰나 지뢰에 국한될 뿐, 소총이나 대포의 화약으로는 쓸 수가 없었기 때문이었다. 더욱더 좋은 무기에 의해서만이 '세계평화'—왜냐하면 그 무기에 의해서만이 적군도 아군도 다같이 소멸해 버릴 것이기 때문이다—가 이루어진다는 것이 그의 신념이기는 했지만, 어쨌든 그가 발명한 무기에 의해서 더욱더 끔찍한 전쟁이 수행되는 것을 바라보고 알프레드 노벨은 매우 가슴이 아플 수밖에 없었는지도 모른다. 그 결과, 노벨—무신론자이며 종교에 대해서는 매우 비판적이었던 노벨—은 신이란 '인류애의 정신' 같은 것으로 생각하고, '평화에의 꿈'을 안고 타인들을 돕는데 앞장을 서게 되었던 것이다. 파스퇴르 연구소의 설립에 앞장을 선 것은 물론,

학회와 병원과 자선단체에 엄청나게 많은 액수의 돈을 기부하게 되었고, 주트너 부인을 통해서 세계평화운동을 전개해 나갈 수가 있었던 것이다. 개인의 소유는 그의 죽음과 함께 사회에 환원해야 된다는 것이 그의 변함없는 신념이었던 것이고, 따라서 그 신념과 철학은 어느 누구도 예측할 수 없었던 새롭고도 놀라운 유언, 즉 '노벨상의 제정'으로 나타나게 되었다고 해도 과언이 아니다.

> 나의 재산 가운데서 현금으로 바꿀 수 있는 것에 대해서는 다음과 같이 집행해 주기를 바란다. 유언집행인은 그 자금을 기금으로 하여, 매년의 이자를 전년도에 있어서 인류를 위해 가장 위대한 공헌을 한 사람들에게 상금으로써 분배한다. 그 이자를 5등분으로 하여 일부는 물리학의 영역에서 가장 중요한 발견 또는 발명을 한 사람에게, 일부는 가장 중요한 화학상의 발견 또는 발명을 한 사람에게, 일부는 생리학 또는 의학의 영역에서 가장 중요한 발견을 한 사람에게, 일부는 문학에 있어서 이상을 찾는 방향의 가장 훌륭한 창작을 한 사람에게, 일부는 국민 사이의 친선을 위해서 또는 군비의 폐지나 축소를 위해 또한 평화회의 성립이나 보급을 위해 가장 많이 또는 가장 많이 활동한 사람들에게 상금으로 수여한다. (……) 물리학상과 화학상은 스웨덴 왕립 과학 학사원에서 수여하고, 생리 의학상은 스톡홀름의 카롤린 의학 연구소에서, 문학상은 스톡홀름의 문학 학사원이나 프랑스와 스페인의 학사원에서, 평화상은 노르웨이 국회 선출의 다섯 명의 위원회에서 수여한다. 상을 받는 사람의 국적은 어디이든 상관없다. 스칸디나비아이든, 아니든 가장 적당한 사람에게 상금을 수여하는 것이 서명자의 의사라는 것을 여기에 분명히 밝혀둔다…… 이 유언의 집행인으로서 솔만 씨와 리루엑스트 씨를 지명한다(1:201—2)*.

어쨌든 노벨은 그의 모든 재산을 '인류의 행복과 평화'에 기여한 사

* (1: 201—2)는 1의 책 201—2면을 말한다.

람들을 위해서 희사하고, 1896년 12월 10일, 63세의 일기로 타계를 했다. 그의 새롭고도 놀라운 유언장이 발표되자, 그 유언의 무효화를 주장하는 친척들이 나타기도 했지만, 그러나 유언집행인과 학사원과 노르웨이의 국회가 움직였기 때문에 그 유언은 유효한 것으로 결정될 수밖에 없었다. 마침내 노벨의 전재산을 현금화하여 '3150만 크로나의 기금'을 조성할 수가 있었고, 노벨이 세상을 떠난 지 5년 후인 1901년 12월 10일—그의 忌日을 기념해서—최초로 노벨상을 수여하게 되었다. 1901년 12월 10일, 스웨덴의 수도 스톡홀름의 시립 음악당에는 국왕을 비롯하여 수많은 시민들이 구름처럼 몰려들었고, 노벨물리학상은 X선을 연구한 뢴트겐(독일), 노벨화학상은 이론 화학의 기초를 만든 반트 호프(네델란드), 노벨 생리 의학상은 디프테리아의 혈청 요법을 발견한 베링(독일), 노벨문학상은 프랑스 시인 프뤼롬, 노벨평화상은 국제적십자의 창설자인 스위스의 뒤낭과 프랑스의 국제평화동맹 창립자인 파시 등이 그 최초의 수상자들로 영예를 누리게 되었던 것이다. 만일 노벨이 노벨상을 제정하지 않았더라면 그는 단순한 군수산업자, 좀 더 나쁘게 말한다면, '살인마', '식인귀', '살인청부업자'와도 같은 사악한 자본가에 지나지 않았을는지도 모른다. 따라서 그가 주창했던 '전쟁없는 평화의 세계'는 한낱 무기산업자의 대사기극에 지나지 않게 되고, 그의 부는 악마의 그것에 지나지 않았을는지도 모른다. 그러나 그는 개인의 소유는 그의 죽음과 함께 사회에 환원해야 된다는 신념을 지니고 있었고, 그것을 어느 누구도 감히 상상할 수 없었던 '노벨상의 제정'으로 실천하게 되었던 것이다. 그의 육체는 소멸되어 갔지만, 그의 아름다운 정신은 오늘도 살아남아서 이처럼 그 빛을 발한다. 이제 그는 늙음도 죽음도 모르는 어린 아이이며, 언제나 항상 새롭게 태어나고 또 태어나게 된다.

피에르 퀴리 부인은 1867년 11월 7일, 폴란드의 수도인 바르샤바에서 다섯 남매 중 막내로 태어났고, 그녀는 매우 총명한 어린 아이였다고 한다. 그녀의 아버지는 중학교의 과학 선생님이자 장학관이었고, 그녀의 어머니는 바르샤바 여자중학교의 교장 선생님이었다. 어머니는 그녀가 열한 살 때 돌아가셨고, 아버지는 폴란드어와 폴란드의 역사 공부가 금지된 러시아의 식민치하에서 그것을 눈감아 주었다가, 장학관직에서 쫓겨나고 말았다고 한다. 따라서 그녀의 집안은 매우 가난할 수밖에 없었지만, 그녀는 초등학교를 두 번씩이나 월반을 하고서도 그녀의 나이 열여섯 살 때, 클라크 여자 고등학교를 1등으로 졸업을 하게 되었다. 피에르 퀴리 부인의 형제 자매들은 한결같이 수재들이어서, 그녀의 오빠 조세프도, 그녀의 언니 브로냐도 모두들 다같이 고등학교를 1등으로 졸업했다고 한다. 그러나 그녀의 오빠 조세프는 의과대학에 진학할 수가 있었지만, 브로냐와 마리(퀴리 부인)는 가정 형편상, 파리 유학의 꿈—그 당시 폴란드에는 여자들의 대학 입학은 허용되지 않고 있었다—만을 간직한 채, 어렵고도 힘든 가정 교사의 생활로 전전해야만 했었다. 그래서 마리는 아버지와 의논을 한 뒤, 브로냐 언니에게 다음과 같은 제안을 하지 않을 수가 없었다.

> "언니, 우리가 제각기 유학갈 돈을 모으다가는 둘 다 못 가고 말거야. 우선 언니부터 파리에 가서 공부를 해. 그러면 돈은 내가 보내 줄게. 아빠도 도와주신다고 했어."
>
> "너는?"
>
> "나중에 언니가 의사가 된 다음에 나를 도와주면 되잖아."(2: 29)

어린 시절 마리에게 소망이 있었다면 그 무엇보다도 폴란드의 독립이었고, 그 독립을 이룩하려면 앎을 육화시켜야만 된다는 생각뿐이었다고 할 수가 있다. 그것은 폴란드 말과 폴란드 역사를 가르치지 못하게 하고 있는 러시아의 제국주의에 대한 항거이면서도, 폴란드를 세계의 중심지로 육성하겠다는 문화적 영웅주의의 소산이기도 했던 것이다. 어쨌든 마리는 그녀의 언니 브로냐가 의과 대학을 졸업할 때까지 그 약속을 지켰고, 그녀가 고등학교를 졸업한 지 8년만에, 그처럼 꿈에도 그리던 파리의 소르본 대학에 입학할 수가 있었다. 소르본 대학은 세계에서도 가장 유명한 명문 대학 중의 하나였고, 마리는 그 동안 뒤떨어진 공부를 만회하기 위하여 공부를 하고 또 공부를 하지 않으면 안 되었다. 따라서 일 분, 일 초라도 더 아껴쓰기 위해서 브로냐 언니의 집에서 나와 대학 근처의 '다락방'으로 그 거처를 옮길 수밖에 없었고, 끝끝내는 영양실조로 쓰러지지 않으면 안 되었다. 그 결과, 1893년에는 1등으로 물리학 학사 학위를, 그 다음 해에는 2등으로 수학 학사 학위를 받을 수가 있었던 것이다. 이제 마리는 일년에 육백 루불의 장학금을 받을 수가 있었고, 또 프랑스의 공업진흥협회로부터 '강철의 자기磁氣 성능'에 대한 연구를 부탁받게 되었다. 이 '강철의 자기 성능'에 대한 연구 문제로 피에르 퀴리와의 '운명적인 만남'을 갖게 되고, 그들은 곧 부부가 되어 공동으로 '라듐'을 발견하게 된다.

마리가 그녀의 새 연구 과제를 찾으려고 고민에 고민을 거듭하고 있을 때, 뢴트겐이 X선을 발견하여 사람의 몸 속을 살펴볼 수가 있게 되었다. 하지만 수많은 물리학자들은 뢴트겐의 X선보다도 좀 더 효과적인 다른 방사선을 찾고 있었고, 그 결과, 앙리 베크렐이 우라늄의 화합물이 햇빛과는 상관없이 스스로 빛을 발한다는 사실을 밝혀내게 되었다. 퀴리 부부는 '베크렐의 연구 보고서'를 읽고 커다란 충격을 받았고, 그 빛의 성질을 밝혀줄 수 있는 새로운 미지의 물질을 찾아나서게 되었다. 퀴리 부부는 피에르 퀴리가 근무하고 있는 물리학교의 낡은 창고를 빌려서, '우라늄 화합물'에서 나오는 그 '이상한 광선'을 연구하기 시작했다. 그리고 마리는 우라늄과 토륨이 그 이상한 광선을 내

뿜는 능력을 갖고 있다는 것을 발견하였고, 그것을 '방사능'이라고 이름을 붙이게 되었다. 퀴리 부부는 우라늄과 토륨보다도 좀 더 강력한 방사능을 가진 물질이 존재한다는 것을 알게 되었고, 마침내 피치블렌드라는 광물질에서, '폴로늄'과 '라듐'을 추출해 내게 되었다. 이 새로운 방사성 물질, 즉 '라듐'을 발견해 내기 위해서 피에르 퀴리는 자기 자신의 학문 연구와 스위스 제네바 대학의 교수직을 거절한 것은 물론, 그들 부부는 모두가 다같이 손끝이 갈라지고, 독한 가스를 마시고, 눈물과 콧물과 시커멓게 그을린 얼룩 투성이의 몸을 감당할 수밖에 없었던 것이다.

오늘날 퀴리 부인은 '라듐'의 어머니로 회자되고 있고, 그 라듐은 의학과 농업, 그리고 그밖의 수많은 분야에서 폭넓게 사용되고 있다. 라듐은 스스로 빛과 열을 내는 강력한 방사능의 물질로써, 자기와 같은 무게의 얼음을 한 시간에 녹이고, 유리 상자 안에 넣어두면 유리를 자줏빛이나 보라빛으로 바꾸어 놓는다. 또한 어둠 속에서도 글자를 읽을 수 있게 하고, 진짜 다이아몬드와 가짜 다이아몬드를 구별하는 데 사용되기도 한다. 뿐만 아니라 그 빛은 납만을 빼놓고 모든 금속을 통과하기도 했던 것이다. 따라서 수많은 사람들이 라듐을 갖고 싶어 했고, 퀴리 부부가 얻은 0.1g의 라듐을 75만 프랑에 사겠다는 사람이 나타나기도 했던 것이다. 피에르 퀴리 부부의 다음과 같은 대화는 우리 학자들의 '金言'에 값하고, 지금 이 순간에도 만인들의 귀감이 되고 있다고 나는 생각한다.

"마리, 친구가 제조법의 특허를 받으라고 그러는데 어떻게 하면 좋지. 학자가 아닌 회사 사람들이 자기 이익을 위해 라듐을 많이 만들려고 하는데, 어느 정도 사례금을 주어야 하느냐고 물어오니 귀찮구먼. 우리 실험실도 있어야겠고, 두 아이의 장래를 위해서라도 특허 수속을 해둘까?"

"아니, 여보, 그건 잘못이어요. 과학의 연구는 연구의 경과나 결과를 늘 논문으로 올바르게 발표하게 되어 있잖아요. 저도 여러 사람들의 좋은 논문으로 공부를 해왔어요. 이 라듐을 의사가 잘 이용하여 병을 고치는 데 쓰는 것은 반가운 일입니다. 그러나 돈벌이를 하기 위해 특허 수속을 하는 일에 저는 찬성할 수 없어요."

"참, 그렇소. 당신 말이 옳소."(3: 106)

사람이 꽃보다 아름답다는 말이 있는데, 피에르 퀴리 부부의 생애가 바로 그것이라고 할 수가 있다. 만일, 라듐이 단순한 방사능의 물질에 지나지 않는다면 피에르 퀴리 부부는 그 단순한 방사능의 물질을 그 무엇보다도 뜨거운 열정과 사랑으로 키우고, 드디어, 끝끝내는 우리 인간들의 행복과 평화를 그 꽃으로 만개시켰다고 할 수가 있다. 따라서 '라듐은 모든 사람들의 것'이라는 단 한 마디의 말로 그 특허권을 포기하고, 곧바로 라듐의 제조 과정을 공개해 버린 것은 그 꽃의 향기가 만인들의 심금 속으로 넓고 깊게 퍼져 나갔다는 것을 뜻한다. 어느 누구라도 마음대로 '라듐'을 제조할 수 있도록 그 과정을 공개해 버렸기 때문에, 단 한 푼의 돈도 들어오지 않았지만, 영국의 왕립학회의 상과 노벨상의 수상이 바로 그것이라고 하지 않을 수가 없다. 나는 퀴리 부인의 라듐에 대한 특허권의 포기가, 그녀의 라듐의 발견보다도, 그리고 그 발견으로 인한 수많은 난치병의 치료와, 방사능과 원자력으로 이어진 과학 발전에 대한 기여보다도 더 위대하다고 생각한다. 돈과 명예는 같은 무대에 들어갈 수도 없고, 또 돈으로 명예를 살 수도 없다. 진정한 인간(학자)의 꽃은 사상의 꽃이며, 그 꽃은 더없이 맑고 깨끗한 휴머니즘이라는 옥토가 아니면 피어날 수가 없다. 1906년 피에르 퀴리가 마차에 치여 숨진 뒤, 퀴리 부인은 남편의 뒤를 이어서 소르본 대학의 교수가 되었고, 1911년에는 더욱더 순수한 '라듐'을 추출해 내어 이번에는 노벨화학상을 단독으로 수상하게 되었다. 이밖에도 퀴리부인은 라듐 연구소 소장으로 제1차 대전 때는 X선 기계반을 지휘하여 100만 명 이상의 환자를 치료하고, 그녀가 1934년, '방사능에 의한 장애'로 사망할 때까지, 수많은 후진들을 양성해낼 수가 있었던 것이다. 최초의 라듐의 발견자, 최초의 방사능의 명명자, 여성으로서의 최초의 노벨상 수상자, 최초로 노벨상을 두 번씩이나 수상한 과학자, 소르본 대학교의 최초의 여성 교수—, 이처럼 퀴리 부인 앞에 '최초'라는 헌사가 붙게 된 것은 그녀가 최초의 명명자이자 최초의 입법자이며, 마치 전제군주와도 같은 사상의 신전을 세웠기 때문이다.

김춘추의 「어린 순례자」와 서림의 「젖꼭지」에 대하여

생각 속에서는 육순 노인도 여섯 살배기 소년이 될 수 있다
그래서 생각은 늦가을 신 새벽 한 사발의 찬 냉수와도 같다

소년은 당산나무 밑을 지나 당산나무 만치나 정정한 외할마시
손잡고 실개천 흐르는 둑길을 가고 있다 소년의
실개천은 미꾸라지 미끼로 참게 홀리는, 실장어 커 어른
장어되는, 암오리 등 올라타다 혼쭐난 이장댁 숫거위 먼 산
보는, 섬진강 마냥 품 넉넉한 어무니 강이요 둘도 없는 친구다

둑길을 지나 전라도 광양 땅이 빠끔히 보이는
신작로로 접어들면 소년은 달리고
달릴 줄만 아는 새끼 고라니이거나
노루 새끼이고 싶다 사십리 길 신작로는

비단길이다 깜장 조약돌이 흑요석처럼 깔린

월곡을 돌아 꼬부랑 구비를
몇 구비 더 도니 오, 관음포!

소년도 외할마시 따라 저보다 키가 큰, 성황당 보다 영험이
쎈 장군비석 앞에 지극정성으로 삼배를 올린 뒤
할마시, 어무니가 그러는데
장군 할부지가 살아 계신다면
왜놈이 우릴 못 먹었을끼라카든데 그 말 맞나, 하는
사이 해는 중천에 높이 솟고 갈 길은 먼데 다리는 천근이다

수수 한 자루와 고구마 두 뿌리로
허기 지우며
삼일만세 때 만세소리 맨 먼저 터진
탑동 장터를 지나간다
아직도 길은 이십 리나 남았다

시앗을 봐 속이 밴댕이 젓갈이 된 고모가 외아들
원용이랑 토끼 한 쌍과 조선닭 다섯 마리랑
텃밭처럼 같이 사는 도마고개를 넘다 바라보니
어 뱃놈들 그것도 크다는 강진바다에는
똑딱똑딱 또또또 똑딱 나무 망치 장단으로 전어
불러 전어 잡는 전어배는 눈 씻고도 보이지 않고

바지게로 저나르던 새조개 새 되어 날아갔는지
새조개 씨가 마른 이어리를 뒤에 두니

아배의 할배와 그 할배의 아배가 줄줄이 묻힌
삼천리가 코앞이다. 아, 시방 아배는 집에 없다
대청마루에도 사랑방에도 없다 쌕쌕이가
남해 섬 상공을 휘젓던 날 오른손보다 왼손이
더 큰 아배는 자는 소년의 왼뺨을 쓰다듬어
주시고는 진양 산청을 거쳐 지리산으로
들어갔단다 그 풍문 쫓아 어무니도 집에 없다
이윽고, 작은 다리 큰 다리 건너 유림동이 손에
잡힐 때 풋콩 잘못 주워먹고 세 살에 죽은
희자 누나 울음 같은 노을이 노을을 불러모아
서산 산자락에 내려와 앉아 있고 소년의

눈동자에는 어무니였음 좋겠다는 생각이 나는
이모 얼굴과 김 모락모락 나는 조개국과
먹어도 먹어도 안 물리는 콩국수가 어려 있다

고향은 칠순 노인도 일곱 살배기
소년으로 만드는 희얀한 재주가 있다

*관음포 : 이순신 장군께서 전사하신 포구로 李落祠가 있다.
— 김춘추, 「어린 순례자—읍내로 가는 길」 전문

김춘추의 「어린 순례자—읍내로 가는 길」은 한국시문사상 가장 탁월한 '리얼리즘의 승리'이며, '신생의 넋' 혹은 새로운 탄생의 전형이라고 해도 과언이 아니다. 그는 육순의 노인도 여섯 살배기 소년이 될 수 있다는 너무나도 평범하고 자연스러운 깨달음을 통하여 그 상념의 나래를 펼쳐나간다. "늦가을 신새벽 한 사발의 찬 냉수"를 마시고, 그의 몸과 마음을 더없이 정결히 하고, 그리고 그가 태어난 성지를 순례하기 시작한다. 그 성지는 그의 할머니와 할아버지와 아버지와 어머니, 그리고 그의 일가 친척들은 물론, 수많은 장군들과 장수들이 태어나고 죽어간 곳이며, 시인 자신이 그 고장의 정기를 이어받고 태어나, 이제는 또다른 탄생을 준비하고 있는 곳이다. 리얼리즘이란, 한 편의 시 작품은 현실을 반영할 수밖에 없다는 생각에 기초하고 있으며, 따라서 세목의 진정성 이외에도 전형적인 상황에서의 전형적인 인물의 창조가 그 기본적인 관건이라고 할 수가 있다. 이때에 전형적인 상황에서의 전형적인 인물의 창조를 마르크스주의자들처럼 언제나 급진적인 인물들로서 국한시킬 필요는 없다. 우선 육순의 소년은 그의 고향으로 내려가 당산나무 만치나 정정한 외할머니의 손을 잡고 실개천 둑길을 걸어가고 있다. 그 실개천은 "미꾸라지 미끼로 참게 흘리고", "실장어 커 어른 장어"되는 곳이며, "암오리 등 올라타다 혼쫄난 이장댁 숫거위가 먼 산 보던" 곳이기도 하고, 그 소년에게는 섬진강 마냥 품 넉넉한 어무니 강이요, 둘도 없는 친구이다. 그 소년이 당도한 곳은 "월곡을 돌아 꼬부랑 구비를/ 몇 구비 더" 돌아, 이순신 장군이 전사했다는 "관음포"이며, 바로 그곳에서 "성황당보다 영험이/ 쎈 장군비석 앞에 지극정성으로 삼배를 올린 뒤", 나이 어린 순진한 소년의 모습으로 "장군 할아버지가 살아 계신다면/ 왜놈이 우릴 못 먹었을끼라카든데" 라고 그의 외할머니에게 물어본다. 그 소년의 어린 마음에도 사랑하는 조국을 빼앗겼던 아픔이 짠하고 눈물이 나올만큼 배어 있고, 하루바삐 그 이순신 장군처럼 왜놈이나 외세를 물리치고 말겠다는 영웅적인 의지가 배어나온다. 그러는 사이, "해는 중천에 뜨고 갈 길은 먼데", "옥수수 한 자루와 고구마 두 뿌리로/ 허기를 지우며/ 삼일 만세 때 만세 소리 맨 먼저 터진/ 탑동 장터를" 지나가게 되고, 아직도 "이십 리" 길이 더 남았다고 뇌까린다. 그는 또 그녀의 남편이 '시앗을 봐'

'밴댕이 젓갈처럼 속이 뒤집힌 고모'와 그의 외아들이 토끼와 조선닭, 그리고 텃밭을 일구고 사는 "도마고개"를 넘다가, "전어 뱃놈들 그것도 크다"는 "강진 바다"를 바라다 보며, 이제는 눈을 씻고 보아도 전어잡이 배도 보이지 않고, 한 걸음 더 나아가, "바지개로 저나르던 새조개"도 씨가 마른 강진 바다를 매우 착잡한 심정으로 바라다 본다. 어느덧 그는 "아배의 할배와 그 할배의 아배가 줄줄이 묻힌/ 삼천리"에 도착하여 그의 아버지가 없는 집을 살펴본다. 그의 아버지는 "쌕쌕이가/ 남해 섬 상공을 휘젓던 날 오른손보다 왼손이/ 더 큰 아배는 자는 소년의 왼뺨을 쓰다듬어/ 주시고 진양 산청을 거쳐 지리산으로" 들어갔고, 그 남편(공산주의자)을 쫓아 집을 나간 어머니를 회상해 본다. 그러나 그는 마음 속으로 울고 있을지언정, 결코 울지 않는다. 모든 아픔과 눈물까지도 시적인 서정으로 용해시켜 버리고, 다시 그의 순례의 일정을 시작한다. "이윽고 작은 다리 큰 다리 건너 유림동이 손에/ 잡힐 때 풋콩 잘못 주워먹고 세 살에 죽은/ 희자 누나 울음 같은 노을이 노을을 불러모아/ 서산 자락에 내려와 앉아 있고 소년의// 눈동자에는 어무니였음 좋겠다는 생각이 나는 이모 얼굴과 김 모락모락 나는 조개국과/ 먹어도 먹어도 안 물리는 콩국수" 등을 떠올려 본다. 이윽고 "고향은 칠순 노인도 일곱 살배기/ 소년으로 만드는 희얀한 재주가 있다"라고, '어린 순례자의 여정'은 그 대단원의 막을 내리게 된다.

내가 김춘추의 「어린 순례자」를 '리얼리즘의 승리'라고 부르게 된 것은 우리말과 우리 가락으로 시적 화자는 물론, 우리 한국인들의 삶과 그 정서를 결합시킨 놀라운 감수성, 풍자와 해학적인 웃음 속에다가 관능을 결합시킨 기법, 과거와 현재와의 대화, 그리고 미래의 역사를 창조하려는 영웅주의(혹은 낙천주의) 등 때문이고, 그리고 그 시가 한국 시문학사의 새로운 장—진정한 의미에서의 '리얼리즘의 승리'—을 열지 않았나 싶었기 때문이다. 한 때는 인간의 가정에서 버림을 받은 고

아이었지만, 이제 그는 모든 입문의례과정을 거쳐서 詩神의 은총 속에서 새롭게 탄생한 어린 소년이 된 것이다. 더욱이

풋콩 잘못 주워먹고 세 살에 죽은
희자 누나 울음 같은 노을이 노을을 불러모아
서산 산자락에 너려와 앉아 있고

라는 시구와

아배의 할배와 그 할배의 아배가 줄줄이 묻힌
삼천리가 코앞이다. 아, 시방 아배는 집에 없다
대청마루에도 사랑방에도 없다 쌕쌕이가
남해 섬 상공을 휘젓던 날 오른손보다 왼손이
더 큰 아배는 자는 소년의 왼뺨을 쓰다듬어
주시고는 진양 산청을 거쳐 지리산으로
들어갔단다 그 풍문 좇아 어무니도 집에 없다

라는 시구와, 그리고

눈동자에는 어무니였음 좋겠다는 생각이 나는
이모 얼굴과 김 도락모락 나는 조개국과
먹어도 먹어도 안 물리는 콩국수가 어려 있다

고향은 칠순 노인도 일곱 살배기
소년으로 만드는 희얀한 재주가 있다

라는 시구는 詩神마저도 자신의 이마를 탁 치며 감동할 만한 '리얼리

즘의 승리'로 구성되어 있다고 하지 않을 수가 없다. 長詩에 가까운 「어린 순례자」를 천진한 소년의 시선으로 아름답고 맑고 투명하게 엮어나간 구수하면서도 격조높은 문체, 그때 그때의 시적 현실과 그 가락에 따라 어린 소년의 감정을 유효적절하게 표현하고 있으면서도, 실개천은 "섬진강 마냥 품 넉넉한 어무니 강이요 둘도 없는 친구다", "사십리 길 신작로는/ 비단길이다 깜장 조약돌이 흑요석처럼 깔린// 월곡을 돌아 꼬부랑 구비를/ 몇 구비 더 도니 오, 관음포!", "희자 누나 울음같은 노을이 노을을 불러 모아" 등과도 같이 수천 년을 찍어누른 것 같은 경구들로 구성되어 있다는 것은, 언어의 사제로서의 그의 솜씨가 詩神의 경지에 올라 서 있는 것이라고 하지 않을 수가 없다. 김춘추 시인이 냉전 시대의 이데올로기의 희생양으로 자라나, 그 무수한 피와 땀방울의 정진 끝에, 대한민국의 의료 수준을 세계적인 수준—백혈병에 관한 한—으로 끌어올린 '백혈병의 대가'임을 감안할 때, 그의 「어린 순례자」는 노벨과도 같은 천진성이 엿보이고 있는 것이다. 그 이타적인 사랑은 자기 자신의 한 몸을 희생시켜가며 씨를 뿌리고 또 뿌리는 낙천주의자의 사랑이라고 하지 않을 수가 없다. 백혈병의 대가로서의 탄생이 시인으로서의 탄생이며, 시인으로서의 탄생이 백혈병의 대가로서의 탄생이기도 한 것이다.

> 갓난아기가 감기로 몸이 뜨겁고 코가 막혀 있다
> 젖을 빨다가 숨이 차 올라 쌕쌕거리다 칭얼칭얼 댄다
> 늙은 엄마는 안쓰러워 아기 콧구멍에다
> 젖꼭지를 갖다대고 젖을 짜준다
> 더러운 것을 입 구멍으로 쪽쪽 빨아준다
>
> 이슥고 뚫리는 구멍,

구멍과 구멍의 행복한 소통,
돌고 도는 우주의 거대한 혈관
한 부분이 수리되는 순간,
하늘에 애기별, 눈빛이 반짝 회복되는 순간

속 끓는 늙은 엄마 젖 구멍을 통해 들어가는 것은
오늘 먹은 포도와 토란국,
여름에 먹어둔 수박과 열무김치,
봄날 일찌감치 몸 안에 갈무리 해둔 딸기와 냉이국

이 세상 최고의 의사 늙은 엄마 몸으로부터 흘러 들어가는 것은
신혼여행 때 본 제주의 유채꽃,
아기를 배고 본 대관령의 눈밭,
가족을 그리워하게 만드는 샌프란시스코의 하늘

애기와 한 몸인 늙은 엄마가 막힌 콧구멍으로 넣어주는 것은
온몸의 피와 살,
대신 아파주고 싶은 순정한 영혼과 기도,
껍데기로만 남아 죽어도 좋다는 마음
— 서림, 「젖꼭지」 전문

서림의 「젖꼭지」는 아이에 대한 어머니의 사랑이 가장 잘 나타나 있고, 그 어머니의 사랑을 좀 더 생물학적으로 말해 본다면, '모성의 원리'라고 할 수가 있을 것이다. 대부분의 한국 현대시에서는 이 모성의 원리가 한국적인 애수와 그 감상으로 치우쳐져 있기 마련이지만, 서림의 '모성의 원리'는 건강하고 이성적이며, 이 세상의 삶과 그 생명에 대한 근원의 탐구로 이어지고 있는 것처럼 보인다. 그는 "감기로 몸이

뜨겁고 코가 막혀" 있는 갓난아기에게, 비록 늙은 엄마이기는 하지만, 그 어머니의 헌신적인 사랑—갓난아기의 콧구멍에다 젖을 짜넣고 그것을 입으로 쪽쪽 빨아주는 것—에 주목하고 그 어머니의 사랑으로 인하여 갓난아기의 우주적인 숨쉬기가 가능하다는 것을 보여준다. 이때의 우주적인 숨쉬기는 가스통 바슐라르의 말대로, "세계의 열림"이며 "세계에의 초대"인 것이다(4: 142). 그는 그 늙은 어머니의 헌신적인 사랑으로 갓난아기의 숨구멍이 뚫리는 것을 "이윽고 뚫리는 숨구멍/ 구멍과 구멍의 행복한 소통/ 돌고 도는 우주의 거대한 혈관/ 한 부분이 수리되는 순간/ 하늘에 애기별, 눈빛이 반짝 회복되는 순간"이라고 노래하고, 그 늙은 엄마의 젖구멍을 통해 들어가는 것은 그 어머니가 먹은 모든 음식물들과 그 어머니가 보고 듣고 느낀 모든 것들—풍경들과 삶의 지혜들과 정서들—이라고 노래한다. 뿐만 아니라 그 어머니는 그 젖구멍을 통하여 "온몸의 피와 살/ 대신 아파주고 싶은 순정한 영혼과 기도/ 껍데기로만 남아 죽어도 좋다는 마음"이라고 노래하고 있는 것이다. 어머니는 어린 아기의 산실이며, 어린 아기는 어머니의 새로운 탄생이다. 여성은 약하지만 어머니는 강하다. 모든 어머니는 위대한 어머니이며 모든 어린 아이는 축복받은 어린 아이이다. 김춘추는 그의「어린 순례자」를 통하여, 서림은 그의「젖꼭지」를 통하여, 이제 그들은 늙음도 죽음도 모르는 어린 아이들로서, 언제나 항상 새롭게 태어나고 또 태어나고 있는 것인지도 모른다. 이 '신생의 넋'은 최고급의 격세유전이며, 우주적인 멋진 숨쉬기인 것이다. 서림의「젖꼭지」는 '라듐'에 대한 모든 특허권을 거절한 피에르 퀴리 부인처럼 낳고 또 낳는 모성의 원리로 되어 있을 수밖에 없다. 만일 나의 말대로 모든 시와 신화가 낙천주의를 양식화시킨 것이라면, 모든 영웅주의는 낙천주의일 수밖에 없는 것이다.

알프레드 노벨과 김춘추는 씨를 뿌리고 또 뿌리는 낙천주의자들이며, 피에르 퀴리 부인과 서림은 낳고 또 낳는 낙천주의자들이다. 전자는 부성의 원리로써 설명이 되고 후자는 모성의 원리로써 설명이 된다. '부성의 원리'와 '모성의 원리'는 이처럼 낙천주의(영웅주의)의 두 측면인 것이다. 알프레드 노벨이나 피에르 퀴리 부인, 그리고 김춘추의 「어린 순례자」나 서림의 「젖꼭지」에서 알 수가 있듯이, 사상만이 그 주체자들의 행동을 위대하게 만들 수가 있다고 나는 힘주어 말할 수가 있다. 왜냐하면 사상만이 그 주체자들의 행동에 일관성과 통일성을 주고, 끊임없는 자기 갱신과 새로운 탄생을 가능하게 하고 있기 때문이다. 이 세상의 모든 지식인들에게 사상이란 최고의 목적이며, 그 모든 것이다. 세상의 모든 것이 변하고 이 세계의 종말이 온다고 하더라도 자기 자신과 자기 자신의 사상만은 영원하기를 바라는 것은 모든 지식인들의 한결같은 꿈이다. 사상은 그 어떤 것보다도 고귀한 명예이며, 삶의 완성이며, 보다 완전한 인간의 표지이다. 우리는 그 사상가의 신전 앞에서 언제, 어느 때나 시를 짓고, 노래를 부르며, 찬양과 찬송을 하게 된다. 또한 우리는 그 신전 앞에서 우리 인간들의 존엄성을 바치고, 가장 좋은 예물을 바치고, 하늘을 우러러보며, 항상 자기 자신을 갈고 닦으면서, 그 사상의 위업을 이어 나갈 것을 맹세를 하게 된다.

뉴턴의 역학 이론, 아인시타인의 상대성 이론, 하이덴베르크의 불확정성의 원리, 막스 플랑크의 양자 역학, 스티븐 호킹의 블랙홀 이론, 허블의 우주팽창이론 등도 그 사상가들의 신전이며, 갈릴레오의 진자의 법칙, 코페르니쿠스의 지동설, 라부아지에의 산소 발견, 플레밍 박사의 페니실린 발견, S. A. 왁스먼의 스트렙토마이신 발견, 스티븐슨의 증기기관차 등도 그 사상가들의 신전이다. 또한 플라톤의 이상국가, 아리스토텔레스의 모방 이론, 데카르트의 사유의 제국, 스피노자의 범신론, 라이프니츠의 단자론, 프로이트의 승화이론, 마르크스의 공산주의, 사르트르의 실존주의도 그 사상가들의 신전이며, 러시아의 형식주의, 구조주의, 탈구조주의, 쇼펜하우어의 염세주의, 니체의 건강한 염세주의, 칸트의 도덕 법칙, 헤겔의 절대 정신, 반경환의 낙천주의, 힌두교의 윤회사상, 부처의 해탈의 세계, 예수의 이상적인 천국 등도 그 사상가들의 신전이다. 사상의 신전단이 영원하고 또 영원하다. 이 세상의 사상가들은 늙음도 죽음도 모르는 어린 아이이며, 언제나 항상 영원불멸의 삶을 살아가게 된다.

신생의 넋

나는 제4장 「넓어지는 지평선」에서, "나는 제1장 「행복의 깊이」에서 죄를 짓고 죄악을 정당화할 수 있는 '낙천주의자의 행복론'을 역설한 바가 있고, 제2장 「상승주의의 미학」에서는 삶의 본능의 옹호를, 제3장 「하강의 깊이」에서는 죽음의 본능의 옹호를 역설한 바가 있다. 낙천주의자의 행복론은 이 「행복의 깊이」의 핵심적인 주제이며, 「상승주의의 미학」은 우리 인간들의 첫 번째 삶의 양식에 해당되고, 「하강의 깊이」는 우리 인간들의 두 번째 삶의 양식에 해당된다. 제4장 「넓어지는 지평선」은 출발, 즉 모험의 양식이 될 것이고, 제5장 「포효하는 삶」은 시련극복, 즉 싸움의 양식이, 그리고 마지막으로 「신생의 넋」은 새로운 인간의 탄생을 살펴보게 될 것이다. '삶'과 '죽음', '출발'(모험), '시련극복'(싸움), '새로운 인간의 탄생'(귀환)은 낙천주의자의 다섯 단계의 삶의 양식이며, 그것은 곧바로 우리 인간들의 문화적 영웅의 삶에 바쳐진 것이라고 해도 과언이 아니다"라고 역설한 바가 있다. 제1장 「행복의 깊이」, 제2장 「상승주의의 미학」, 제3장 「하강의 깊이」에 대해서는 더 이상 부연 설명이 필요 없을 것 같고, 다만 제4장 「넓어지는 지평선」과 제5장 「포효하는 삶」에 대해서는 좀 더 자세하고 알기 쉽게 설명해 보고자 한다. 제4장 「넓어지는 지평선」은 모험의 역사 철학적인 의미—, 즉 '주체성의 확립'과 '타자성의 완성'에 대하여 천착하고 있으며, 제5장 「포효하는 삶」은 싸움의 역사 철학적인 의미와 그 유형들을 천착하고 있다고 할 수가 있다. 제4장 「넓어지는 지평선」은 낙천주의자의 세 번째 삶의 양식(출발—모험)이며 분명한 목표를 갖고 가장 무거운 짐을 짊어질 수 있는 '낙타의 정신'(낙천주의)이 강조되고 있고, 제5장 「포효하는 삶」은 낙천주의자의 네 번째 삶의 양식(싸움)이며, 바로 이 장에서는 이 세상에서 가장 아름답고 웅대한 싸움을 통하여 '도덕적 선의 고지'를 점령한 '사자의 정신'(영웅주의)이 강조되고 있다. 분명한 목표를 갖고 홀로서기를 이룩한 문화적 영웅은 수많은 인식론적 장애물과 그 시련들을 극복하고, 그 '포효하는 삶'을 통하여 세계정복운동을 완성하게 된다. 그리고 그는 그 세계정복운동을 통하여 이제까지의 '인간'이라는 낡은 껍질을 벗어버리고 새로운 종의 인간으로 탄생하게 된다. 다시 말해서, 문화적 영웅 탄생의 세 과정은 '출발(모험)—시련(시련극복)—귀환(새로운 탄생)'으로 되어 있으며 그 입문의례과정을 생략하고서는 어떤 문화적 영웅도 탄생할 수가 없다. 가령 예컨대, 노벨은 무기발명가의 꿈을 갖고 출발했으며 수많은 시련들을 극복하고 그처럼 엄청난 부를 축적할 수가 있었지만, 그는 그 엄청난 부를 사적 욕망이 아닌, 인류 전체의 행복을 위하여 쓰게 되었던 것이다. 그리고 또한 퀴리부인은 위대한 과학자의 꿈을 갖고 출발했으며 수많은 시련들을 극복하고 '라듐'을 발명했지만, 그 발명의 댓가를 인류 전체의 행복을 위하여 포기하고 말았던 것이다. 이밖에도 수많은 압제와 억압 밑에서 신음을 하고 있던 민중들의 삶을 발견하고 그들을 구원했던 예수, 부처, 마호메트, 프로메테우스, 영원한 문화제국의 알렉산더 대왕, 나폴레옹 법전을 통해서 유럽 연방을 건설하려고 했던 나폴레옹 황제 등이 바로 그들이라고 할 수가 있는 것이다.

나는 이 세상에서 문화적 영웅의 아름다움이 가장 얻기가 힘든 것이라고 생각하고 있다. 그가 딛고 있는 토대는 그 입문의례과정을 통한 사상의 토대일 수밖에 없으며, 그는 그 사상의 신전에서 오늘도 언제나 어린 아이처럼 영원불멸의 삶을 살아가게 된다. 나는 한국문단과 한국의 지식인 사회에서 영원히 버림을 받은 이단자에 지나지 않지만, 나는 그 홀로된 자의 고독과 그 행복한 생활을 어쩌지 못하고 있다. 나의 서재는 나의 왕국이며, 니체, 칸트, 플라톤, 소크라테스, 아리스토텔레스, 데카르트, 스피노자, 라이프니츠, 미셸 푸코, 하이데거, 호머, 셰익스피어, 괴테, 보들레르, 랭보 등은 나의 충직한 신하들이다. 나는 오늘도 그들을 데리고 인류 전체의 행복과 그 건강을 토론하고, 그리고 정오에는 '愛知의 숲'을 하염없이 거닐었었다. 나는 언제, 어느 때나 행복하고 또 행복하다. 나는 언제, 어느 때나 새롭게 태어나고 또 태어난다.

칸트에 의하면 우리 인간들은 감성에 의하여 대상을 인지하고, 오성에 의하여 대상을 사고하게 된다. 감성은 사물의 표상을 인식하는 능력이며, 오성은 대상에 대한 최초의 이해, 즉 개념을 명명할 수 있는 능력이다. 만일, 개념이 그 대상에 대한 최초의 이해를 담지하고 있는 것이라면, 우리는 그것을 가지고 하나의 거대한 사유 체계를 만들어낼 수가 있을 것이다. 우리는 그것을 사상과 이론이라고 부른다. 명명자는 입법자이며, 최초의 가치의 창조자이고, 모든 인간들을 다스릴 수 있는 전제군주이다. 우리가 그가 명명한 개념과 사상과 이론들을 빌려다가 쓰는 것은 그것을 부정하거나 반박할 수 있는 힘이 없기 때문이다. 고전주의, 낭만주의, 현실주의, 실존주의, 공산주의, 구조주의, 탈구조주의 등등 앞에서 우리는 모두가 무릎을 꿇고 경의를 표하지 않으면 안 된다. 이미 앞 장에서 뉴턴과 라이프니츠의 싸움을 설명한 바가 있듯이, 개념, 사상, 이론에는 지배의 정당성을 확보하기 위한 피눈물나는 권력투쟁의 역사가 각인되어 있으며, 어느 것 하나 우연이나 공짜가 없다. 그 사상의 신전을 거닐고 있는 전제군주는 오늘도 이렇게 말한다. '나는 전제군주이지만, 너희들은 나의 臣民에 지나지 않는다'라고. 사상은 그 어떤 것보다도 고귀한 명예이며, 삶의 완성이며, 보다 완전한 인간의 표지이다. 그 사상의 신전의 주인공들이란 우리 인간들의 이상적인 원형이며, 아름답고 또 아름다운 인간일 수밖에 없는 것이다.

나는 문화적 영웅 탄생의 두 가지 조건을 다음과 같이 설명할 수가 있다. 첫 번째는 '지상 최대의 최악의 조건'이 영웅 탄생의 최상의 조건이고, 두 번째는 그가 가진 지상 최대의 최상의 조건들을 거절하고 그 최악의 조건 속으로 뛰어 들어가는 것이다. 지상 최대의 최악의 조건 속에서 태어난 인간들은 그의 부모와 스승들에게 둘러싸여 유리온실 속의 식물들처럼 과잉보호를 받을 필요가 없으며, 대부분의 그의 동료들이 그 최악의 조건 속에서 쓰라린 패배를 겪게 되었을지라도, 그의 지혜, 용기, 성실함은 그 고통의 지옥훈련과정을 극복하고 이 세상에서 가장 뛰어나고 아름다운 인간, 보다 낫고 보다 완전한 미래의 이상형의 인간, 즉 새로운 문화적 영웅으로 탄생하게 되는 것이다. 마굿간에서 태어난 예수, 강보에 싸여서 버려진 모세, 주인집 소 외양간에서 태어난 푸라나 카샤파(도덕부정론자), 그리고, 또, 소 외양간에서 태어난 고사알라(결정론자), 아버지의 살해 명령에 의하여 버려진 외디프스와 제우스, 식민치하에서 너무나도 어렵고 가난하게 태어났던 나폴레옹과 퀴리 부인, 가난하고 또 가난했던 소크라테스, 노벨, 랭보, 호머, 셰익스피어 등이 바로 그들이다. 하지만 그 반대방향에서 석가족의 왕위상속권을 거절한 부처, 마케도니아의 왕으로서 만족하지 못하고 이 세상에서 가장 아름답고 화려한 세계정복운동을 펼쳐 보였던 알렉산더, 명문귀족의 출신들로서 그 안락한 생활을 거절하고 오직 '학문'을 위하여 출가했던 플라톤, 데카르트, 스피노자, 라이프니츠, 쇼펜하우어, 니체, 또 명문귀족출신들(혹은 부유한 가문의 출신들)로서 그 행복을 거절하고 오직 '예술'을 위하여 출가했던 톨스토이, 발자크, 보들레르, 반 고호, 폴 고갱, 괴테 등은 바로 그 최악의 조건 속으로 뛰어든 인간들이라고 하지 않을 수가 없다. 그들 역시도 그들의 지혜와 용기와 성실함으로 그 고통의 지옥훈련과정을 극복하고, 이 세상에서 가장 뛰어나고 아름다운 인간, 보다 낫고 보다 완전한 미래의 이상형의 인간, 즉 새로운 문화적 영웅으로 탄생한 것이다. 전자는 인간의 가정에서는 버림을 받은 고아들이었지만, 신의 품안에서는 축복을 받은 자들이었고, 후자는 스스로 인간의 가정을 뛰쳐 나갔던 반항아들이었지만, 신의 품 안에서는 축복을 받은 행운아들이었다. 어쨌든 그들은 우리 인간들의 행복과 종의 건강을 위하여 끊임없이 자기 자신을 고통의 채찍으로 몰아붙인 자들이며, 그러면서도 이 세상을 더욱더 넓고 아름답고 풍요롭게 바라보았던 낙천주의자들이라고 하지 않을 수가 없다. 바로 이 지점에서 '나는 신성모독을 범한다, 고로 존재한다', '세계는 나의 범죄의 표상이다, 고로 행복하다'라는 낙천주의 사상의 제일의 명제가 그 타당성을 얻게 된다.

유한한 존재자인 인간이 그 '존재의 무'를 뚫고 영원불멸의 삶을 살 수 있는 방법은 다음과 같은 두 가지 방법뿐이다. 첫째는 '성교의 지향성'을 통한 2세의 생산이고, 둘째는 인류의 문명과 문화를 위해서 불멸의 금자탑을 쌓는 일이다. 첫 번째 방법은 누구나 다같이 참여할 수가 있지만, 두 번째 방법은 매우 제한된 극소수의 인간만이 참여할 수가 있다. 왜냐하면 그것은 인간으로서의 자기 한계의 극복과 그 고통의 지옥훈련과정(입문의례과정)을 거쳐야만 되기 때문이다. 이 후자의 유형의 인간들은 지금까지 살펴본 바가 있고, 이제는 '종족의 의지'에 따른 성교의 지향성의 문제, 즉 영원불멸의 삶의 문제를 살펴보고자 한다.

나는 『세계의 문학』 1992년 겨울호에서 레비나스의 다음과 같은 글을 읽은 바가 있었다.

> 생산을 통해 주체는 자기 자신의 유한성으로부터 구원받는다. 아이의 출산으로 새로운 미래, 전혀 예측할 수 없는 새로운 가능성이 열리게 된다. 내가 홀로 미래를 체험할 때는 내 자신의 존재 가능성의 테두리를 벗어나지 못하고, 마치 오딧세이가 그 오랜 여행 끝에 결국 자기가 살던 섬 이타카로 되돌아 오듯이, 나는 나의 테두리로 되돌아와 늙고 만다. 그러나 에로스를 통해 나에게 감추어진 미래를 찾아나서고, 이 미래를 아이와의 관계에서 구체적으로 체험한다. 아이를 통해서 과거는 절대성을 잃게 되고, 절대적 미래의 차원이 열린다. 그리하여 시간은 다시 젊어지고 푸르름을 띠게 된다(5).

우리 인간들의 가장 깊고 심오한 본능은 삶의 본능과 죽음의 본능이라고 할 수가 있다. 그러나 대부분의 우리 인간들은 이 자연스러운 본능들 중, 삶의 본능만을 받아들이고 죽음의 본능을 회피하려는 욕망을 어쩌지 못하고 살아간다. 우리 인간들에게 있어서는 이 유한성 자체가 최대의 약점인 것이고, 그것을 극복할 수 있는 방법들이 끊임없이 모색되어 왔다고 해도 과언이 아니다. 모든 학문과 예술도 양생술에 불과하며, 또한 모든 종교와 신화들도 양생술에 지나지 않는다. 양생술이란 행복한 인간의 삶을 안출해 내는 것이며, 궁극적으로는 낙천주의 사상의 방법론인 것이다. 다시 말해서, 전지전능한 영생불사의 인간이 우리들의 미래의 이상형이자 궁극적인 목표인 것이다. 누구나 다같이 부처나 예수가 될 수는 없지만 우리는 종족의 명령에 따라서 아버지와 어머니는 될 수가 있다. 남성은 씨를 뿌리고 또 뿌리는 존재이며, 여성은 낳고 또 낳는 존재이다. 모든 남성과 여성들은 종이 소멸될 경우를 대비하여 최선의 노력을 다 하고 있는 것이지, 성적 욕망의 차원에서 불륜의 주인공이 될 수는 없는 것이다. 발정기에는 어떠한 위험을 무릅쓰고서라도 자기 자신의 짝을 찾아나서는 수컷들의 구애의 행동을 생각해 보고, 수많은 대통령들의 스캔달과 또 수많은 돈주앙과 돈주앙들의 스캔달들을 생각해 보아라! '사랑의 한탄은 종족의 탄성'이라는 말처럼, 성적 욕망은 종족의 명령이며, 그 욕망들을 거세시키는 것은 가능하지도 않다.

> 옆집 앉은뱅이 총각 밤 몰래 끌려가 앉은뱅이 되어 돌아오더니 담 둘이 포개앉은 이웃집 처자 내게 고데 말없이 소월 노래깨나 적어 보냈지 심심한 한낮 배고픈 햇발을 이고 살그머니 담장으로 전해지던 소월 노래는 이른 봄 아린 입술 들이밀던 개나리되어 옆집 앉은뱅이 총각 상여에 가서 피었네 내 무슨 황진이라고 속곳 벗어 시린 상여 위에 얹어두고 싶었네 진눈깨비 내리던 상여길 남몰래 눈물 흘리며
>
> 따라가며
>
> — 허수경, 「상여길」 전문

「상여길」은 이별의 드라마이면서도 사랑의 드라마이고, 다른 한편, 종족의 명령에 따른 성교의 드라마이다. "옆집 앉은뱅이 총각"은 지난날 군사독재정권에 항거를 했다가 수많은 체벌과 고문 끝에 불구자가 된 청년을 말하고, "이웃집 처자"인 나는 시인을 지망하고 있는 문학소녀를 뜻한다. 그 '앉은뱅이 총각'이 이웃집 처자인 '나'에게 戀書와도 같은 소월시를 적어 보냈지만, 나이 어린 '나'는 너무나도 부끄럽고 수줍어서 그 사랑의 몸짓에 어떠한 화답도 전해 주지 못했던 것 같다.

그러나 이제 그 '앉은뱅이 총각'은 이 세상을 떠나가고, 그 '앉은뱅이 총각'을 흠모했던 '나'는 자기 자신의 '속옷'을 벗어 그 상여길에 얹어주고 싶은 것이다. 그토록 가깝고 가까운 죽음의 문 앞에서도 소월시를 적어보냈던 앉은뱅이 총각, 그 앉은뱅이 총각을 흠모했던 내가 처녀의 몸으로서 '속옷'을 벗어주고 따라가는 상여길—, 이처럼 그들의 사랑과 성교의 드라마는 자연스러운 성적 욕망에 기초해 있지, 반윤리적인 불륜에 기초해 있는 것이 아니다. 그들에게 순결을 강요한다는 것 자체가 부도덕적인 짓이며, 반자연적인 일에 지나지 않는다. 나는 한국문학사 속에서 "옆집 앉은뱅이 총각 밤 몰래 끌려가 앉은뱅이 되어 돌아오더니 담 둘이 포개앉은 이웃집 처자 내게 고데 말없이 소월 노래깨나 적어 보냈지 심심한 한낮 배고픈 햇발을 이고 살그머니 담장으로 전해지던 소월 노래는 이른 봄 아린 입술 들이밀던 개나리되어 옆집 앉은뱅이 총각 상여에 가서 피었네 내 무슨 황진이라고 속곳 벗어 시린 상여 위에 얹어두고 싶었네 진눈깨비 내리던 상여길 남몰래 눈물 흘리며/ 따라가며"라는 「상여길」처럼 아름답고 감동적이며, 모든 사람들의 심금을 울릴 수 있는 연애시를 읽어본 적이 없다. 따라서 「상여길」의 슬픔은 아름답고 행복하고 풍요로운 슬픔이지, 그처럼 더럽고 추하며 서러운 슬픔이 아니다. 「상여길」의 주인공들은 그 슬픔 자체를 아름답고 행복하게 살고, 또한 이별을 그 이별 자체로서 아름답고 행복하게 산다. 지금 이 순간에도 노오란 개나리꽃과 진눈깨비 내리는 상여길이 아름답게 조화를 이루며 소월 노래가 울려 퍼지고, 시적 화자의 눈물이 티없이 맑고 깨끗하게 흘러내린다. 모든 시간이 정지되면서 모든 공간이 확대된다. 순간이 무한대로 확대되면서 과거와 현재, 그리고 미래라는 인위적인 시간 개념도 더 이상 유효하지 않게 된다. 슬픔 속에서도 삶의 황홀이 있고, 기쁨 속에서도 삶의 황홀이 있다. 삶은 죽음의 완성이며, 죽음은 삶의 완성이다. 그리고 삶 자체가 죽음이며, 죽음 자체가 또다른 탄생인 것이다.

허수경은 '슬픔'이라는 시적 정서를 선택했고, 그 정서를 '모성의 원리'로 승화시켜 나가면서, 이처럼 행복하게 살고 있는 것인지도 모른다. 허수경의 푸르고 푸른 다산성은 「상여길」의 사내에게도 나타나고, 「폐병쟁이 내 사내」에게도 나타난다. 시적인 차원에서 그 푸르고 푸른 다산성의 미녀는 아름다운 슬픔과 행복을 결합시키고, 언어학적 차원에서는 옛말과 사투리와 표준어를 화간시킨다(자세한 것은 반경환의 「한 여성 시인의 개성화된 공간」, 『시와 시인』 문학과지성사, 1992 참조). 뿐만 아니라, 주체의 차원에서는 그녀의 풍성하고 건강한 알몸으로 온갖 폐병쟁이와 앉은뱅이들을 다 받아들인다. 허수경의 '모성의 원리'는 종족의 명령이며, 그것은

> 산가시내 되어 독오른 뱀을 잡고
> 백정집 칼잽이 되어 개를 잡아
> 청솔가지 분질러 진국으로만 고아다가 후후 불며 먹여주고 싶었네 저 미친 듯 타오른 눈빛을 재워 선한 물같이 맛깔 데인 잎차같이 눕히고 싶었네 끝내 일어서게 하고 싶었네

의 「폐병쟁이 내 사내」에서도 가장 아름답고 힘차게 나타나고 있다고 하지 않을 수가 없다. 나는 이 지점에서 여성이 가진 최대의 재능은 거짓말하는 것과 여성의 최대의 관심사는 겉으로 드러난 아름다움 뿐이라는 니체의 반여성주의를 정면으로 부인하고자 한다. 모든 여성은 위대한 생산의 여신이며, 니체의 꿈에도 나타났던 음몽마녀淫夢魔女이다. 모든 여성은 단순한 쾌락의 도구도 아니고, 양생술이나 가정관리술의 도구도 아니다. "산가시내되어 독오른 뱀"을 잡는 것도 어머니의 특권이고, "백정집 칼잽이 되어 개"를 잡는 것도 어머니의 특권이다.

밤마다 니체를 화간하는 것도 어머니의 특권이고, 그 니체를 생산하는 것도 어머니의 특권이다. 모든 여성은 위대한 생산의 여신이며, 그 어머니—자궁처럼 아름답고 풍요로운 궁전도 없다.

한국 현대시사에서 「상여길」은 황진이의 '동짓달 기나 긴 밤을'의 시적 변주이며, 또한 소월의 여성주의의 시적 변주이다. 그렇지만 「상여길」은 황진이처럼 천박하지도 않고, 소월처럼 나약하지도 않다. 왜냐하면 허수경의 모성의 원리는 종족의 명령이며 힘에의 의지로 구성되어 있기 때문이다. 이처럼 운치 있고 기품 있는 창조적 패러디는 우리들의 삶의 질을 향상시키고, 그것의 근본 정서인 슬픔을 풍요로운 슬픔으로 변모시킨다. 누가 "슬픔만한 거름이 없다"라는 그녀의 전언을 외면할 수가 있으며, 또한 누가 그 아름다운 음몽마녀 앞에서 우리 인간들의 성적 욕망을 잠재울 수가 있단 말인가? 오늘도 그 음몽마녀가 서정주와 김수영의 그것을 자극시키고, 이성복과 황지우의 그것을 자극시킨다. 뿐만 아니라, 박남철과 송찬호의 그것을 자극시키고, 최승호와 김지하의 그것을 자극시킨다. "웬일로 재실댁이 먼저 안겨오지 않나 소나기 한 번 장하데이 이녁도 장하게 한 번 들어오소 김또돌씨 소나기처럼 황소처럼 달려 들었제"(「밤 소나기」)라고—.

이러한 성교의 지향성은,

청천벽력.
정전. 암흑천지.
순간 모든 거울들 내 앞으로 한꺼번에 쏟아지며
깨어지며 한 어머니를 토해내니,
흰옷 입은 사람 여럿이 장갑 낀 손으로
거울 조각들을 치우며 피 묻고 눈 감은
모든 내 어머니들의 어머니

조그만 어머니를 들어올리며
말하길 손가락이 열 개 달린 공주요!

라는 김혜순의 「딸을 낳던 날의 기억」으로 나타나기도 하고, 다른 한 편, 신대철의

사람 살다 그친 앞산은 나뭇잎 익는 내, 깨금 익기를 기다리다 아그배 익기를 기다리다 소란한 주위에는 찬 물을 뿌리고 나무 그늘에 쌓여 평화로이 잠이 드는 소년들, 이른 아침 山 속에 들어간 사람은 영 나오질 않고 희미한 물소리, 물소리, 마을로 내려간 사람도 도중어 가을 山 속으로 들어갔는지? 소년들이 점점 평화로와 지는 동안 山은 더 깊숙이 가을 속으로 들어간다. 山을 멀리 떠나 산 山사람들을 하나씩 가을 속으로 불러들여 한 번 들어가면 영영 나오고 싶지 않은 데를 찾아 미쳐 헤매게 한다.

깨금이 떨어진다
아그배가 떨어진다

라는 「七甲山 2」의 천진난만한 소년들의 행복으로 나타나기도 한다.

오토 랑크는 우리 인간들은 "태어날 때부터 영웅들"이라고 말하고 있는데, 우리들은 이러한 사실들을 분명하게 인식하고 있지 않으면 안 된다. 왜냐하면 "양수羊水 속에서 수생동믈水生動物의 상태를 지나기"까지도 엄청난 고통의 훈련과정이기 때문이며, 또한 "공기를 호흡하는 포유동물의 상태를 지나 홀로서기까지도 엄청난 심리적 육체적 변모과정"을 겪어야만 하기 때문이다(6). 따라서 인간은 축복받은 존재이지 저주받은 존재가 아니다. "정전, 암흑천지", "청천벽력"과도 같았던 출산의 고통을 통해서 "어머니의 어머니"도 받아들여지는 "공주"도 귀하신 몸이고, 모든 "소란한 주위에는 찬 물을 뿌리고 나무 그늘에 쌓

여 평화로이 잠이 드는 소년들"도 귀하신 몸이다. 이미, 내가 수없이 역설한 바가 있듯이, 고통은 그것이 자기 자신이 원하지 않을 때, 우리 인간들을 한없이 괴롭고 슬프게 만든다. 그 괴로움과 슬픔은 자기 집중적으로 만들며 그것의 원인을 날카롭고 예리하게 추적해 보게 만든다. 또한 그것은 분노와 증오를 가중시키고, 마침내는 우리 인간들의 삶의 활력을 깎아내리고, 비굴한 굴종이나 자기 비하, 무조건의 체념과 절망, 심지어는 자살자의 길을 선택하게도 만든다. 그러나 만일, 고통이 스스로 넘쳐나는 힘에의 의지에서 맞이하게 되는 어떤 것이라면 우리 인간들의 삶을 활기 있게 만들고 어떠한 좌절과 체념마저도 물리치게 만든다. 고통에 익숙한 자, 고통을 찾아나서는 자, 고통에 고통을 가중시켜 나갈 수 있는 자는 그 고통의 의미와 목적을 분명하게 부여하고, 그 고통이라는 용광로에서 자기 자신을 더욱더 단련시킨다. 고통은 생산의 여신이며, 모든 출산의 과정을 주재한다. 어린 아이는 보다 낫고 보다 완전한 인간이며, 궁극적으로는 전지전능한 신적인 존재이다. 그 어린 아이는 모든 가치의 명명자이며 입법자이고, 모든 소란한 주위에는 찬물을 뿌리고, 언제, 어느 때나 평화롭고 행복하게 잠이 들 수 있는 인간이다. 가장 어렵고 무거운 짐을 짊어질 수 있는 낙타의 정신도 이 세상의 삶을 사랑하고, 이 세상에서 가장 아름답고 웅대한 싸움을 연출해낼 수 있는 사자의 정신도 우리 인간들의 삶을 사랑한다. 뿐만 아니라, 그 '포효하는 삶'을 통하여 언제, 어느 때나 천진난만한 어린 아이로 태어나는 어린 소년도 이 세상의 삶을 사랑한다. 어린 아이는 아버지의 아버지이고, 어머니의 어머니이다. 어린 아이는 부처의 부처이고 예수의 예수이다. 이처럼 최초의 인간이며 최후의 인간인 어린 아이들—, 우리 인간들은 그 어린 아이들의 힘으로 푸르고 푸른 빛을 잃지 않고 역사의 힘찬 수레바퀴를 몰고 갈 수가 있다. 어린 아이의 탄생은 삶의 본능의 옹호의 결과이며, 즐거운 성교의 결과이다. '넓어지는 지평선'과 '포효하는 삶', 그리고 '낙타'와 '사자의 정신'만이 '신생의 넋'으로 변모될 수가 있는 것이다.

나는 '넋'이라는 말을 모든 사람들의 정신적 활동이 되는 실체와 영혼불멸의 뜻으로 사용해 왔다고 해도 과언이 아니다. 따라서 넋이란 불멸에 대한 우리 인간들의 믿음이며, 유한한 존재자가 그 한계를 뛰어넘을 수 있는 어떤 말이지 않으면 안 된다. 나는 지금까지 '낙천주의자의 행복론'을 '서론'으로 전개해 왔고, 이 세상의 삶과 죽음의 의미를 천착해 왔으며, 문화적 영웅들의 세 고정—출발, 시련(시련극복), 귀환—을 또한 천착해 왔다. 문화적 영웅들의 아름다움이란 인류의 역사상, 가장 얻기 힘든 아름다움이며, 낙천주의 사상의 결정판이라고 하지 않을 수가 없다. 나는 마지막으로 그 문화적 영웅들의 또다른 두 부류들을 생각해 보고자 한다. 가령, 예컨대, 자기 자신의 학문의 성과를 인류 전체의 자산으로 생각하고 아무런 특허권도 행사하지 않은 사람과, 그 타인의 성과를 재빨리 이용하여 배타적인 특허권을 행사하고 그 엄청나게 많은 부를, 그가 소속한 사회에 아낌없이 희사한 사람들 중, 나는 과연 어떠한 문화적 영웅들을 선호하고 있는 것일까? 퀴리 부인은 전자의 유형에 해당되고, 노벨은 후자의 유형—노벨은 '니트로글리세린'의 발명자는 아니지만 그것을 안전하게 취급하는 방법을 고안해 냈기 때문에 이 후자의 유형에 정확하게 들어맞지 않을는지도 모른다. 자기 자신의 발명품, 즉 전자석에 아무런 특허권을 행사하지 않은 헨리의 연구 성과를 이용하여 B. 모스는 전신기를, A. G. 벨은 전화기를 발명하여 엄청난 부를 쌓았다고 한다. 그러나 모스와 벨이 그 엄청난 부를 노벨처럼 인류 전체의 행복을 위하여 그가 속한 사회에 희사했는가를 나는 알지 못한다—에 해당된다. 전자가 티없이 맑고 깨끗하며 어떠한 오염 속에서도 살지 못하는 하늘매발톱꽃과도 같은 존재라면, 후자는 더욱더 더러운 진흙탕 속에서 피어난 연꽃과도 같은 존재이다. 나는 천성적으로 하늘매발톱꽃과도 같은 존재를 선호하고 있는데, 왜냐하면 우리 학자들은 이 세상에서 출가해 버린 사제가 되지 않으면 안 되기 때문이다. 전자는 연구실과 실험실에서 외롭고 고독하게 살아가고, 후자는 오직 자기 자신의 이익만을 위해서 살아가고 있는 자본가의 무리들과 그야말로 피눈물나는 이전투구를 벌이지 않으면 안 된다. 전자는 자기 자신의 학문적 성과가 모든 인류에게 다같이 돌아갈 수가 있다면 그것으로 만족하고, 후자는 그처럼 어렵고 힘들게 쌓은 부를 그가 속한 사회에 아낌없이 희사를 하게 된다. 나는 학문을 위한 사제에게 입을 맞추고 있는 편이지만, 그러나 나는 그들을 다같이 문화적 영웅으로 생각하고 언제, 어느 때나 그들에게 경의를 표하면서 살아간다. 나는 그 문화적 영웅의 입을 빌어서, '비학문적인 너무나도 비학문적인' 우리 한국인들에게 다음과 같이 호소를 해본다. 철학예술가로서의 나의 명예와 그 자존심의 상처, 그러나 그것은 이처럼 어리석고, 이처럼 우매한 모습으로, 이 세상에서 경멸과 조롱거리가 되어가고 있는 우리 한국인들을 위해서라면 어쩔 수 없이 참고 견뎌나갈 수밖에 없는 것인지도 모른다.

아아, 서구의 사상과 이론으로부터 대한독립만세!

아아, 타인의 말과 사유로부터 대한독립만세!

대한민국은 나의 원죄와도 같은 굴레이며 그 치욕적인 수치심일 뿐이다.

내가 수천 억이나 수백 억의 재산을 가지고 있고, 그것을 유용하게 쓸 만한 지식이 없다면, 나는 이 땅의 대형신문과 공영방송을 통해서 그 돈을 어떻게 하면 우리 한국인들을 위해서 쓸 수 있을 것인가를 묻고, 그리고 그 프로그램의 작성자와 그 두뇌의 소유자를 만나 보겠다. 나는 우리 한국인들의 '백만 두뇌의 양성'과 '사상과 이론'을 통한 세계정복운동이라면 그 무엇이든지 다 할 준비가 되어 있는 것이다. 이와 마찬가지로, 아니, 그와는 정반대 방향에서. 자기 자신의 피눈물나는 노력과 땀의 댓가로 부를 축적하고 그 재산을 대한민국 사회에 아낌없이 희사하고 싶은 인사들은 가능하면 하루바삐 나를 찾아와 나의 '낙천주의 사상의 프로그램'과 '천재 생산의 교수법'을 경청하여 주기를 바란다. 천 리 길도 한 걸음부터라는 말이 있듯이, 천억이나 수천 억이 아닌, 이백억이나 삼백억쯤만 있다면 인문과학 분야에서의 파리고등사범학교나 꼴레쥬 드 프랑스와도 같은 대학을 설립하고, 우리 한국인들의 백만 두뇌를 양성하여 그 화려하고 웅대한 사상과 이론으로 세계의 무대를 석권해 나갈 수도 있을 것이다. 앎을 육화시키고 또 육화시켜서, 마치 알렉산더와 나폴레옹이 세계의 무대를 석권해 나갔듯이, 수많은 이민족들과 열강의 군홧발에 짓밟히고 신음해 온 우리 한국인들의 한을 풀어주고, 위대하고 또 위대한 한국의 문화를 세계 만방에 전파해 나갈 수도 있을 것이다. 아무런 강제와 강요를 하지 않더라도 어쩔 수 없이 배우고 베껴가야만 하는 문화, 제법 근엄한 표정과 노기 띤 표정을 짓지 않더라도 저절로, 자발적으로 존경과 경의를 표하게 되는 문화—, 돈, 돈, 돈을 소리 높여 외치지 않아도 그 지적 소유권이 저 히말라야 산맥의 고산영봉들처럼 쌓이는 문화, 자기 자신들의 건강하고 아름다운 육체와 또, 자기 자신들만의 자지와 보지를 가지고 있는데도 어쩔 수 없이 성교의 체위와 성의학까지도 종속시키게 하는 문화, 나는 철학예술가로서 이러한 고급문화를 꿈꾼다. 모든 천재는 백만 분의 일의 가능성에 매달렸던 사람들이며, 그들은 모두가 다같이 진정한 인류의 스승들이라고 하지 않을 수가 없다. 나의 '행복의 깊이'는 그 백만 분의 일의 가능성에서 가장 아름답고 가장 역동적인 힘으로 솟아오른다.

아아, 행복의 깊이여! 모든 인류의 행복이여!

동방박사 세 사람 귀한 예물 가지고
산을 넘고 물을 건너 별 따라 왔도다
오 탄일의 밤의 밝은 별
명랑하고 귀한 별
아기 예수 계신 곳에 우리 인도하여라
—「동방박사 세 사람」에서

| 참고 문헌 |

1, 장수철 엮음, 『노벨』, 대일출판사, 1997

2, 김효자 엮음, 『퀴리부인』 바른사, 2000

3, 오영석, 『퀴리부인』, 금성출판사, 1987

4, 가스통 바슐라르, 『몽상의 시학』, 기린원, 1989

5, 강영안, 「존재, 주체, 타자」, 『세계의 문학』, 1992 겨울호

6, 조셉 캠벨, 『신화의 힘』, 고려원, 1992

행복의 깊이 1

'삶의 양식'에 대하여

초판 1쇄 발행 2012년 1월 30일

지은이 반경환
펴낸이 반송림
편집디자인 김지호
펴낸곳 도서출판 지혜 | 계간시전문지 애지
주소 300-812 대전광역시 등구 삼성1동 273-6
전화 042-625-1140
팩스 042-625-1140
홈페이지 www.ejiweb.com
이메일 ejisarang@hanmail.net

ISBN : 978-89-97386-04-8 04810
ISBN : 978-89-97386-03-1 (set)
값 : 13,000원